공무원 9급 공개경쟁채용 필기시험

응시번호	
성 명	

KB086791

【시험과목】

과 목	영 어

응시자 주의사항

1. 시험시작 전에 시험문제를 열람하는 행위나 시험종료 후 답안을 작성하는 행위를 한 사람은 「공무원임용시험령」 제51조에 의거 부정행위자로 처리됩니다.

2. 답안지 책형 표기는 시험시작 전 감독관의 지시에 따라 문제책 앞면에 인쇄된 책형을 확인한 후, 답안지 책형란의 해당 책형(1개)에 "●"와 같이 표기하여야 합니다.

3. 답안은 반드시 문제책 표지의 과목순서에 맞추어 표기하여야 하며, 과목순서를 바꾸어 표기한 경우에도 문제책 표지의 과목순서대로 채점되므로 유의하시기 바랍니다.

  – 특히, 선택과목의 경우 원서접수 시 선택한 과목이 아닌 다른 과목을 선택하여 답안을 표기하거나, 선택 과목 순서를 바꾸어 표기한 경우에도 응시표에 기재된 선택과목 순서대로 채점되므로 유의하시기 바랍니다.

4. 시험이 시작되면 문제를 주의 깊게 읽은 후, 문항의 취지에 가장 적합한 하나의 정답을 고르며, 문제내용에 관한 질문을 하실 수 없습니다.

5. 답안을 잘못 표기하였을 경우에는 답안지를 교체하여 작성하거나 수정테이프만을 사용하여 수정할 수 있으며(수정액 또는 수정스티커 등은 사용 불가), 부착된 수정테이프가 떨어지지 않도록 눌러주어야 합니다.

  – 불량 수정테이프의 사용과 불완전한 수정처리로 인해 발생하는 모든 문제는 응시자 본인에게 책임이 있습니다.

6. 시험시간 관리의 책임은 응시자 본인에게 있습니다.

  ※ 문제책은 시험종료 후 가지고 갈 수 있습니다.

2024 심우철 실전 동형 모의고사 1회

SEASON II

영 어

※ 밑줄 친 부분의 의미와 가장 가까운 것을 고르시오. [문 1. ~ 문 4.]

문 1.
> Kelly is positioned as a <u>competent</u> customer service representative. She consistently provides timely and exact information, encouraging enhanced customer satisfaction and loyalty.

① stern
② skillful
③ reliable
④ renowned

문 2.
> Many spiritual teachings lead individuals to believe destiny to be <u>intrinsic</u>.

① native
② manifest
③ incidental
④ demanding

문 3.
> The airline had to <u>call off</u> several flights to major destinations like Jeju due to the strike by the ground staff.

① delay
② divert
③ cancel
④ reserve

문 4.
> In the legal field, <u>adhering to</u> ethical standards is a fundamental principle for lawyers, judges, and prosecutors.

① following
② overlooking
③ memorizing
④ implementing

문 5. 밑줄 친 부분 중 어법상 옳지 않은 것은?

> Piracy costs the global economy about $25 billion every year. Most of ① <u>it is</u> the work of small groups operating in just a few spots around the globe. Understanding ② <u>where</u> pirates are most likely to strike can help companies ③ <u>protect</u> ships that are traveling through dangerous waters. Since peaking in 2011, the number of reported damages from pirate attacks ④ <u>have continued</u> to fall.

문 6. 어법상 옳지 않은 것은?

① My best friend is a person to whom all others turn in times of trouble.
② Secure important documents in a safe place lest they are misplaced.
③ She was so tired that she fell asleep as soon as she lay down.
④ The tickets sold out within a few minutes of being released.

문 7. 우리말을 영어로 잘못 옮긴 것은?

① 나는 하루를 시작할 때마다 물 한 잔을 마신다.
  → I never start my day without drinking a glass of water.
② 우리가 코로나19에 걸리지 않았다면 지금 유럽에 있었을 것이다.
  → We would be in Europe now if we had not had COVID-19.
③ 다음 주에 수업에서 다룬 자료에 대한 시험이 있을 것이다.
  → There will be a test on the material covering in class next week.
④ 그것은 최소한의 장치로 구성되어 있으며, 그 각각은 특정한 기능을 담당한다.
  → It consists of minimal gears, each responsible for a specific function.

문 8. 다음 글의 내용과 일치하지 않는 것은?

> Broadcast journalist Barbara Walters is best known as the star of the *Today* show and for being the first female co-anchor of a network evening news program. After graduating from a college in New York with an English degree, Walters landed a job in the media industry as a writer for the children's program, *Ask the Camera*. In 1961, NBC hired her to write for its popular *Today* show. She earned increasing responsibility at the network, and eventually became a co-host of the show. Walters remained on the show for 11 years, during which she became famous for her trademark probing-yet-casual interviewing technique. With her exceptional technique, Walters was able to interview every U.S. president and first lady from Richard and Pat Nixon to Barack and Michelle Obama. Having won multiple awards and more than 30 Emmys, she remains an iconic figure in journalism.

① Walters completed college with a degree in English.
② Walters worked as a writer for a children's program.
③ Walters was on *Today* show for slightly less than a decade.
④ Walters interviewed first ladies as well as presidents.

문 9. 다음 글의 내용과 일치하는 것은?

> The platypus is a fascinating aquatic mammal native to Australia. Despite its cuddly appearance, the male platypus has venomous spurs on its back legs. It feeds on insects, shellfish, and worms, which are mashed up with the grinding plates in its jaw. The plates are used because the platypus lacks teeth. Its extraordinary hunting technique involves using electroreception to detect the electric fields generated by the muscle contractions of its prey. The platypus lays eggs rather than give birth to live young, an extremely rare trait among mammals. Though it is not currently under severe threat, pollution and habitat destruction might soon lead to its classification as a threatened species.

① Only the female platypus possesses venomous spurs.
② As it has no teeth, the platypus consumes plants.
③ Despite being a mammal, the platypus lays eggs.
④ The platypus is classified as an endangered species.

공무원 9급 공개경쟁채용 필기시험

응시번호	
성 명	

【시험과목】

과 목	영 어

응시자 주의사항

1. 시험시작 전에 시험문제를 열람하는 행위나 시험종료 후 답안을 작성하는 행위를 한 사람은 「공무원임용시험령」제51조에 의거 부정행위자로 처리됩니다.

2. 답안지 책형 표기는 시험시작 전 감독관의 지시에 따라 문제책 앞면에 인쇄된 책형을 확인한 후, 답안지 책형란의 해당 책형(1개)에 "●"와 같이 표기하여야 합니다.

3. 답안은 반드시 문제책 표지의 **과목순서에 맞추어** 표기하여야 하며, 과목순서를 바꾸어 표기한 경우에도 문제책 표지의 과목순서대로 채점되므로 유의하시기 바랍니다.

  - 특히, 선택과목의 경우 원서접수 시 선택한 과목이 아닌 다른 과목을 선택하여 답안을 표기하거나, 선택 과목 순서를 바꾸어 표기한 경우에도 응시표에 기재된 선택과목 순서대로 채점되므로 유의하시기 바랍니다.

4. 시험이 시작되면 문제를 주의 깊게 읽은 후, 문항의 취지에 가장 적합한 하나의 정답을 고르며, 문제내용에 관한 질문을 하실 수 없습니다.

5. 답안을 잘못 표기하였을 경우에는 답안지를 교체하여 작성하거나 수정테이프만을 사용하여 수정할 수 있으며(수정액 또는 수정스티커 등은 사용 불가), 부착된 수정테이프가 떨어지지 않도록 눌러주어야 합니다.

  - 불량 수정테이프의 사용과 불완전한 수정처리로 인해 발생하는 모든 문제는 응시자 본인에게 책임이 있습니다.

6. 시험시간 관리의 책임은 응시자 본인에게 있습니다.

  ※ 문제책은 시험종료 후 가지고 갈 수 있습니다.

2024 심우철 실전 동형 모의고사 2회

심슨영어연구소

영 어

※ 밑줄 친 부분의 의미와 가장 가까운 것을 고르시오. [문 1. ~ 문 4.]

문 1.

As campers faced unpredictable weather conditions, the tent with its durable fabric became a great companion. It was resistant to nature's elements, such as sunlight, wind, rain, and snow.

① thick
② hardy
③ advanced
④ adaptable

문 2.

The efforts to build a space tourism company have been seen as extravagant, given that the resources could be better utilized for urgent challenges.

① absurd
② wasteful
③ irrelevant
④ extraordinary

문 3.

Emily takes after her coach who was a determined athlete, embracing a severe training routine for peak performance.

① trusts
② honors
③ gratifies
④ resembles

문 4.

Teachers have to factor into not only students' exam scores but also their class participation and project work.

① analyze
② measure
③ consider
④ aggregate

문 5. 밑줄 친 부분 중 어법상 옳지 않은 것은?

Yemeni Civil War is a conflict in Yemen ① that began in 2014 during which the capital, Sanaa, already undermined by the Arab uprising in 2011, ② overtaken by Houthi rebel forces. At the war's height, ③ exacerbated due to the involvement of forces from Saudi Arabia and the United Arab Emirates, it brought most of the country to starvation and ④ resulted in the outbreak of cholera.

문 6. 어법상 옳지 않은 것은?

① Regarded as an expert, she is often consulted for her advice.
② Celebrities find themselves getting used to giving up their privacy.
③ The movie I watched a couple of days ago had a surprising ending.
④ The exhibition is supposed to set up in preparation for the VIP preview.

문 7. 우리말을 영어로 잘못 옮긴 것은?

① 그 회사는 어떤 경우에도 부정을 용납하지 않을 것이다.
→ Under no circumstances will the company tolerate dishones

② 그런 큰 결정은 네 부모님과 의논하는 게 낫겠다.
→ You had better discuss such a big decision with your paren

③ 전 당신이 이 직업을 추구하게 만든 계기가 궁금합니다.
→ I'm curious about what encouraged you to pursue this care

④ 실험의 성공은 변수가 통제되는지에 따라 달라진다.
→ The success of the experiment depends on if the variab are controlled.

문 8. 다음 글의 내용과 일치하지 않는 것은?

Alexandre Gustave Eiffel is most famous for the Eiffel Tower, which he began building in 1887 for the 1889 Universal Exposition in Paris. The tower is composed of 12,000 different components and 2,500,000 rivets, all designed and assembled to handle wind pressure. Onlookers were both amazed that Eiffel could build the world's tallest structure in just two years and confused by the tower's unique design, with most criticizing it as terribly modern and useless. Despite the tower's immediate draw as a tourist attraction, only years later did critics and Parisians begin to view the structure as a work of art. The tower also directed Eiffel's interest to the field of aerodynamics. He used the structure for his experiments and built the first aerodynamic laboratory at its base.

① The Eiffel Tower was constructed for an exposition in Paris.
② The Eiffel Tower's design received much criticism at first.
③ The Eiffel Tower initially failed to attract tourists.
④ Eiffel conducted his experiments using the Eiffel Tower.

문 9. 다음 글의 내용과 일치하는 것은?

The Apatani tribe of India was renowned for its distinctive culture. Unlike other nomadic neighboring tribes, the Apatani settled down in the Ziro Valley and farmed rice. What also set it apart was their tradition of facial modification. Upon turning ten, Apatani girls had vertical lines tattooed across their faces by elderly women, and their nostrils blocked by large wooden nose plugs. This practice, stemmed from the perception of the Apatani women's remarkable beauty, was intended as a measure to conceal their attractiveness and prevent kidnappings by men from neighboring tribes. But to prevent discrimination, the government banned the nose plugs and tattoos in the early 1970s, and the tradition has died out since.

① The Apatani moved from place to place to obtain food.
② Apatani girls had their faces tattooed by older women.
③ The tattoos and nose plugs were believed to enhance beauty.
④ Apatani women still get facial modifications despite the ban

공무원 9급 공개경쟁채용 필기시험

【 시 험 과 목 】

과 목	영 어

2024 심우철 실전 동형 모의고사 3회

심슨영어연구소

SEASON II

영　어

※ 밑줄 친 부분의 의미와 가장 가까운 것을 고르시오. [문 1. ~ 문 4.]

문 1.

> The contract included a clause allowing either party to terminate the agreement with a specified notice period for unforeseen circumstances.

① quit
② adjust
③ breach
④ administer

문 2.

> The construction project confronted consecutive delays due to unexpected problems, and this required a reassessment of the timeline and changes by the project team.

① deadly
② sudden
③ tentative
④ successive

문 3.

> Let's go over the brainstormed ideas and narrow down our options.

① gather
② inspect
③ arrange
④ condense

문 4.

> The new equipment came up to the safety standards for manufacturing.

① verified
② improved
③ approached
④ consolidated

문 5. 밑줄 친 부분에 들어갈 말로 가장 적절한 것은?

> The quick _____ of expert surgeons was necessary as the patient's condition was severe and called for intricate surgical techniques.

① negligence
② transaction
③ compliment
④ intervention

문 6. 밑줄 친 부분 중 어법상 옳지 않은 것은?

> The notion ① that the right half of the brain is the creative half and the left half is the analytical half and ② what our individual traits are determined by which half is dominant ③ is widespread in popular psychology. There's even a small industry ④ devoted to this idea.

문 7. 밑줄 친 부분이 어법상 옳지 않은 것은?

① We can't determine when you will receive your test results.

② That new drama was worth finishing it despite the late hour.

③ The witness described in detail how terrifying the accide was.

④ Income inequality worsens as the wealthy control maj enterprises.

문 8. 우리말을 영어로 잘못 옮긴 것은?

① 그 독특한 암석은 흔히 회복력의 상징으로 불린다.

→ The unique rock is referred to as the symbol of resilience

② 많은 질문이 여전히 해결되지 않아 더 많은 탐구가 필요하다

→ Many a question remains open, inviting further exploratio

③ 온라인 홍보를 통해 트래픽이 점점 더 많이 발생하고 있다.

→ Traffic has increasingly generated through online promotic

④ 그들은 전원이 교육 세미나에 참여할 것을 요구했다.

→ They required that everyone participate in the traini seminar.

※ 밑줄 친 부분에 들어갈 말로 가장 적절한 것을 고르시오. [문 9. ~ 문 10.

문 9.

> A: Hey Jerry, are you heading home?
>
> B: Yeah, I could give you a ride home if you want. It's freezing out.
>
> A: Oh, great! I'd really appreciate that. Thank you so much.
>
> B: _____ It's nothing.

① I have had it.

② I can't make it.

③ Don't mention it.

④ You asked for it.

문 10.

> A: Hi, I want to order a large cheese pizza.
>
> B: Sure, could you tell me your address?
>
> A: It's 68 Bay Street. Can I get the soda free? I saw the event on your website.
>
> B: Yes, we're giving out a free soda if you order a large pizza. The total will be $35.
>
> A: Um, _____
>
> B: Oh, there's an additional charge for delivery.
>
> A: I see, okay then.

① can I use a free soda coupon?

② how long would the delivery take?

③ we offer free delivery if you add another $5.

④ why is the price different from the website's?

공무원 9급 공개경쟁채용 필기시험

응시번호	
성 명	

【시험과목】

과 목	영 어

2024 심우철 실전 동형 모의고사 4회

심슨영어연구소

SEASON II

영 어

※ 밑줄 친 부분의 의미와 가장 가까운 것을 고르시오. [문 1. ~ 문 4.]

문 1.

Scientists consider both scientific data and real-world consequences to comprehend the impact of climate change.

① grasp
② notify
③ tackle
④ estimate

문 2.

While most students were compliant with the assignment guidelines, some showed creativity beyond the outlined requirements and added a unique touch to their works.

① content
② favored
③ obedient
④ acquainted

문 3.

The editorial article set off concerns among the general public.

① alleged
② relieved
③ conveyed
④ prompted

문 4.

The residents put up with the disruptions caused by infrastructure repairs.

① bore
② disliked
③ overcame
④ denounced

문 5. 밑줄 친 부분에 들어갈 말로 가장 적절한 것은?

Educational institutions are introducing personalized teaching methods to _____ disparities in student learning outcomes.

① justify
② provoke
③ mitigate
④ meditate

문 6. 밑줄 친 부분 중 어법상 옳지 않은 것은?

The multimedia personal computer ① equipped with DVD players and digital sound systems ② allows users with varying levels of technical proficiency ③ handling animated images and sound, ④ all of which are stored on the expansive storage capacity of DVD-ROMs.

문 7. 밑줄 친 부분이 어법상 옳지 않은 것은?

① He has developed an interest in astronomy, and so have his siblings.
② The taste of the soup reminded me of comforting during illness.
③ She prefers riding a bike or driving a car to taking a walk.
④ The feedback provided by peers was of great help.

문 8. 우리말을 영어로 잘못 옮긴 것은?

① 식물들이 계속 살아있도록 정원에 물을 줘야 한다.
 → The garden needs watering to keep the plants alive.
② 그 배우는 드라마의 스포일러가 거론되지 않도록 애썼다.
 → The actor tried not to let spoilers of his drama be mentioned.
③ 그들은 아프리카를 여행하면서 웅장한 풍경들을 경험했다.
 → They experienced grand landscapes while traveling through Africa.
④ 우리가 가장 좋은 후보자라고 말한 사람이 결국 채용되었다.
 → The person whom we said was the best candidate ended up being hired.

※ 밑줄 친 부분에 들어갈 말로 가장 적절한 것을 고르시오. [문 9. ~ 문 10.]

문 9.

A: Oh no, we got on the wrong bus.
B: What? Isn't this the 2312 bus?
A: No, it's 3212. I have no idea where we are right now.
B: _____
A: I guess so. We should get off here and just take a cab, then.

① I'm pretty sure we got on the right bus.
② It's okay. 3212 also goes to the same destination.
③ Me neither. We must have mixed up the numbers.
④ 2312 takes a longer detour to our destination than 3212.

문 10.

A: So, I see that you have a lot of experience in marketing.
B: Yes, I worked at an advertising company for 5 years.
A: That's great. We highly value your experiences. But what concerns me is that _____.
B: Oh, after working days and nights at the advertising company, I experienced burnout and needed to take a long break. But I'm all freshened up now.
A: That's understandable. We'll review your files again and get back to you with the result.

① you've been switching jobs frequently
② our marketing job is different from advertising
③ you've only handled basic tasks for those years
④ you haven't been at work for a long time after that

공무원 9급 공개경쟁채용 필기시험

응시번호	
성 명	

【시험과목】

과 목	영 어

응시자 주의사항

1. 시험시작 전에 시험문제를 열람하는 행위나 시험종료 후 답안을 작성하는 행위를 한 사람은 「공무원임용시험령」 제51조에 의거 부정행위자로 처리됩니다.

2. 답안지 책형 표기는 시험시작 전 감독관의 지시에 따라 문제책 앞면에 인쇄된 책형을 확인한 후, 답안지 책형란의 해당 책형(1개)에 "●"와 같이 표기하여야 합니다.

3. 답안은 반드시 문제책 표지의 **과목순서**에 맞추어 표기하여야 하며, 과목순서를 바꾸어 표기한 경우에도 문제책 표지의 과목순서대로 채점되므로 유의하시기 바랍니다.

   - 특히, 선택과목의 경우 원서접수 시 선택한 과목이 아닌 다른 과목을 선택하여 답안을 표기하거나, 선택 과목 순서를 바꾸어 표기한 경우에도 응시표에 기재된 선택과목 순서대로 채점되므로 유의하시기 바랍니다.

4. 시험이 시작되면 문제를 주의 깊게 읽은 후, 문항의 취지에 가장 적합한 하나의 정답을 고르며, 문제내용에 관한 질문을 하실 수 없습니다.

5. 답안을 잘못 표기하였을 경우에는 답안지를 교체하여 작성하거나 수정테이프만을 사용하여 수정할 수 있으며(수정액 또는 수정스티커 등은 사용 불가), 부착된 수정테이프가 떨어지지 않도록 눌러주어야 합니다.

   - 불량 수정테이프의 사용과 불완전한 수정처리로 인해 발생하는 모든 문제는 응시자 본인에게 책임이 있습니다.

6. 시험시간 관리의 책임은 응시자 본인에게 있습니다.

   ※ 문제책은 시험종료 후 가지고 갈 수 있습니다.

2024 심우철 실전 동형 모의고사 5회

심슨영어연구소

영 어

※ 밑줄 친 부분의 의미와 가장 가까운 것을 고르시오. [문 1. ~ 문 3.]

문 1.

The library housed an immense collection of rare manuscripts that attracted scholars from around the world.

① diverse
② moderate
③ enormous
④ conventional

문 2.

The politician's uncovering of a corruption scandal sparked an online assault on those involved.

① debate
② complaint
③ aggression
④ manipulation

문 3.

The experienced manager decided to take charge of the new initiative to guide it toward success.

① lend a hand in
② push ahead with
③ assume control over
④ assign responsibility for

※ 밑줄 친 부분에 들어갈 말로 가장 적절한 것을 고르시오. [문 4. ~ 문 5.]

문 4.

The health food contains high-quality ingredients that are not only nutritious but also follow eco-friendly practices. This makes the product _____ even though it costs about twice as much as other foods.

① genuine
② affordable
③ interactive
④ competitive

문 5.

Kate's already agreed to attend the party, but it would be hard persuading Mike to _____ our plan.

① draw on
② hold out
③ dispense with
④ go along with

문 6. 어법상 옳은 것은?

① His argument was less persuasive than his opponent.
② The travelers have to reach their destination until midnight.
③ With her exceptional skills, Judy has a chance of win the contest.
④ Excellent fuel efficiency as well as great safety features characterizes the car.

문 7. 다음 글의 내용과 일치하지 않는 것은?

The city of Varanasi has the most beautiful riverfront in India, with miles of steps, for religious bathing; an array of shrines, temples, and palaces rise layer by layer from the water's edge. The inner streets of the city are narrow, winding, and impassable to motor traffic, while the outer suburbs are spacious and systematically laid out. The holy city is bounded by a road known as Panchakosi; Hindus hope to walk this road and visit Varanasi once in a lifetime and, if possible, die in the city in old age. More than a million pilgrims visit the site each year. In addition, thousands of domestic and foreign tourists flock to the city each year, and tourism-related activities are an important part of the local economy.

① Motor vehicles can't access Varanasi's inner streets.
② The outer suburbs of Varanasi are arranged irregularly.
③ Varanasi is sought after as a final resting place for Hindus.
④ Tourism contributes significantly to Varanasi's local economy

문 8. 밑줄 친 부분 중 어법상 옳지 않은 것은?

Movie audiences are taken from their everyday environment, comfortably ① sitting in a dark auditorium. The darkness prevents them ② from comparing the image on the screen with surrounding objects or people. For a while, spectators live in the world the motion picture ③ unfolds before them. Still, their escape into the world of the film is not complete. Only rarely ④ they react as if the events on the screen are real — for instance, by dodging before an onrushing train in a special three-dimensional effect.

문 9. 다음 글의 제목으로 가장 적절한 것은?

In the information age, industries undergo rapid changes, often leaving us uncertain about factors to consider when pursuing careers. Although our current preferences provide some guidance by revealing our passions, they are not the sole criterion. Envisioning how you perceive a potential career now and comparing it to your future perspective in five, ten, or twenty years is critical. Consider its future — where the industry is now and where it is heading —, the environment and the country you are living in and the changes that they are going through now and will undergo then. Predicting the future is hard, but not seeing the obvious is unforgivable. For example, once digital photography was invented, it was only going to be a matter of time before it became the dominant technology. Deciding to go into the film-processing industry at that point would obviously lead to a dead-end career.

① What Careers Would Be Promising for the Future?
② Advice for Career Choices: Look Beyond the Present
③ How to Anticipate Industry Shifts: Use Your Network
④ Take a Job That Sparks Your Passion While Doing It

공무원 9급 공개경쟁채용 필기시험

응시번호	
성 명	

【시험과목】

과 목	영 어

2024 심우철 실전 동형 모의고사 6회

심슨영어연구소

SEASON II

영 어

※ 밑줄 친 부분의 의미와 가장 가까운 것을 고르시오. [문 1. ~ 문 3.]

문 1.

In the fast-paced business environment, good leaders understand the importance of knowing when to delegate tasks.

① entrust
② conduct
③ conclude
④ supervise

문 2.

The distinct performances of each player contribute to the orchestra's overall harmony and success.

① perfect
② separate
③ passionate
④ collaborative

문 3.

Olivia recently had second thoughts about the commitment to a strict diet and weight-loss program.

① briefly thought
② held discussions
③ proposed another choice
④ changed a previous opinion

※ 밑줄 친 부분에 들어갈 말로 가장 적절한 것을 고르시오. [문 4. ~ 문 5.]

문 4.

In a famous novel, one character holds great influence in the classroom; the children who please him and have become friendly with him are rewarded with _____, such as being able to take on convenient duties.

① appetites
② privileges
③ possessions
④ motivations

문 5.

The child is _____ the first American pen pal to improve his English skills.

① looking for
② heading off
③ bringing out
④ weighing down

문 6. 어법상 옳은 것은?

① The mentor touched the mentee on his shoulder for reassurance.
② Hardly did the students begin the exam before the fire alarm went off.
③ We learned water was made of hydrogen and oxygen in chemistry class.
④ Judging from the lights in the house, he must have forgotten to turn them off.

문 7. Argentinosaurus에 관한 다음 글의 내용과 일치하지 않는 것은?

Evidence of Argentinosaurus was originally discovered in 1987, when a fossil the size of an adult human was unearthed on a ranch in Argentina. The rancher who found the fossil thought it was a large piece of wood. It wasn't until 1993 that it was classified as a shin bone belonging to a new dinosaur species, though it was later reidentified as a calf bone in 2004. No complete skeletons of Argentinosaurus have been found, but estimates of the dinosaur's length range from 37 to 40 meters, and it is thought to have weighed 100 to 110 tons. By these measures, it is considered by many paleontologists to have been the largest dinosaur, and perhaps the longest animal of all time, although neither of these claims has yet been proven.

① At first, its fossil was mistaken for wood.
② Its fossil later turned out to be a calf bone.
③ Its skeletons have been discovered in their entirety.
④ Claims that it was the largest dinosaur lack firm evidence.

문 8. 밑줄 친 부분 중 어법상 옳지 않은 것은?

The International Union for Conservation of Nature and Natural Resources considers the white rhinoceros to be ① near-threatened, but this classification is based largely on the success of the southern white rhinoceros ② which numbers increased from about 20 animals in the early 1900s to roughly 19,600 animals in 2020. In contrast, all wild populations of the northern white rhinoceros are thought ③ to have gone extinct. The last known remaining male northern white rhinoceros died in 2018, ④ leaving only a mother and daughter.

문 9. 다음 글의 제목으로 가장 적절한 것은?

Often, it's easier to accept reality with a bit of dark humor. First responders like firefighters regularly joke around with their department because they're routinely exposed to the worst day of someone's life — houses burning down, heart attacks, even chainsaw accidents. Their humor is a way of coping that their chief actively encourages, not to make light of bad situations, but to add a sense of light to bad situations. Their sense of humor is just as important as their ability to save lives and put out fires. However insensitive it might sound to an outsider, dark humor helps first responders accept their reality and therefore keeps them resilient in doing their essential work.

① The Realities and Challenges of Being a Firefighter
② Dark Humor Underestimates How Bad a Situation Is
③ Criticisms against Using Dark Humor about Disasters
④ Humor amid Chaos: First Responders' Coping Strategy

공무원 9급 공개경쟁채용 필기시험

응시번호	
성 명	

【시험과목】

과 목	영 어

응시자 주의사항

2024 심우철 실전 동형 모의고사 7회

심슨 LAB 심슨영어연구소

SEASON II

영　어

※ 밑줄 친 부분의 의미와 가장 가까운 것을 고르시오. [문 1. ~ 문 3.]

문 1.
> Her logical reasoning provided a complementary perspective to his intuitive decision-making.

① rational
② expanded
③ contrary
④ supportive

문 2.
> The team accomplished their goals within the budget thanks to the prudent use of resources.

① limited
② cautious
③ efficient
④ economical

문 3.
> The meeting was postponed on account of the power outage in the conference room.

① in face of
② by way of
③ in case of
④ by reason of

문 4. 밑줄 친 부분에 들어갈 말로 가장 적절한 것은?

> The economic downturn _____ a series of layoffs in the struggling industry.

① came by
② got away with
③ touched off
④ caught up with

※ 어법상 옳지 않은 것을 고르시오. [문 5. ~ 문 6.]

문 5. ① You won't get a refund unless you bring the receipt.
② The neighbors are friendly, greeting each other with a smile.
③ He suggested reading the paper and then having it sign in full.
④ Stay away from anyone who asks you to lend him or her money.

문 6. ① Could you tell me why the project deadline was extended?
② I wish I had invested in Bitcoin when it was first introduced.
③ It is desirable that the advertising strategy reflect the brand's identity.
④ The complex concepts presented in the lecture was difficult to understand.

※ 우리말을 영어로 잘못 옮긴 것을 고르시오. [문 7. ~ 문 8.]

문 7. ① 우리는 우연히 건물이 무너지는 것을 그 자리에서 보았다.
→ We accidentally watched the building collapsing on the spot.
② 나는 사람들이 붐비는 파티에 나가는 것보다 집에 있는 것이 낫다.
→ I would rather stay at home than go out to a crowded party.
③ 양식이 다른 그 그림들은 색채가 놀라울 정도로 비슷했다.
→ The paintings, different in style, were remarkably like in color.
④ 그녀는 참가자가 너무 적어서 행사를 취소하기로 결정했다.
→ She decided to cancel the event, there being too few participants.

문 8. ① 디저트로는 탄산음료나 커피 한 잔이 제공됩니다.
→ Either soft drinks or a cup of coffee is offered for dessert.
② 그는 문서가 갑자기 날아가는 것을 막고 싶어 했다.
→ He wanted to stop the document from suddenly deleting.
③ 내 언니가 첫사랑과 결혼한 지 10년이 되었다.
→ My sister has been married to her first love for 10 years.
④ 신입 사원도 다른 직원들처럼 시간을 잘 지키지 않는다.
→ The new employee is no more punctual than the rest of the staff.

문 9. 두 사람의 대화 중 가장 어색한 것은?
① A: Do you drink coffee often?
B: No, coffee isn't my cup of tea.
② A: You're not getting behind the wheel drunk, right?
B: No, I would never drive under the influence.
③ A: Competing in the race must have been tough for you.
B: You're right. It was a piece of cake.
④ A: No offense, but I think it's time you started working out.
B: None taken. I know, I really should get in shape.

문 10. 밑줄 친 부분에 들어갈 말로 가장 적절한 것은?

> A: I'm finally moving out of my parent's house.
> B: Oh, congratulations! Where are you heading off to?
> A: Downtown. I'm renting an apartment with a roommate.
> B: Is there a specific reason for sharing it?
> A: _____
> B: Good call. It's a smart idea to split the cost.

① The rent is too expensive to cover on my own.
② Yes, I got a really good deal on the apartment.
③ No, living with a friend would be more exciting.
④ My job is downtown, so it'll be more convenient.

문 11. 주어진 글 다음에 이어질 글의 순서로 가장 적절한 것은?

> If you want to master habits and stick to them for good, then you need to figure out how to be consistent. How can you do that?

> (A) This has been proven to increase the odds that people will continue to exercise, recycle, study, and even stop smoking. However, follow-up research has discovered it only works when you focus on one thing at a time.
> (B) In fact, people who try to use this method to accomplish multiple goals are less likely to succeed than those who focus on a single goal.
> (C) Research has shown that people are 2 to 3 times more likely to stick with their habits if they make specific plans for when, where, and how they will perform the behavior, compared to when they don't.

① (B) — (A) — (C)
② (B) — (C) — (A)
③ (C) — (A) — (B)
④ (C) — (B) — (A)

공무원 9급 공개경쟁채용 필기시험

응시번호	
성 명	

【시험과목】

과 목	영 어

응시자 주의사항

1. 시험시작 전에 시험문제를 열람하는 행위나 시험종료 후 답안을 작성하는 행위를 한 사람은 「공무원임용시험령」 제51조에 의거 부정행위자로 처리됩니다.

2. 답안지 책형 표기는 시험시작 전 감독관의 지시에 따라 문제책 앞면에 인쇄된 책형을 확인한 후, 답안지 책형란의 해당 책형(1개)에 "●"와 같이 표기하여야 합니다.

3. 답안은 반드시 문제책 표지의 과목순서에 맞추어 표기하여야 하며, 과목순서를 바꾸어 표기한 경우에도 문제책 표지의 과목순서대로 채점되므로 유의하시기 바랍니다.

   - 특히, 선택과목의 경우 원서접수 시 선택한 과목이 아닌 다른 과목을 선택하여 답안을 표기하거나, 선택 과목 순서를 바꾸어 표기한 경우에도 응시표에 기재된 선택과목 순서대로 채점되므로 유의하시기 바랍니다.

4. 시험이 시작되면 문제를 주의 깊게 읽은 후, 문항의 취지에 가장 적합한 하나의 정답을 고르며, 문제내용에 관한 질문을 하실 수 없습니다.

5. 답안을 잘못 표기하였을 경우에는 답안지를 교체하여 작성하거나 수정테이프만을 사용하여 수정할 수 있으며(수정액 또는 수정스티커 등은 사용 불가), 부착된 수정테이프가 떨어지지 않도록 눌러주어야 합니다.

   - 불량 수정테이프의 사용과 불완전한 수정처리로 인해 발생하는 모든 문제는 응시자 본인에게 책임이 있습니다.

6. 시험시간 관리의 책임은 응시자 본인에게 있습니다.

   ※ 문제책은 시험종료 후 가지고 갈 수 있습니다.

2024 심우철 실전 동형 모의고사 8회

심슨 LAB 심슨영어연구소

영　어

※ 밑줄 친 부분의 의미와 가장 가까운 것을 고르시오. [문 1. ~ 문 3.]

문 1.
> The conference was attended by <u>eminent</u> doctors who shared cutting-edge research on the pandemic.

① notable　　　　　　② specialized
③ intelligent　　　　　④ progressive

문 2.
> In <u>remote</u> regions, accessing educational facilities can be a challenge for inhabitants.

① needy　　　　　　　② distant
③ barren　　　　　　　④ prosperous

문 3.
> The artist poured his heart into the work, only to see his efforts go <u>in vain</u>.

① with loss　　　　　　② with success
③ with no limit　　　　④ with no result

문 4. 밑줄 친 부분에 들어갈 말로 가장 적절한 것은?
> We should _____ the current project and focus on other priorities.

① pass out　　　　　　② boil down to
③ leave off　　　　　　④ get along with

※ 어법상 옳지 않은 것을 고르시오. [문 5. ~ 문 6.]

문 5. ① There is no use complaining about better talent coming in.
② The priority is not speedy but accuracy in completing the work.
③ A surprise guest entered the room, drawing cheers from the audience.
④ The children seemed interested in the topic discussed in the book club.

문 6. ① It is very kind of her to help others wherever she goes.
② One of the individuals who possess strong interpersonal skills is he.
③ Inflation caused the prices of goods and services to rise significantly.
④ The athlete only focused on training while surrounding with controversy.

※ 우리말을 영어로 잘못 옮긴 것을 고르시오. [문 7. ~ 문 8.]

문 7. ① 그녀는 내게 새로운 시스템의 이점을 설명해 주었다.
　　→ She explained to me that the benefits of the new system were.
② 일반 투표에서 이긴 후보가 항상 당선되는 것은 아니다.
　　→ The candidate winning the popular vote is not always elected.
③ 시험 문제가 너무 까다로워서 학생들 대부분이 답할 수 없었다.
　　→ The test questions were too tricky for most students to answer.
④ 그 상수리나무 뒤에는 한 도둑이 묻어둔 보물이 숨겨져 있었다.
　　→ Hidden behind the oak tree were the treasures buried by a thief.

문 8. ① 우리는 반려견이 기본적인 명령을 따르도록 훈련시켰다.
　　→ We got our dog train to follow basic commands.
② 그들은 내년에 새로운 사업을 시작할 예정이다.
　　→ They are going to start a new business next year.
③ Tim은 건강을 개선하기 위해 새로운 식단을 시작했다.
　　→ Tim began a new diet with a view to improving his health.
④ 요가 수업에서 나는 눈을 감고 한쪽 다리로 균형 잡는 연습을 했다.
　　→ In the yoga class, I practiced balancing on one leg with my eyes closed.

문 9. 두 사람의 대화 중 가장 어색한 것은?
① A: The comment you made really crossed the line.
　 B: Sorry, I didn't mean to push your buttons.
② A: Lisa seemed to really love the gift you got for her.
　 B: I could feel that. She was so fed up with me.
③ A: I just realized my essay doesn't fit the necessary criteria.
　 B: Oh no, does that mean you have to start from scratch?
④ A: I learned not to take health for granted after that illness.
　 B: That must have been a real wake-up call.

문 10. 밑줄 친 부분에 들어갈 말로 가장 적절한 것은?
> A: Hey, I've got big news.
> B: What is it?
> A: Dan apparently asked Amy out. But she said no.
> B: What? I thought she liked him too.
> A: Well, she told me that... Ugh, my mom's telling me to hang up the phone and help her prepare dinner.
> B: It's okay. You can call me again when you're done.
> A: I'm so sorry. _____
> B: Okay. I'll be waiting for your call.

① Let's resume our chat in a bit.
② Tell me more about the story later.
③ How about I talk to you while making dinner?
④ I'll text you the details since I can't call later.

문 11. 주어진 글 다음에 이어질 글의 순서로 가장 적절한 것은?
> The quest for certainty is a deep human desire. The dream that all thinking can be reduced to calculation is an old and beautiful one.

> (A) That would put an end to all scholarly disputes: If a dispute arose, the contending parties could settle it peacefully by sitting down and saying, "Let's calculate."

> (B) The great mathematician Leibniz envisioned establishing numbers or symbols for all ideas, which would enable determining the best answer for every question.

> (C) The only problem was that Leibniz never managed to find this universal calculus — nor has anyone else. It seems that human thought is just far too complex.

① (A) — (C) — (B)　　　② (B) — (A) — (C)
③ (B) — (C) — (A)　　　④ (C) — (B) — (A)

문12. 주어진 문장이 들어갈 위치로 가장 적절한 곳은?

> It initially suggested that many of our systems might be robust, notably those for making and distributing vital products such as food and basic medical supplies.

> In an uncertain world, an essential quality of good systems is *robustness* — the capacity to continue operation throughout unexpected emergencies. Unfortunately, we have discovered that some of our primary systems are not robust. (①) One good example of this is the 2008 global financial crisis: the financial system not only fragmented but could not put itself back together without support from governments. (②) Another example is the case of COVID-19. (③) Also, the ability to create, produce, and distribute new vaccines so quickly was astonishing. (④) However, the supply constraints that were then revealed in the unexpectedly prolonged fight against the disease showed that robustness was not always present.

문13. 다음 글의 제목으로 가장 적절한 것은?

> Economist Paul Zak studied the correlation between trust and economic performance. He discovered that trust is fundamental, not just in how people interact, but also in fostering economic growth. Trust encourages investment and reduces transaction costs associated with doing business. In places where people lack trust in each other, businesses often stall, and the economy struggles. The same can be said for individual companies and teams. When employees trust their leaders, they feel more involved and motivated at work. They believe their managers care about them, which makes them want to give their best. Studies show that companies with highly dedicated employees make more profit than those where employees don't feel as connected or committed.

① The Impact of Trust on Personal Relationships
② Trust: A Catalyst for Growth in Business and Beyond
③ How to Make Employees Feel Trusted and Empowered
④ Why Are Employees Losing Trust in Their Companies?

문14. 글의 흐름상 가장 어색한 문장은?

> For many years, there have been concerns about the decline of biodiversity in the agricultural industry. ① In crops, farmers tend to favor varieties that grow faster and produce more food, leading to a decline in crop genetic diversity. ② The implementation of advanced farm machinery has transformed the agricultural landscape, improving overall productivity in crop cultivation. ③ In fact, three-quarters of crop genetic diversity has been lost in the last century alone. ④ Today, only a handful of crops are responsible for the majority of our food consumption, with 30 species, including rice, wheat and corn, accounting for 95 percent of our diet. While this fact underscores the importance of these staple crops, it also highlights the risk of relying on a limited number of species for food production.

※ 다음 글의 내용과 일치하지 않는 것을 고르시오. [문 15. ~ 문 16.]

문15.

> The flower mantis is a type of praying mantis that uses a special form of camouflage that not only helps to attract prey, but also to avoid predators as well. These insects have specific colorations and behaviors that mimic flowers in their surrounding habitats. Some species of flower mantis can also fly, like the orchid mantis. The orchid mantis is perhaps the most famous kind of flower mantis. It is a beautiful pink and white mantis with lobes on its legs that look like flower petals. While its name might suggest otherwise, the orchid mantis does not actually live on orchids, though it looks remarkably like one. An adult female orchid mantis is approximately 6 to 7 cm long, while the male is only about 2.5 cm. Because the male is that much smaller, he also matures earlier than the female. The orchid mantis is very popular and loved as a pet. But because it is rare and extremely difficult to spot in the wild, it is very expensive.

※ orchid mantis: 난초 사마귀

① 꽃 사마귀의 몇몇 종은 날 수 있다.
② 난초 사마귀는 난초에서 서식하지 않는다.
③ 암컷 난초 사마귀는 수컷보다 일찍 성숙한다.
④ 난초 사마귀는 애완용으로 인기가 있다.

문16.

> Ernest Hemingway was an American novelist and short-story writer who was awarded the Nobel Prize for Literature in 1954. Born in Chicago, he was educated in public schools and began to write in high school. He did not enter college, but went to Kansas City, where he was employed as a reporter for *The Star*. After the United States entered WWI, Hemingway volunteered to serve in Italy as an ambulance driver with the American Red Cross. After returning home from the war, he renewed his efforts at writing and wrote *The Sun Also Rises*, a novel with which he scored his first solid success. Then, Hemingway used his experiences as a reporter during the civil war in Spain as the background for his most ambitious novel, *For Whom the Bell Tolls*. Among his later works, the most outstanding is the short novel, *The Old Man and the Sea*, which was awarded the Pulitzer Prize for Fiction and the only work mentioned when he was awarded the Nobel Prize.

① Hemingway worked as a reporter instead of entering college.
② Hemingway served as an ambulance driver in Italy during WWI.
③ *The Sun Also Rises* was written while Hemingway was at war.
④ Hemingway won both the Pulitzer Prize and the Nobel Prize.

문 17. 다음 글의 요지로 가장 적절한 것은?

Controlling the number of mosquitoes is an important task. After all, the fewer mosquitoes there are, the fewer cases of mosquito-borne diseases there are. Using insecticides is popular, but this has no long-term effect on mosquito populations and results in insecticide resistance, which only enhances their chances of survival. In order to effectively control mosquito populations, we must know information like where they are, how far they fly, and their breeding habits. What researchers commonly use is the mark-release-recapture technique; capture mosquitoes, mark them, release them into the wild, and capture them again for observation. Tracking methods like this must be developed and widely implemented to devise optimized strategies for mosquito population management.

① Insecticides should not be used too frequently.

② Mosquito population reflects environmental conditions.

③ It is hard to track mosquito behavior with today's technology.

④ Monitoring mosquito behaviors is key to regulating its number.

문 18. (A)와 (B)에 들어갈 말로 가장 적절한 것은?

One of the most powerful tools of developmental psychology has been our ability to test children at different ages and compare the results between the groups. In fact, this method has provided the great bulk of our information about development, by allowing us to pinpoint just what it is that changes, and when. __(A)__, we have learned in recent years that when a child is between the ages of four and five, something somewhat mysterious but certainly important shifts in their overall approach to thinking and solving mental problems. We have learned that this shift is apparent in a wide range of activities, no matter what the background or experience of the child is, and is fairly unaffected by training or other interventions. __(B)__, on all sorts of tasks four-year-olds almost always perform one way, and five-year-olds another. Five-year-olds seem almost magically to have gained certain kinds of cognitive skills that make them able to solve problems they couldn't just six months earlier.

	(A)	(B)
①	For instance	That is
②	By contrast	In the same way
③	By contrast	As a result
④	For instance	On the contrary

※ 밑줄 친 부분에 들어갈 말로 가장 적절한 것을 고르시오. [문 19. ~ 문 20.]

문 19.

One of the main reasons for _____ is due to a potential occurrence of a *vested interest*. Vested interests may take many forms, the most familiar being financial interest. Take, for example, the following scenario: an oil company wants to sink an exploratory well in a region where there is some alleged risk of environmental damage, and possible harm to wildlife. Environmentalists have voiced strong opposition; the oil company has hired a team of 'independent' experts to assess the risks and report on their findings. After some time, the team produces a statement that there is practically no risk of contamination or other damage, and the oil company gets the go-ahead. Then just before the drilling is due to start, two of the experts on the team are found to have substantial shares in the oil industry. Had the report been negative, they would have lost a lot of money; as it stands, they will make a lot of money instead.

※ vested interest: 이권

① asking for expert opinion

② ignoring an industry's history

③ doubting an evaluation's neutrality

④ maintaining a company's reputation

문 20.

Many people consider economic history, or the history of how our economies have evolved, especially _____. Do we really need to know what happened two, three centuries ago in order to know that free trade promotes economic growth, that high taxes discourage wealth creation or that cutting red tape encourages business activities? Aren't these and other economic wisdoms of our time all propositions already derived from logically flawless theories and validated by a vast amount of statistical evidence? The majority of economists agree. Economic history used to be a compulsory subject in graduate economics training in most American universities until the 1980s, but many of them don't even offer courses in economic history any more. Among the more theoretically oriented economists, there is even a tendency to consider economic history at best as a harmless distraction and at worst as a refuge for people who cannot handle 'hard' stuff like mathematics and statistics.

① biased

② dynamic

③ pointless

④ influential

문 12. 주어진 문장이 들어갈 위치로 가장 적절한 곳은?

> In general, though, guilt can be diminished when you try to do what you think is right, when you are honest, and when you try to be a good person.

Guilt is the emotion you feel when you know what you "should" do, but despite what you know, you behave in an impulsive, hurtful, or thoughtless way. (①) Defining guilt this way makes it easier to avoid, because if you act as you know you should, you won't feel as responsible or to blame when things don't quite work out. (②) Of course, guilt is not always avoidable because sometimes different needs conflict, there's no clear best choice, or your options are too limited. (③) So, when you know that your intentions are pure, and that your actions or words are well-meant, it's unlikely that you'll feel guilty. (④) Guilt shouldn't follow when you've tried to do the right thing, regardless of the outcome.

문 13. 다음 글의 제목으로 가장 적절한 것은?

For much of its history, publicists, curators, and photographers have viewed photography as a medium capable of communicating information through the universal language of vision. The camera, they often assumed, is a mechanism that facilitates human efforts to register accurate images of reality itself, and photographs, they continued, are therefore mere visual records of the settings they depict. This conceptualization of photography has presented the camera as a mechanical eye whose accurate vision bypasses the desires, knowledge, and prejudices that otherwise influence human perception. It has also framed photographs as reflections of the world, with its many different national and ethnic groups, their cultural traditions, and individual experiences.

① Photography as an Objective Mirror of Reality
② Human Experiences That Can't Be Captured by Camera
③ Prejudice: The Greatest Weakness of Human Perception
④ The Role of Photography in Connecting Different Cultures

문 14. 글의 흐름상 가장 어색한 문장은?

When it comes to enhancing children's motivation for reading, scholars agree that parents play a crucial role. ① Based on the cultural reproduction hypothesis, parents transmit their tastes in intellectual activities at home, being responsible for many of their children's habits. ② These kinds of family cultural capital have been shown to affect children's motivation for reading. ③ Research shows children learn to read when they are able to identify letters or combinations of letters and connect those letters to sounds. ④ It was also proven that parents' reading to young children has positive effects on shaping and maintaining their reading habits. Parents' role is hence critical in creating a supportive environment that can have a lasting impact on a child's desire to read.

※ 다음 글의 내용과 일치하지 않는 것을 고르시오. [문 15. ~ 문 16.]

문 15.

Saturn's largest moon Titan is an extraordinary world. Among our solar system's more than 150 known moons, Titan is the only one with a substantial atmosphere. And of all the places in the solar system, Titan is the only place besides Earth known to have liquids in the form of rivers, lakes and seas on its surface. Titan's atmosphere is made mostly of nitrogen, like Earth's, but with a surface pressure 50 percent higher than Earth's. Titan's dense atmosphere, as well as gravity roughly equivalent to Earth's Moon, means that a raindrop falling through Titan's sky would fall more slowly than on Earth. Beneath Titan's thick crust of ice is more liquid — an ocean primarily of water rather than methane. Titan's underground water could be a place to sustain forms of life that are known to us, while its surface lakes and seas of liquid hydrocarbons could conceivably harbor life that uses different chemistry than we're used to — that is, life as we don't yet know it.

① 타이탄의 대기는 지구보다 표면 압력이 더 높다.
② 타이탄의 중력은 지구의 달의 중력과 비슷한 수준이다.
③ 타이탄의 얼음 지각 아래의 바다는 주로 메탄으로 이루어져 있다.
④ 타이탄의 지하수에 우리가 아는 형태의 생명체가 존재할 수도 있다.

문 16.

The extraction of olive oil is a delicate process that preserves the rich flavors and nutritional qualities of the olives. Once collected, the olives first undergo cleaning to remove leaves and dust. The next step involves crushing the olives into a paste, either through traditional millstones or modern mechanical presses. The paste is then gently stirred to be softened, which allows the oil droplets to aggregate and be more easily separated from water. By stirring slowly, the aroma and flavor of the olives can be preserved. Then, the olive paste is spun in a centrifuge, a machine that uses centrifugal force to separate liquids of different densities without applying additional heat or adding chemicals. The heavier oil accumulates at the bottom, while lighter water remains on top. The oil at the bottom is then filtered to remove any remaining impurities. Depending on the desired grade of the oil, it may undergo further processing, like aging.

※ centrifugal force: 원심력

① Stirring the paste helps oil from olives separate from water.
② The slow stirring aids in retaining the flavor of the olives.
③ Heat is added when spinning the paste in the centrifuge.
④ The aging process can change the olive oil's grade.

문 17. 다음 글의 요지로 가장 적절한 것은?

In recent years, there has been a growing emphasis on the importance of self-esteem. Many believe that a strong sense of self-worth is essential for success and happiness. However, there's a potential danger in placing too much emphasis on self-esteem. When individuals fixate on boosting their self-worth, they may become overly self-absorbed and lack empathy for others. This intense focus can also lead to a distorted sense of reality, as individuals may choose to ignore or deny their flaws and weaknesses in order to safeguard a positive self-image. Furthermore, the constant pressure to maintain high self-esteem can be exhausting and create feelings of anxiety and insecurity when individuals inevitably face failures or setbacks.

① Failure to accept reality leads to a false sense of self-worth.

② It is important not to let failures bring down self-esteem.

③ Recognizing one's weaknesses strengthens self-esteem.

④ Placing excessive focus on self-esteem poses risks.

문 18. (A)와 (B)에 들어갈 말로 가장 적절한 것은?

When faced with stress, it's common for us to deny any responsibility for the situation. We may also engage in defensive behaviors such as blaming others, avoiding the problem, or making excuses. ___(A)___, these defenses can actually make the situation worse. Defensive behavior in response to stress can lead to a negative cycle. When we avoid the problem or refuse to take responsibility, the stressor remains unresolved, which can lead to increased anxiety and tension. This, in turn, can lead to more defensive behavior, creating a vicious cycle that perpetuates stress. ___(B)___, defensive behavior can interfere with our ability to think creatively and solve problems effectively. When we're in a defensive mindset, our focus is on protecting ourselves rather than finding solutions. This can lead to a narrow, limited perspective that prevents us from seeing the bigger picture and finding innovative solutions to our problems.

	(A)	(B)
①	Similarly	Indeed
②	Similarly	Instead
③	However	In contrast
④	However	In addition

※ 밑줄 친 부분에 들어갈 말로 가장 적절한 것을 고르시오. [문 19. ~ 문 20.]

문 19.

It's not surprising that negotiating teams _____. After all, companies send teams to the negotiating table only when issues are political or complex and require input from various technical experts, functional groups, or geographic regions. Even though team members are all technically on the same side, they often have different priorities and imagine different ideal outcomes: Business development just wants to close the deal. Finance is most concerned about costs. The legal department is focused on patents and intellectual property. Teams that ignore or fail to resolve their differences over negotiation targets, trade-offs, concessions, and tactics will not come to the table with a coherent negotiation strategy. They risk ending up with an agreement that's good for one part of the company but bad for another.

① use third-party mediators

② wrestle with internal conflicts

③ come up with innovative solutions

④ assign different roles to team members

문 20.

The typical pattern of listeners gazing more at speakers than speakers do at listeners may be reversed for high-status individuals interacting with low-status partners. A high-status person may gaze at a partner more while speaking than while listening in order to observe the partner's reactions to the comments. And high-status people can exercise their power by gazing less when listening to their partners. The power differential is shown in being able to _____ lower-status partners. A laboratory study examined the effects of socioeconomic status (SES) on nonverbal behavior in interactions. They found that high SES subjects displayed more disengagement cues with their partners than did low SES subjects. Specifically, high SES individuals got distracted more, showing behaviors like self-grooming or playing with nearby objects than low SES individuals did. In contrast, low SES individuals initiated more engagement behaviors, including head nods, eyebrow raises, and laughs, than high SES individuals did.

① praise

② ignore

③ correct

④ persuade

문 10. 다음 글의 흐름상 가장 어색한 문장은?

Social influence often involves exerting influence on someone to create situations in which others can achieve more pleasure. ① Parents, teachers, businesses, and governments constantly try to influence our behavior by giving rewards or punishments. ② There's nothing necessarily wrong about these attempts, and they are often quite effective. ③ Personal influence is the capacity of an individual to change the attitudes and behaviors of others by communication. ④ In 1992, the Republic of Singapore warned its citizens that chewing gum in public, deemed to harm their well-being, would result in a year in prison and a $5,500 fine. Although the rest of the world initially regarded this as ridiculous, the incidence of troublesome gum chewing in Singapore had actually fallen to an all-time low.

※ 밑줄 친 부분에 들어갈 말로 가장 적절한 것을 고르시오. [문 11. ~ 문 12.]

문 11.

A: I think Elias is the one who stole my earrings.
B: What makes you say that?
A: Well, to be honest, _____.
B: I know you've never been fond of her, but you shouldn't accuse her of such a thing without any solid reason.
A: You're right. But there's just something fishy about her.

① don't let me down
② it's definitely a steal
③ she goes by the book
④ I can't put my finger on it

문 12.

A: Kevin, did you try out for the basketball team?
B: No. _____
A: Wasn't the tryout yesterday? I saw the 'basketball team tryout' sign on the gym door.
B: Oh, half of the applicants had their tryouts yesterday, and the other half are scheduled for tomorrow.
A: Ah, I see. Good luck on your tryout, then!

① I already tried out yesterday.
② The tryout is tomorrow for me.
③ I don't plan to try out for the team.
④ There are no basketball tryouts this year.

※ 우리말을 영어로 잘못 옮긴 것을 고르시오. [문 13. ~ 문 14.]

문 13. ① 민주주의에서는 모든 시민의 말을 경청해야 마땅하다.
→ Every citizen deserves to be listened to in a democracy.
② 나는 주말을 좋은 소설에 몰두하며 보내는 편이 낫다.
→ I may as well spend the weekend diving into a good novel.
③ 관리자로 승진한 그녀는 개방적인 팀 의사소통을 용이하게 했다.
→ Promoted to manager, she facilitated open team communication.
④ 돈을 더 많이 절약할수록 미래에 더 마음 든든하게 될 것이다.
→ The more you save money, the more securely you will feel in the future.

문 14. ① 그 영화 제작자가 감독한 영화 중 가장 좋아하는 것이 무엇인가요?
→ Which movie directed by the filmmaker is your favorite?
② 사람들은 그 비극적인 이야기에 눈물을 흘릴 수밖에 없다.
→ People have no choice but to shed tears over the tragic story.
③ 그는 편지를 봉하여 예정된 수신자에게 보냈다.
→ With the letter sealing, he addressed it to the intended recipient.
④ 그 지역 요리 중 일부는 한국 요리 트렌드의 큰 영향을 받았다.
→ Some of the local cuisine was deeply influenced by Korean culinary trends.

문 15. 밑줄 친 (A), (B)에 들어갈 말로 가장 적절한 것은?

Quantum computers are a new, promising technology still in its infancy. Our conventional computers are already quite powerful. But this new technology could speed things up a lot. Because of this, many computer companies have already started building quantum computers. __(A)__, they still operate on a limited scale compared to what we expect in the future. So how can we prepare programmers and users for this new technology? One way to do so: simulate the quantum computer on our conventional machines. __(B)__, this is very complex – if it were easy, we would not need a quantum computer in the first place. Currently, the best method that tackles this complexity is to use so-called decision diagrams, which allow a much more efficient simulation.

	(A)	(B)
①	For this reason	Therefore
②	However	Of course
③	For this reason	In addition
④	However	For instance

문 16. 밑줄 친 부분에 들어갈 말로 가장 적절한 것은?

What is beauty? Can we articulate what is beautiful and what is not? For 19th-century architects, the ambiguity in defining the essence of a great design was their biggest problem, because what appeals to the eye is subjective. But some perceived that the engineers were capable of providing them with a critical key to their rescue — for engineers had landed on an apparently unbreakable method of evaluating the wisdom of a design. They believed it lay in _____. They felt confidently able to declare that a structure was pleasant insofar as it performed its mechanical functions efficiently; and faulty insofar as it was burdened with non-supporting pillars, decorative statues, paintings, or carvings. They believed that a great design didn't require confusing, insoluble disputes about aesthetics but a straightforward pursuit of technological utility.

① details
② functionality
③ specialization
④ experimentation

문 17. 다음 글의 제목으로 가장 적절한 것은?

According to one study, being a committed couch potato (defined as someone who sits for six hours or more per day) increases the mortality risk for men by nearly 20 percent and for women by almost double that. People who sit a lot are twice as likely to contract diabetes, twice as likely to have a fatal heart attack, and two and a half times as likely to suffer cardiovascular disease. Amazingly, and alarmingly, it doesn't seem to matter how much you exercise the rest of the time — if you remain seated during the whole evening, you may cancel out any benefits of your active daytime. As the journalist James Hamblin put it in the *Atlantic*, "You can't undo sitting." In fact, people with sedentary occupations and lifestyles — which is to say, most of us — can easily sit for fourteen or fifteen hours a day, and thus be completely and unhealthily immobile for all but a tiny part of their existence.

① Prolonged Sitting: A Detriment to Our Health

② Active Daytime Can Free You from Health Risks

③ Heart Patients Are More Vulnerable to the Risks of Sitting

④ Contemporary Lifestyles Cause You to Be a Couch Potato

문 18. 주어진 문장이 들어갈 위치로 가장 적절한 곳은?

Internally, jealousy often arises from feelings of insecurity, scarcity, or fear.

Jealousy is a complex emotion that is most typically aroused when a person perceives a threat, whether real or imagined, to a valued relationship from a third party. It is a product of various factors. (①) Biological factors include evolutionary aspects where jealousy acted as a mechanism to prevent infidelity and ensure survival. (②) Cultural factors involve societal norms and values that shape our perception of relationships and ownership; monogamous societies tend to have higher instances of jealousy than polygamous cultures. (③) For instance, a person with low self-esteem might feel unworthy of their partner's love, leading to jealousy when they interact with others. (④) Similarly, perceived scarcity of resources, such as time or attention, can lead to jealousy. Fear of losing a loved one or a valued possession is also its common trigger.

※ monogamous: 일부일처의

문 19. 다음 글의 요지로 가장 적절한 것은?

When we are in a group of a large enough size, we become different. Notice yourself and others at a sporting event, a concert, or a religious or political gathering. It is impossible not to feel yourself caught up in the collective emotions. Your heart beats faster, and tears of joy or sadness come more readily. This phenomenon is known as the "group effect," suggesting that being in a group intensifies the longing to belong rather than encouraging independent reasoning. This effect is equally applicable in a work environment, particularly if the leader plays on people's emotions to spur competitive, aggressive desires, or creates an *us-versus-them* dynamic. Importantly, the group effect isn't restricted to physical gatherings; it can also spread virally, as strong opinions circulate on social media, infecting us with the desire to share these sentiments, often of an intense nature like outrage.

① Collective emotions lead to intense violence.

② Being in a group suppresses individual responses.

③ The presence of a group promotes independent reasoning.

④ Belonging to a group affects individual emotions and actions.

문 20. 주어진 글 다음에 이어질 글의 순서로 가장 적절한 것은?

Regulatory interactions determine how honeybees increase the overall level of activity within the colony; decide when to build drone comb; decide when to collect pollen.

(A) When returning from a successful foraging trip, a forager bee performs either a waggle dance or a tremble dance. Waggle dances result in the recruitment of more foragers, reflecting the colony's need for more nectar.

(B) Dr. Seeley gives an authoritative review of these and many other regulatory feedback mechanisms within the honeybee colony. One of the most striking examples of regulatory feedback is seen in nectar processing.

(C) On the other hand, tremble dances result in the recruitment of more nectar receivers reflecting an increased influx of nectar. Combined, these two regulatory feedbacks ensure that nectar flow is not delayed by a shortage of either foragers or receivers.

① (A) — (C) — (B)   ② (B) — (A) — (C)

③ (B) — (C) — (A)   ④ (C) — (B) — (A)

문 10. 다음 글의 흐름상 가장 어색한 문장은?

Often, sustainability is not a simple case of "profits versus planet" but more an issue of "people versus people." ① It contrasts those who want a pure environment with those who need to work in polluting factories or want things cheap. ② People who are worried about feeding their families tomorrow come into conflict with people worried about future environmental disasters. ③ These different people in diverse socioeconomic classes and varied value systems will not make the same choices in what they buy and supply. ④ Too often, the most pressing environmental concerns are experienced most significantly by those with limited resources. The challenge lies in the fact that we must bridge these wildly diverse outlooks to promote a sustainable future for all.

※ 밑줄 친 부분에 들어갈 말로 가장 적절한 것을 고르시오. [문 11. ~ 문 12.]

문 11.

A: Do you think you could take my shift tomorrow, Richard?
B: What time's your shift?
A: It's from 12 p.m. to 5 p.m. I need to visit my aunt at the hospital.
B: Okay, I'm free during that time. _____?
A: No, I already asked her if I could take the day off and said I'd find a replacement. I'll tell her myself you'll be covering for me. Thanks.

① Is your aunt unwell
② What did our manager say
③ Should I inform our manager
④ Do I need to cover the entire shift

문 12.

A: It's wonderful to have the opportunity to have you here with us.
B: Oh, the pleasure is mine.
A: So, everyone's dying to know what your new movie will be about.
B: Well, to give you a glimpse, it's a romantic fiction involving time travel. _____.
A: I'd love to hear more, but I understand your position. I guess we'll have to wait a bit longer to find out more of the story, then.

① So, who's starring in the new movie?
② The whole story is already up on the web.
③ Unfortunately, that's all I can reveal at this stage.
④ Can you imagine love that defies the limits of time?

※ 우리말을 영어로 잘못 옮긴 것을 고르시오. [문 13. ~ 문 14.]

문 13. ① 공원에서 돌아오니 내 자전거가 없어진 상태였다.
　　→ My bike had been missing when returning from the park.
② 유리로 둘러싸인 그 섬세한 유물은 완벽하게 보존되어 있었다.
　　→ Enclosed in glass, the delicate artifact stayed perfectly preserved.
③ 첨단 기능을 자랑하는 새 스마트폰이 오늘 출시되었다.
　　→ The new smartphone which boasts advanced features was released today.
④ 회의가 시작될 때쯤이면 모든 참석자가 안건을 받게 될 것이다.
　　→ By the time the meeting starts, all the attendees will have received the agenda.

문 14. ① 그녀는 번아웃으로 인해 쉽게 주의가 산만하게 되었다.
　　→ She was made easily distracted because of burnout.
② 우리는 그 프로젝트를 어려움에도 불구하고 열심히 하고 있다.
　　→ We're working diligently on the project despite it's challenging.
③ 이론을 연구하는 것과 그것을 실제로 적용하는 것은 별개다.
　　→ Studying the theory is one thing, applying it in practice is another.
④ 분기마다 재무 보고서를 준비하느라 분주한 곳이 바로 재무 팀이다.
　　→ It is the finance team that is busy preparing financial reports every quarter.

문 15. 밑줄 친 (A), (B)에 들어갈 말로 가장 적절한 것은?

Companies pay millions for celebrity endorsement — a marketing tactic that uses celebrities to promote a brand or product — because it works. __(A)__, it has always been somewhat of a marketing mystery. Doesn't the celebrity take attention away from the product? Researchers believe the ability of celebrities to persuade derives from evolutionary and psychological factors. Both humans and primates will typically follow the lead of high-prestige individuals in their group and copy their decisions. When a successful leader makes certain choices, others require less evidence to do the same. __(B)__, marketers use celebrity endorsement because the tactic has been proven to transfer the celebrity's positive image on to the product's or brand's image. This allows customers to associate the product or brand with a sense of credibility.

	(A)	(B)
①	However	Yet
②	However	Also
③	That is	Hence
④	That is	Likewise

문 16. 밑줄 친 부분에 들어갈 말로 가장 적절한 것은?

In a letter Orville Wright wrote to his inventor friend Henry Ford, Wright tells a story he heard from a missionary stationed in China. Wright told the story as a cautionary tale about the danger of _____ the cause of a problem. The missionary wanted to improve the laborious way the Chinese peasants in his province harvested grain. The local farmers cut the stalks with some kind of a small hand shear. So the missionary had a scythe shipped in from America and demonstrated its superior productivity to them. The next morning, however, a delegation came to see the missionary. The scythe had to be destroyed at once. "What if," they said, "it should fall into the hands of thieves? A whole field could be cut and carried away in a single night." So the use of the scythe could not be adopted! Apparently, it didn't occur to them that the way to avoid such a situation would be to stop the thieves instead of to stop the use of the scythe.

※ scythe: 낫

① misunderstanding
② underestimating
③ questioning
④ worsening

문 17. 다음 글의 제목으로 가장 적절한 것은?

The "Habsburg jaw" was a physical trait common among many members of the Habsburg dynasty, characterized by a protruding lower jaw, which often hindered affected individuals from eating or speaking properly. Generations of inbreeding within the Habsburg family led to the development of this trait, as they frequently engaged in marriages between close relatives like first cousins or uncles and nieces. Although marrying within royal families was normal in Europe, the Habsburgs notably stood out; out of eleven marriages among the Spanish Habsburgs, only two weren't between close family members. Inbreeding aided their power retention but severely depleted their gene pool over time. Historical accounts and a 2019 scientific study confirmed the link between inbreeding and the Habsburg jaw, as portraits showed a correlation between evidence of inbreeding and the severity of the jaw deformity.

① How the Habsburgs Maintained Their Power in Europe

② The Link between Jaw Deformity and Quality of Life

③ The Origins and Types of the Habsburg Jaw

④ The Habsburg Jaw: A Legacy of Inbreeding

문 18. 주어진 문장이 들어갈 위치로 가장 적절한 곳은?

Contrast this procedure with the imaginary case of a car salesman "giving" a customer a car and expecting an unspecified future gift.

One of the features of our market economy that would surprise many traditional peoples is that our process of buying something is conceived explicitly as an exchange. (①) The buyer's handing-over of something else (usually money) is considered a payment, not a reciprocal gift. (②) Almost always, the buyer either pays at the time of acquisition, or at least agrees on a price if the payment will be made later. (③) If the seller does agree to wait until later for part or all of the payment, as in the case of many new-car purchases, the payment is still a specified obligation, not a subsequent reciprocal gift at the buyer's discretion. (④) Such a transaction would be considered absurd in a market economy, but that's exactly the way trade does proceed in many traditional societies.

문 19. 다음 글의 요지로 가장 적절한 것은?

Children have enormous tempers, they can be very selfish and self-centered and they can get upset about almost anything. Children are not always happy because they are human beings. They, like everyone else, react to their own thinking. The difference, however, between children and most adults is that when children get upset they simply get upset and then go on with their lives. They don't label themselves as depressed or angry people. Although their thinking made them upset to begin with, they don't compound the problem by using their thinking to hold their negative feelings in place. They intuitively know that whatever it was that they were upset about is now only a thought. Whether it was an argument with a sibling or a parent, or something they attempted to do that failed, they don't hold on to the memory as if it were happening right now.

① Both children and adults have self-centered sides.

② Adults tend to pass on their negativity to their children.

③ Children, unlike adults, do not dwell on negative thoughts.

④ Not holding negative emotions is essential to protecting yourself

문 20. 주어진 글 다음에 이어질 글의 순서로 가장 적절한 것은?

Banks are sometimes criticized for operating like casinos. If only that were true!

(A) Here, not everyone can be trusted, surprises happen, and trying to calculate precise risks can lead to disaster. In fact, the use of theories of finance designed for a world of known risks is suspected to be one of the causes of financial crises.

(B) As the former governor of the Bank of England Mervyn King noted, if they did, it would at least be possible to calculate risk accurately. But investment banks play in the real, ever-changing, and uncertain world.

(C) Applying them to an unpredictable environment is not only wrong, but dangerous. Regarding the financial crisis of 2008, Joseph Stiglitz observed, "It simply wasn't true that a world with *almost* perfect information was very similar to one in which there was perfect information."

① (B) — (A) — (C)   ② (B) — (C) — (A)

③ (C) — (A) — (B)   ④ (C) — (B) — (A)

문 11. 두 사람의 대화 중 자연스럽지 않은 것은?

① A: Why do you have such a long face?

　　B: It's nothing. I'm just worn out from work.

② A: Hi, could you put Mr. Sandal through?

　　B: Sorry, but his line is currently busy.

③ A: Would you do the dishes while I vacuum?

　　B: I don't feel like cooking. Can we switch the roles?

④ A: It's very rude to talk back to your teacher.

　　B: I was just trying to clear up the misunderstanding.

문 12. 다음 글의 제목으로 가장 적절한 것은?

What factors keep people together? To answer this question, the 2017 research highlights the significance of turning toward a partner's bid for attention instead of turning away or against, suggesting a strong correlation between responsiveness and happier relationships. For example, one person might bid for a response from a partner by commenting on something of personal interest, such as "Look at that beautiful dog!". The partner can turn toward the bid ("Yes, I agree. That's a really pretty dog!"), away from the bid (ignoring it), or against the bid ("Don't bother me now. I'm reading!"). The researchers found that couples divorced after six years of marriage turned toward bids only 33% of the time, compared to 86% of the time for couples still married.

① Raising a Dog Helps Your Marriage

② Types of Response to Communication Bids

③ Bid Responsiveness: A Key to Lasting Bonds

④ Save Your Marriage by Sharing Your Hobbies

문 13. 다음 글의 주제로 가장 적절한 것은?

In ancient Greece, play was assigned a valuable role in the lives of children. For them, play was an integral element of education and was considered a means of positive character development and teaching the values of Greek Society. Then, during the Middle Ages, there was a shift towards associating play with lack of seriousness, viewing it as a distraction from more meaningful pursuits. Though the Renaissance marked a return to recognizing the educational value of play, the Industrial Revolution again focused on limiting time for leisure and play as structured work hours, even for children, became the norm. Gradually, however, educators and philosophers came to the defense of play as an important aspect of childhood education. It is now described as the highest expression of human development in childhood.

① the historical review on types of children's play

② importance of character building in childhood

③ why playing was important to Greek society

④ the opposing viewpoints of play in history

문 14. 다음 글의 요지로 가장 적절한 것은?

In the world of mathematics, achievable challenge acts as the stepping stone for students' progress. Much like a solid foundation is essential for a building, students' existing skills in math serve as the bedrock upon which their learning is built. Then, achievable challenges support their journey through math education. Implementing these challenges in teaching math helps build confidence and alters negative attitudes toward the subject. Students won't feel confined within the walls of math class anymore, and fear or avoidance won't dominate their approach to math. Instead, they'll bravely confront challenges with confidence and determination.

① Addressing impossible challenges enhances math proficiency.

② Diverse strategies should be used to solve achievable challenges.

③ Being confident is the foundation for good performance in math.

④ Achievable challenges in math empower learning and confidence.

문 15. 다음 글의 내용과 일치하지 않는 것은?

Occam's razor, or the law of economy, is a principle that takes its name from philosopher William of Ockham. The principle states that one should not make more assumptions than the minimum needed. The principle gives precedence to simplicity. That is, of two competing theories, the simpler one is to be preferred. In fact, the underlying concept of the principle was pronounced as far back as Aristotle. And many figures across centuries also have mentioned this principle, including Galileo who used it to defend his simple model of the solar system. Although the concept existed long before Ockham, it was his frequent references that led to its association with his name. The metaphorical expression "razor" is meant to shave away unnecessary complexities.

① Occam의 면도날은 복잡성보다 단순성을 우선시한다.

② Aristotle은 경제성의 원리의 근본 개념을 언급한 적이 있다.

③ Galileo는 경제성의 원리를 통해 자신의 태양계 모형을 옹호했다.

④ Occam의 면도날은 그 개념을 처음 만든 사람의 이름에서 유래했다.

문 16. 다음 글의 흐름상 어색한 문장은?

More than 3,000 consumer magazines are published in Britain, and all contain advertisements. ① And each one is heavily funded by advertising, so that its readers can buy it at a smaller percentage of its production cost. ② Thus, the revenue magazines receive from advertising reduces, even if only marginally, the prices they charge for what they provide. ③ The cost of advertisement is carried over to the cost of the product, and this increased cost must be borne by the final consumer. ④ And research shows that many readers of special interest magazines find the advertisements at least as helpful and interesting as the editorial itself. Some magazines contain only advertisements, with no editorial whatsoever: living proof that readers value the advertising they contain.

문 17. 주어진 글 다음에 이어질 글의 순서로 가장 적절한 것은?

A great example of using customer language to understand customers' needs and desires is the success of Airbnb.

(A) Through this process, they started to have a significant increase in bookings. Airbnb has now become a classic example that shows the importance of truly listening to customer needs.

(B) By listening to their words, the company found that they were searching for personalized experiences, not just an ordinary hotel room. So, they adapted their approach and began highlighting the unique experiences that hosts could offer.

(C) The founders were struggling to attract customers and get them to book through their platform. They decided to focus on researching and figuring out what their customers really wanted.

① (B) — (A) — (C)   ② (B) — (C) — (A)
③ (C) — (A) — (B)   ④ (C) — (B) — (A)

문 18. 주어진 문장이 들어갈 위치로 가장 적절한 것은?

For many parents of children with Down syndrome, the more information the better, even if the information includes bad news.

When information is unpleasant to deal with, people often fail to attend to it. We have seen that investors tend to log in and look up the value of their portfolios after a rise in the market, but put their heads in the sand after the market declines. (①) Research on medical testing for conditions such as HIV finds that the people who are most at risk often do not get tested because the prospect of the disease is too scary to think about. (②) They appear to treat the absence of testing results as equivalent to the absence of the disease. (③) But when the information concerns someone for whom they care, people act differently. (④) This is presumably because they think that more information helps them be better caregivers.

※ 밑줄 친 부분에 들어갈 말로 가장 적절한 것을 고르시오. [문 19. ~ 문 20.]

문 19.

How can researchers measure the extent to which a result is caused by the independent variable or by the placebo effect? Usually, they include a special control group that receives only an inactive medicine treatment. Then they compare results for the experimental group, the control group and a no-treatment group. In one quit-smoking study, for example, participants in a control group took sugar pills described by the experimenter as 'fast-acting tranquilizers' that would help them learn to endure the stress of giving up cigarettes. These people did far better at quitting than those who got no treatment; in fact, they did as well as participants in the experimental group, who received extensive treatment. These results suggested that the success of the experimental group may have been due largely to the participants' _____, not to the treatment methods.

① patience

② heredity

③ expectations

④ cooperation

문 20.

As "good" children don't usually pose many immediate problems, we tend to assume that all is well with them. They aren't the target of particular concern. People imagine the good children must be fine, on the basis that they do everything that is expected of them. And that, of course, is precisely the problem. The secret sorrows — and future difficulties — of the good boy or girl begin with the need for their excessive compliance. The good child isn't good because, due to their natural disposition, they simply have no inclination to be anything else. They are good because they have been granted no other option; the more rebellious part of what they are cannot be tolerated. Their goodness _____.

① is attributed to nature over nurture

② comes from necessity rather than choice

③ derives from their inclination for excellence

④ is a result of seeking attention from other people

문 11. 두 사람의 대화 중 자연스럽지 않은 것은?

① A: Kids, behave yourselves! This is a public place.
　 B: Sorry, we'll be quieter.

② A: I was put on the spot at yesterday's gathering.
　 B: Oh, were you able to get the spot off your clothes?

③ A: Could you do me a favor and empty the trash can?
　 B: Of course, consider it done.

④ A: I got a new laptop at a 30% discount at the holiday sale.
　 B: That's a bargain. Can I see it sometime?

문 12. 다음 글의 제목으로 가장 적절한 것은?

To stop violence, it's crucial to understand what people are thinking. This means we need to listen to not only the person who was hurt but the person who hurt them. Usually, those who use violence don't think they're wrong. They see themselves as victims and believe they've been treated unfairly. They argue that they deserve tolerance. The person they're angry with (who others might see as the victim) is seen by them as the one who caused the problem. For instance, Bosnian Serbs, who did terrible things during ethnic cleansing, thought they were the ones who were most mistreated. Even when these ideas are completely wrong, it's important to understand why aggressors think and act this way so that we can prevent more violence from happening.

① Hurt People Hurt Others: The Importance of Tolerance
② Understanding Violence: Insights from Law Enforcement
③ Common Explanations Used to Justify Mistreating Others
④ Into the Minds of Aggressors: A Step to Address Violence

문 13. 다음 글의 주제로 가장 적절한 것은?

The act of remembering something is a process of bringing back on line those neurons that were involved in the original experience. Once we get those neurons to become active in a fashion similar to how they were during the original event, we experience the memory as a lower-resolution replay of the original event. If only we could get every one of those original neurons active in *exactly* the same way they were the first time, our recollections would be remarkably accurate. But this is almost impossible; the instructions for which neurons need to be gathered and how exactly they need to fire become weak and degraded, leading to a representation that is only a dim and often an inaccurate copy of the real experience. Memory is fiction; it may present itself to us as fact but is highly susceptible to distortion.

① techniques for improving memory accuracy
② the nature of memory and its imperfections
③ efficiency of our neurons in retaining memory
④ types of neurons involved in memory recollection

문 14. 다음 글의 요지로 가장 적절한 것은?

Why are so many people so tired so much of the time? One of the main causes is that we haven't learned when to just stop and hit the reset button. All of us need to do this from time to time. And we shouldn't think of it as something we do only when we feel we've messed something up or made a mistake. It needs to be a part of our regular routine because it helps to keep our channel clear so energy can flow through freely. Making sure there is a good balance between times of hard work and times of relaxation in your life at regular intervals is key. If you don't allow yourself this, you become out of sync energetically. This puts your body into *dis-ease*, which often leads to disease.

① Outdoor activities can be a cure for chronic tiredness.
② It is vital to take a break and recharge after messing up.
③ Allowing yourself frequent breaks may make you lag behind.
④ Regular breaks maintain energy balance and prevent exhaustion.

문 15. 다음 글의 내용과 일치하지 않는 것은?

Baobab trees are native to Madagascar, mainland Africa and Australia. The baobab is also known as the "upside-down tree," a name derived from several myths. They are one of the most long-lived vascular plants and have large flowers that are reproductive for a maximum of 15 hours. The flowers open around nightfall, opening so quickly that the movement can be seen with the naked eye, and fade by the next morning. The fruits are large, oval and berry-like, and contain kidney-shaped seeds in a dry pulp. Recently, baobabs began to die off rapidly in southern Africa from a cause that has not yet been identified. Some have speculated that the die-off was a result of dehydration.

① 바오밥나무의 별명은 신화에서 기원한다.
② 바오밥나무의 꽃은 피고 나서 24시간 내로 진다.
③ 바오밥나무의 씨앗을 둘러싸는 과육은 건조하다.
④ 바오밥나무가 남부 아프리카에서 죽어 나가는 원인이 최근에 밝혀졌다.

문 16. 다음 글의 흐름상 어색한 문장은?

In this capitalist age of low transportation costs for shipping food, the ability to purchase food from other distant producers shields local consumers from agricultural price jumps. ① If horrible weather hits California, the price of crops in the region would rise sharply — but only momentarily. ② This is because goods can be shipped at a low cost across states and international borders. ③ Farmers in Mexico and elsewhere would see a profit opportunity in the crop price increase in California, and the low shipping costs would allow them to readily ship these goods to the region. ④ But the exported crops of Mexico would not be in the same condition as crops locally cultivated in California. The trade would result in an increase in crop supply in California, bringing the price down for the residents.

문 17. 주어진 글 다음에 이어질 글의 순서로 가장 적절한 것은?

> One area where entrepreneurs and influencers differ the most is in their processes of starting a business.

> (A) Additionally, they are scarcely subject to many of the costs that apply to businessmen, such as renting office space, because many can work from home instead.
>
> (B) Many influencers, on the other hand, have fewer investing costs. Most of them can easily build their brands through social media and smartphones, which makes a lower financial barrier.
>
> (C) Nearly all traditional businesses have huge startup costs. For instance, they would require materials to make goods, or equipment to manufacture items or provide a service.

① (A) — (B) — (C)

② (A) — (C) — (B)

③ (C) — (A) — (B)

④ (C) — (B) — (A)

문 18. 주어진 문장이 들어갈 위치로 가장 적절한 것은?

> For example, you could reply that just because we have no evidence that animals are conscious of pain, we can't just dismiss the possibility.

> One important and effective way to develop your reasoning is to anticipate and counter what the other side in the debate might say. (①) Suppose one of the steps in your argument was that more intelligent animals are more likely to feel pain in the way humans do, so we should spare them pain as we would humans. (②) One objection an opponent may make is that we have no evidence of what animal pain is like, or even that animals are conscious of pain at all; so treating them like humans would be futile and costly. (③) You can develop your own point by anticipating this objection, and then responding critically to it. (④) This counters the opponent's argument in that the lack of evidence for a claim doesn't make it untrue.

※ 밑줄 친 부분에 들어갈 말로 가장 적절한 것을 고르시오. [문 19. ~ 문 20.]

문 19.

> If you study the lives of famous artists of the last hundred years, you'll often find that they were persistent _____. Painters such as Picasso and Jackson Pollock were conscious of their reputations, their gallery relationships, their fellow artists' work and the world where they lived, and knew how to use this knowledge to endlessly draw people's attention to their work. Even a famously unsuccessful (in his lifetime) artist such as Van Gogh constantly wrote letters to anyone he could, asking for support, gallery representation and recognition. Without these efforts, their genius might never have come to light.

① self-promoters

② rule-breakers

③ sponsors

④ mentors

문 20.

> Given that humans typically birth only one offspring at a time, a firstborn offspring spends its first year or more of life as the sole recipient of its parents' investment. Whatever reproductive investments are being made, are to the direct benefit of the firstborn child. That first offspring may easily come to expect such investment, and may develop habits of defending it when it appears threatened by the arrival of siblings. Non-firstborns, on the other hand, are not typically afforded the privilege of a life without sibling competition for attention, affection, food, and whatever else their shared parents may provide. A lastborn, however, may eventually enjoy its own status as the last in the line, which has its own privileges. It is the middleborns, then, who seem to _____. Evidence suggests these differences may influence how birth order affects the development of investment seeking strategies.

① understand how their parents think

② engage in most productive activities

③ choose collaboration, not competition

④ suffer the most from family competition

※ 밑줄 친 부분에 들어갈 말로 알맞은 것을 고르시오. [문 10. ~ 문 11.]

문 10.

A: Hi, I'm looking for some sneakers for my sister's birthday present.
B: Wonderful. May I ask her shoe size?
A: I know she wears a size seven. I'm a little worried the shoes might not fit though.
B: _____
A: No, but it's supposed to be a surprise gift.
B: Oh, I see. Well, she could try them on and exchange them if they don't fit as long as they're in the original condition.
A: Alright, thank you for letting me know.

① May I ask what occasion the shoes would be for?
② What type of sneakers does she typically prefer?
③ Could I exchange them if they don't fit her?
④ Would it be difficult for her to visit here?

문 11.

A: Did you have any New Year's resolutions?
B: Yes, just one actually. It was to be involved in volunteer work. What about you?
A: I had a few, but none of them really stuck. Were you able to keep up with yours?
B: _____.

① No, I don't even remember what mine was
② Honestly, it was too difficult to dedicate time to it
③ You should focus on one and follow through with it
④ Yes, volunteering must have been very rewarding for you

문 12. 두 사람의 대화 중 자연스럽지 않은 것은?

① A: Could you just cut to the chase?
  B: Fine, I'll stop chasing you. It was just for fun.
② A: Keep in mind that we're leaving at seven on the dot.
  B: Got it. I'll make sure to be on time.
③ A: I heard our company is going to merge with BM Mobile.
  B: It's true. But keep it under wraps for now, okay?
④ A: Are we having a full course meal? It seems quite pricey.
  B: Don't worry. It'll be my treat.

문 13. 다음 글의 제목으로 알맞은 것은?

Literally, the word *historiography* means the study of the writing of history. It is the history of how historians have dealt with a particular topic. In historiography, revision is a normal part of doing history — it is the ongoing debate by historians that reveals how views of the past have changed over time. Historians regularly read and criticize the work of their predecessors, testing that work against new evidence and new interpretations, seeing things from a different angle of vision, and then revising previous interpretations to produce their own. The conventional wisdom of one generation of historians becomes the revisionism of another generation. That may then become the new conventional wisdom, again subject to future revision, and so on.

① Historiography as a Process of Fictionalizing Historical Events
② Conventional Wisdom in Historiography: Fixed and Unchanging
③ A Qualification for Becoming Good Historians: Finding Evidence
④ The Evolution of Historical Perspectives Through Historiography

문 14. 다음 글의 주제로 알맞은 것은?

When we want to motivate people to perform tasks or behave in certain ways, we often turn to extrinsic rewards such as bonuses or prizes. However, while extrinsic rewards may be effective in achieving short-term compliance, research has shown that they often overshadow intrinsic motivation, the internal drive that arises from personal satisfaction or interest in the task itself. This likely leads to a decline in the individual's genuine passion for the activity and fosters a short-term mindset, undermining their ability to commit to long-term goals. Moreover, individuals who become reliant on extrinsic rewards are prone to experiencing a decline in performance when these incentives are no longer available, as they lose their primary motivation.

① ways to trigger intrinsic motivation
② difficulty of achieving long-term goals
③ harmful effects of giving extrinsic rewards
④ power of extrinsic rewards in drawing compliance

문 15. 다음 글의 요지로 알맞은 것은?

It's one thing to be familiar with some text or even to know it by heart, and another to really get its meaning. Many American students can recite the U.S. Pledge of Allegiance by heart without any idea of what they're talking about. This is why you often hear odd versions. Instead of reciting "One nation, under God, indivisible," some students apparently think their country has disappeared: "One nation, under God, invisible," and others recite as if it's been taken over by supernatural forces: "And to the republic, for witches stand" rather than "the republic for which it stands." And every rock music fan has wondered why people don't do a double take when they sing along with Jimi Hendrix's "Purple Haze," "excuse me while I kiss this guy." We have no idea if Jimi kissed a guy or two, but we do know he in fact sang "excuse me while I kiss the sky." Even memorized text isn't necessarily understood.

① People tend to prefer things that are familiar to them.
② To be familiar with something means to be able to recite it.
③ Familiarity doesn't necessarily involve accurate understanding.
④ New facts containing familiar elements are easy to understand.

문 16. 밑줄 친 부분에 들어갈 말로 알맞은 것은?

The Australian philosopher Peter Singer is perhaps the world's most _____ ethicist. Many readers of his book *Animal Liberation* were moved to embrace vegetarianism, while others shrank from Singer's attempt to place humans and animals on an even moral plane. Similarly, his argument that severely disabled infants should, in some cases, receive euthanasia has been praised as courageous by some — and denounced by others. When David Irving, an English author, was imprisoned in Austria for denying the Holocaust, Singer publicly criticized Irving's imprisonment, saying even harmful and false speech should be protected under freedom of expression principles. Scholars were outraged by his remark, comparing his theory to Nazi ideology. Others, however, shared his belief that silencing harmful views sets a dangerous precedent and hinders intellectual exchange.

① criticized
② supported
③ traditional
④ controversial

문 17. 다음 글의 흐름상 어색한 문장은?

Fast fashion retailers like Zara, Forever 21, and H&M make endless creations of cheap and fashionable clothing to satisfy young consumers' needs. Yet, they come with a heavy environmental price. ① According to the UNEP, the industry is the second-biggest consumer of water and is responsible for about 10% of global carbon emissions. ② It dries up water sources and pollutes rivers, while 85% of all textiles go to dumps each year. ③ In some cases, labor practices in fast fashion are exploitative, and due to the gender concentration of the garment industry, women are more vulnerable. ④ Also, to keep the price of production down, fast fashion pieces are often made with materials like polyester — a synthetic and cheap fiber made from petroleum, a non-renewable fossil fuel. The environmental toll of fast fashion prompts a call for industry-wide reforms that prioritize sustainability.

문 18. 주어진 문장이 들어갈 위치로 알맞은 것은?

However, journalists are the primary source of information for the public, and their words therefore often carry enormous weight.

While we can list desirable qualities for journalists, ultimately, it's up to each journalist to determine which ones should have priority. (①) But during this decision-making process, they often face a common dilemma. (②) The journalist may choose to exaggerate a story in order to make it seem more exciting and therefore more saleable, but this cannot be achieved while still choosing accuracy. (③) In other words, a journalist can either satisfy a moral obligation to be accurate or make their newspaper more marketable by building up a story beyond the point where accuracy can be guaranteed. (④) So, given the gravity of the profession and its power, one might argue that the choice they should be making is clear.

문 19. 주어진 글 다음에 이어질 글의 순서로 알맞은 것은?

Imagine that it is 24 hours before you are going to be born, and a genie comes to you.

(A) You know this lottery to be the most important thing that's ever going to happen in your life. If you look at your birth in this sense, this analogy suggests your life essentially depends on pure luck, or sheer randomness.

(B) He says you get to pick a ball out of a barrel of 7 billion balls, and that's you. In other words, you can choose your own starting point in life out of 7 billion options.

(C) But there is a catch. You don't know what's inside the ball. You don't know whether you're going to be born rich or poor, male or female, weak or strong, with an IQ of 130 or 70.

① (B) — (A) — (C)
② (B) — (C) — (A)
③ (C) — (A) — (B)
④ (C) — (B) — (A)

문 20. 밑줄 친 부분에 들어갈 말로 알맞은 것은?

At the turn of the twenty-first century, a group of scientists from Harvard and Stanford made use of new technology to unveil the power of hypnotic suggestion. Participants in one study were shown a series of images, either in color or in grayscale. Strangely, when participants were put under hypnosis and were told that the grayscale images were colored, they saw color. When they were shown brightly colored images but the verbal suggestion was that they were seeing dull grayscale, they again saw what the hypnotists told them. Importantly, though, this response was only seen in highly hypnotizable participants. What gave this study extra experimental strength was that during hypnosis the participants' brains were scanned using fMRI machines. The scans showed that the areas of the brain that process color images were activated whenever the hypnotized subjects were told they were seeing color. Under hypnosis, _____.

① believing is seeing
② images control words
③ the past can resurface
④ colors are indistinguishable

※ 밑줄 친 부분에 들어갈 말로 알맞은 것을 고르시오. [문 10. ~ 문 11.]

문 10.

A: Hi, Mr. Sebastian. I saw you'd called.
B: Yes, hello. It was about Erin. She was playing in the school playground and got hurt while going down a slide.
A: Goodness, how hurt is she?
B: She got a bad scrape on her knee. She kept crying looking for you, but we couldn't reach you.
A: Oh, I was in a meeting and didn't notice the call.
_____
B: That would be great. We'll be waiting for you.

① Why didn't anyone keep an eye on her?
② I'll come to see her right away.
③ I'm sorry I wasn't available.
④ Is she still crying?

문 11.

A: My neck's been hurting so much lately.
B: Me too. Mine's been so bad that I actually started getting treatment.
A: Oh, _____?
B: The doctor performs chiropractic adjustments and a massage therapy follows afterward. I was also taught some specific neck exercises to do at home.

① is it because of bad posture
② isn't the treatment process painful
③ are there any exercises you find helpful
④ can you tell me details about the treatment

문 12. 두 사람의 대화 중 자연스럽지 않은 것은?

① A: Do you have room for dessert?
　 B: No, I'm stuffed. I can't eat another bite.
② A: Can you put Sarah on the phone?
　 B: No, she isn't old enough to have her own phone.
③ A: Excuse me, I think you dropped your wallet.
　 B: Oh, it's not mine. I'll take it to the Lost and Found.
④ A: Don't tell me you missed the deadline again.
　 B: Sorry, I promise I'll turn in my work on schedule next time.

문 13. 다음 글의 제목으로 알맞은 것은?

A child's social development progresses from being the focus of their parent's attention as an infant and preschooler to stepping out and competing with other children in the playground and class. Initially, children's role models are their parents but as they move through childhood and develop into adolescents, they seek to distance themselves from the family so that they can establish an independent identity among their peers. What peers think can easily surpass whatever a parent wants for their child. Parents may be disappointed, but this may not be such a bad thing. It is through this chaotic period of self-construction that the child hopefully comes out the other side as a young adult with the confidence to face the world.

① Identity Is Formed Socially, Not Independently
② Parenting: Key Component of a Child's Social Development
③ Solutions to Value Conflicts Between Adolescents and Parents
④ The Shift from Parents to Peers as Drivers of Identity Formation

문 14. 다음 글의 주제로 알맞은 것은?

In 1992, a group of strangers from different backgrounds were brought together to live in a house for several months. Cameras followed their everyday lives, capturing their interactions, relationships, arguments, and celebrations. This was the world's first contemporary reality TV show, "The Real World." Ever since its success, this genre of television has become incredibly popular and countries around the world have produced their own versions of the show. Reality TV is so popular that many of the contestants have achieved celebrity status in their respective countries. Despite criticism about the perceived exploitation of participants, the popularity of reality TV is growing ever more rapidly, with networks investing millions of dollars in creating new programs to keep up with the public's high demand.

① how the original intentions of reality TV were distorted
② people's contrasting attitudes toward reality TV stars
③ worldwide success and popularity of reality TV
④ factors that make reality TV so popular

문 15. 다음 글의 요지로 알맞은 것은?

Empathy's local reach may have served humans well when neighbors in need were right before us — when we lived together in villages. But now we live in a vast land encompassing a diverse population — with people not like us, all in one nation. The gap widens as our nation is separated from others by other cultures, in a world community of billions. But although we may not personally know any hungry children, this does not make them any less deserving, and it certainly does not make them any less hungry. The tendency for us to feel more empathy towards those close to us may explain our nearly exclusive concern for visible neighbors, but it does not justify the utter neglect of destitute people who just happen to be in a media-poor or forgotten country. A healthy empathic system, well adapted to social needs, treats poor people as worthy of assistance even when their plight is difficult for us to imagine.

① In today's world, we have less empathy for our neighbors.
② Our empathy should reach out to people closest to us first.
③ Empathy should surpass the boundaries of what we can see.
④ Empathy towards those distant from us is sparked by the media.

문 16. 밑줄 친 부분에 들어갈 말로 알맞은 것은?

Our _____ biases may have surprisingly strong effects. In an experiment, individuals with clear stances either for or against capital punishment were selected and put together in one group. They were then presented with a mixed bag of facts supporting both positions. Instead of leading to group cohesion, this split the group more sharply. Those who were already against capital punishment now had a new set of arguments at hand, and vice versa. Biased interpretation ran the process. Those in favor of capital punishment accepted pro arguments as sound and rejected anti arguments as unsound. Indeed, this showed how even a seemingly balanced presentation of information can deepen divisions, as individuals tend to interpret facts through the lens of their established beliefs.

① initial
② shared
③ potential
④ controlled

문 17. 다음 글의 흐름상 어색한 문장은?

For humans, the ability to communicate is of enormous significance. ① Without communication, we would have a hard time figuring out what we can eat safely, how to avoid danger, who to trust, and so forth. ② Although effective communication is arguably more important than ever, it was also critical for our ancestors, who needed to communicate with each other in order to hunt, form alliances, and pass on knowledge. ③ Communication problems involve misunderstanding what has been said or misinterpreting the meaning of the overall message. ④ That's why human complex vocal and auditory apparatuses, which serve sophisticated verbal communication, are at least as old as modern humans — 300,000 years. That our cousins the Neanderthals, from whom our ancestors split, appear to have had the same anatomical equipment, suggests that the ability to effectively communicate has always been fundamental to survival.

문 18. 주어진 문장이 들어갈 위치로 알맞은 것은?

But many important variables remain beyond our control.

Some of the most critical events in our lives are completely unpredictable and, when they do occur, are utterly unexpected. Consider the problem of disease. (①) Despite substantial advances in our understanding of most common illnesses, everyone is a potential victim. (②) Of course, by keeping abreast of recent research findings, we can learn the risk factors associated with each disease and take steps to reduce them. (③) Heart disease, for example, is partly a function of genetics; if one of your parents has had a heart attack, you are more likely to have one yourself. (④) You can strengthen your heart through exercise, but you can never remove that fraction of increased risk created by your genetic inheritance.

문 19. 주어진 글 다음에 이어질 글의 순서로 가장 적절한 것은?

For *Avatar*, director James Cameron pushed limits in terms of budget and the development of filmmaking technology.

(A) So, it had to be created. Cameron worked to develop various technological innovations. Creating new systems for motion and face-capture animation required a high degree of technical skill and immense expense.

(B) This massive budget created fears of financial failure. Executives thought it wouldn't pull a profit unless audiences saw it multiple times. But they did just that: *Avatar* became the first movie in history to gross more than $2 billion.

(C) His vision for a sci-fi adventure film featuring blue-skinned aliens on the moon Pandora was ambitious. However, at that time, the technology to bring it to reality simply didn't exist.

① (B) — (A) — (C)
② (B) — (C) — (A)
③ (C) — (A) — (B)
④ (C) — (B) — (A)

문 20. 밑줄 친 부분에 들어갈 말로 알맞은 것은?

Compared to living in a village with a family-based culture, life in a town or city with a modernizing culture is individualistic, highly competitive, and busy. This can make it more difficult for people to afford a multitude. Although modern people compete in all sorts of ways, their _____ means that they're no longer competing in the fundamental biological way. They may be destroying habitats and excessively consuming resources, but, in evolutionary terms, they have become the most unselfish living organism to have ever inhabited the planet. If current trends continue, within a few generations, the population of humans on Earth will start declining. And, if current trends continue, this decline will not happen because they poisoned their environment, ran out of space, or started killing one another in massive numbers. It will happen because of the cultural changes that make people want to have fewer offspring.

① low fertility
② extended family
③ high technology
④ environmental harm

심슨영어연구소 카페 cafe.naver.com/shimson2000

WORK BOOK

2024
–
심우철

실전동형
모의고사

최근 2개년 공무원 영어 시험의
유형 및 난이도를 완벽히 재현한
봉투형 모의고사 8회분

Season 2

커넥츠 공단기
인터넷 강의
gong.conects.com

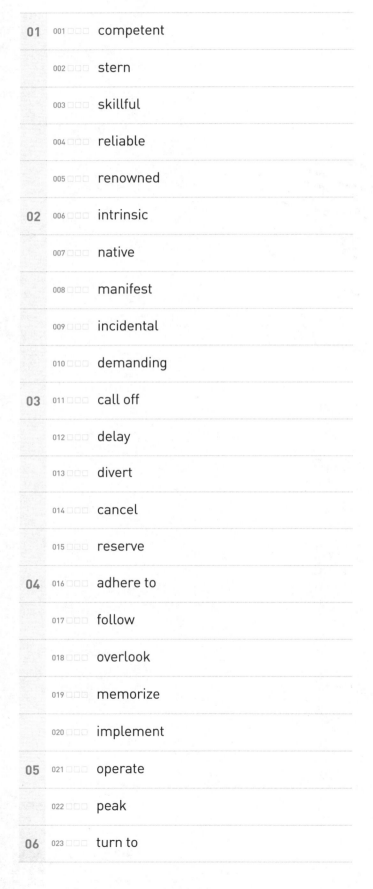

STEP 1
Word review 1

01	001 ☐☐☐	competent
	002 ☐☐☐	stern
	003 ☐☐☐	skillful
	004 ☐☐☐	reliable
	005 ☐☐☐	renowned
02	006 ☐☐☐	intrinsic
	007 ☐☐☐	native
	008 ☐☐☐	manifest
	009 ☐☐☐	incidental
	010 ☐☐☐	demanding
03	011 ☐☐☐	call off
	012 ☐☐☐	delay
	013 ☐☐☐	divert
	014 ☐☐☐	cancel
	015 ☐☐☐	reserve
04	016 ☐☐☐	adhere to
	017 ☐☐☐	follow
	018 ☐☐☐	overlook
	019 ☐☐☐	memorize
	020 ☐☐☐	implement
05	021 ☐☐☐	operate
	022 ☐☐☐	peak
06	023 ☐☐☐	turn to

07	024 ☐☐☐	cover
	025 ☐☐☐	minimal
08	026 ☐☐☐	degree
	027 ☐☐☐	land a job
	028 ☐☐☐	probe
	029 ☐☐☐	exceptional
09	030 ☐☐☐	contraction
	031 ☐☐☐	consume
10	032 ☐☐☐	reach
	033 ☐☐☐	keep an eye on
	034 ☐☐☐	available
12	035 ☐☐☐	have room for
	036 ☐☐☐	put sb on the phone
	037 ☐☐☐	turn in
13	038 ☐☐☐	adolescent
	039 ☐☐☐	establish
14	040 ☐☐☐	respective
	041 ☐☐☐	perceive
	042 ☐☐☐	exploitation
	043 ☐☐☐	keep up with
15	044 ☐☐☐	encompass
	045 ☐☐☐	exclusive
	046 ☐☐☐	destitute

	047	plight
16	048	in favor of
	049	sound
17	050	figure out
	051	and so forth
	052	arguably
	053	alliance
18	054	variable
	055	substantial
	056	keep abreast of
19	057	in terms of
	058	gross
20	059	compared to
	060	fertility

ANSWER

01	001	능숙한		036	(전화로) ~을 바꿔주다
	002	엄격한		037	제출하다
	003	능숙한	13	038	청소년
	004	믿을 만한		039	확립하다
	005	유명한	14	040	각각의
02	006	고유한		041	인지하다
	007	타고난, 고유한		042	착취
	008	분명한		043	~을 따라가다
	009	부수적인	15	044	아우르다, 에워싸다
	010	고된		045	독점[배타]적인
03	011	취소하다		046	빈곤한
	012	연기하다		047	처지, 곤경
	013	전환하다	16	048	~을 찬성하는
	014	취소하다		049	타당한, 적절한
	015	예약하다	17	050	파악하다
04	016	준수하다		051	~등등
	017	따르다		052	거의 틀림없이
	018	간과하다		053	동맹
	019	암기하다	18	054	변수
	020	시행하다		055	큰, 상당한
05	021	일하다		056	정보[소식]를 계속 접하다
	022	절정에 달하다	19	057	~에 관해
06	023	의지하다		058	수익을 올리다
07	024	다루다	20	059	~와 비교할 때
	025	최소의		060	출생률
08	026	학위			
	027	직장을 구하다			
	028	면밀히 조사하다, 캐묻다			
	029	특출한, 뛰어난			
09	030	수축			
	031	섭취하다			
10	032	(전화로) 연락하다			
	033	지켜보다			
	034	만날[말할] 수 있는, 바쁘지 않은			
12	035	~할 여유[공간]가 있다			

Word review 2

01	001 ☐☐☐	durable
	002 ☐☐☐	thick
	003 ☐☐☐	hardy
	004 ☐☐☐	advanced
	005 ☐☐☐	adaptable
02	006 ☐☐☐	extravagant
	007 ☐☐☐	absurd
	008 ☐☐☐	wasteful
	009 ☐☐☐	irrelevant
	010 ☐☐☐	extraordinary
03	011 ☐☐☐	take after
	012 ☐☐☐	trust
	013 ☐☐☐	honor
	014 ☐☐☐	gratify
	015 ☐☐☐	resemble
04	016 ☐☐☐	factor into
	017 ☐☐☐	analyze
	018 ☐☐☐	measure
	019 ☐☐☐	consider
	020 ☐☐☐	aggregate
05	021 ☐☐☐	undermine
	022 ☐☐☐	uprising
	023 ☐☐☐	overtake

	024 ☐☐☐	exacerbate
07	025 ☐☐☐	tolerate
	026 ☐☐☐	dishonesty
08	027 ☐☐☐	be composed of
	028 ☐☐☐	assemble
09	029 ☐☐☐	nomadic
11	030 ☐☐☐	stick
	031 ☐☐☐	follow through
12	032 ☐☐☐	cut to the chase
	033 ☐☐☐	keep in mind
	034 ☐☐☐	on the dot
	035 ☐☐☐	keep sth under wraps
13	036 ☐☐☐	ongoing
	037 ☐☐☐	predecessor
	038 ☐☐☐	subject to
14	039 ☐☐☐	perform
	040 ☐☐☐	extrinsic
	041 ☐☐☐	drive
	042 ☐☐☐	prone to
15	043 ☐☐☐	know by heart
	044 ☐☐☐	recite
	045 ☐☐☐	do a double take
16	046 ☐☐☐	embrace

047	moral	
048	plane	
049	deny	
050	hinder	
17 051	fashionable	
052	vulnerable	
053	toll	
18 054	primary	
055	exaggerate	
056	build up	
19 057	analogy	
058	sheer	
20 059	unveil	
060	dull	
061	response	

ANSWER

01	001 내구성 있는, 튼튼한		037 전임자, 선배
	002 두꺼운		038 ~의 대상인
	003 튼튼한	14	039 수행하다
	004 첨단의		040 외재적인
	005 적응성 있는		041 욕구
02	006 낭비하는		042 ~하기 쉬운
	007 터무니없는	15	043 외우고 있다
	008 낭비하는		044 암송하다
	009 부적절한, 무관한		045 (뒤늦게 깨닫고) 흠칫하다
	010 대단한	16	046 받아들이다
03	011 닮다		047 도덕적인
	012 신뢰하다		048 지평
	013 존경하다		049 부인하다
	014 만족시키다		050 방해하다
	015 닮다	17	051 세련된
04	016 고려하다		052 취약한
	017 분석하다		053 대가, 희생
	018 측정하다	18	054 주요한
	019 고려하다		055 과장하다
	020 종합하다		056 보강하다
05	021 약화시키다	19	057 비유
	022 봉기		058 순전한
	023 압도하다, 점령하다	20	059 밝히다
	024 약화시키다		060 칙칙한
07	025 용납하다		061 반응
	026 부정		
08	027 ~으로 구성되다		
	028 조립하다		
09	029 유목의		
11	030 고수하다		
	031 끝까지 해내다		
12	032 바로 본론으로 들어가다		
	033 명심하다		
	034 정각에		
	035 ~을 비밀로 하다		
13	036 지속적인		

Word review 3

01	001 ☐☐☐	terminate
	002 ☐☐☐	quit
	003 ☐☐☐	adjust
	004 ☐☐☐	breach
	005 ☐☐☐	administer
02	006 ☐☐☐	consecutive
	007 ☐☐☐	deadly
	008 ☐☐☐	sudden
	009 ☐☐☐	tentative
	010 ☐☐☐	successive
03	011 ☐☐☐	go over
	012 ☐☐☐	gather
	013 ☐☐☐	inspect
	014 ☐☐☐	arrange
	015 ☐☐☐	condense
04	016 ☐☐☐	come up to
	017 ☐☐☐	verify
	018 ☐☐☐	improve
	019 ☐☐☐	approach
	020 ☐☐☐	consolidate
05	021 ☐☐☐	negligence
	022 ☐☐☐	transaction
	023 ☐☐☐	compliment

	024 ☐☐☐	intervention
06	025 ☐☐☐	dominant
07	026 ☐☐☐	witness
	027 ☐☐☐	terrify
08	028 ☐☐☐	resilience
	029 ☐☐☐	open
09	030 ☐☐☐	have had it
	031 ☐☐☐	make it
	032 ☐☐☐	don't mention it
	033 ☐☐☐	ask for it
10	034 ☐☐☐	give out
11	035 ☐☐☐	behave oneself
	036 ☐☐☐	put sb on the spot
	037 ☐☐☐	consider it done
12	038 ☐☐☐	violence
	039 ☐☐☐	mistreat
13	040 ☐☐☐	resolution
	041 ☐☐☐	recollection
	042 ☐☐☐	degrade
14	043 ☐☐☐	from time to time
	044 ☐☐☐	chronic
	045 ☐☐☐	lag behind
15	046 ☐☐☐	speculate

	047	dehydration
16	048	capitalist
	049	readily
	050	cultivate
17	051	scarcely
	052	barrier
	053	manufacture
18	054	anticipate
	055	counter
	056	futile
19	057	persistent
	058	reputation
	059	come to light
20	060	given that
	061	offspring
	062	recipient

ANSWER

01	001 끝내다		036 ~을 난처하게 만들다
	002 그만두다		037 맡겨만 줘
	003 조정하다	12	038 폭력
	004 위반하다		039 학대하다
	005 집행하다	13	040 해상도
02	006 연이은		041 기억
	007 치명적인		042 (질적으로) 저하시키다
	008 갑작스러운	14	043 때때로
	009 잠정적인		044 만성적인
	010 연이은		045 뒤처지다
03	011 점검하다	15	046 추측하다
	012 모으다		047 탈수
	013 점검하다	16	048 자본주의의
	014 정리하다		049 기꺼이
	015 요약하다		050 재배하다
04	016 (수준에) 미치다	17	051 거의 ~않다
	017 입증하다		052 장벽
	018 개선하다		053 제조하다
	019 근접하다	18	054 예상하다
	020 강화하다		055 반박하다
05	021 부주의		056 헛된
	022 거래	19	057 끈기 있는, 끊임없는
	023 칭찬		058 명성
	024 개입		059 빛을 보다, 알려지다
06	025 지배적인	20	060 ~을 고려할 때
07	026 목격자		061 자식, 새끼
	027 무섭게 하다		062 수혜자
08	028 회복력		
	029 아직 확정되지 [완전 해결되지] 않은		
09	030 참을 만큼 참다		
	031 해내다, 도착하다		
	032 천만에		
	033 자초하다		
10	034 나눠 주다		
11	035 예의 바르게 행동하다		

Word review 4

01	001 ☐☐☐	comprehend
	002 ☐☐☐	grasp
	003 ☐☐☐	notify
	004 ☐☐☐	tackle
	005 ☐☐☐	estimate
02	006 ☐☐☐	compliant
	007 ☐☐☐	content
	008 ☐☐☐	favored
	009 ☐☐☐	obedient
	010 ☐☐☐	acquainted
03	011 ☐☐☐	set off
	012 ☐☐☐	allege
	013 ☐☐☐	relieve
	014 ☐☐☐	convey
	015 ☐☐☐	prompt
04	016 ☐☐☐	put up with
	017 ☐☐☐	bear
	018 ☐☐☐	dislike
	019 ☐☐☐	overcome
	020 ☐☐☐	denounce
05	021 ☐☐☐	justify
	022 ☐☐☐	provoke
	023 ☐☐☐	mitigate

	024 ☐☐☐	meditate
06	025 ☐☐☐	equip
	026 ☐☐☐	proficiency
07	027 ☐☐☐	sibling
	028 ☐☐☐	comfort
08	029 ☐☐☐	landscape
	030 ☐☐☐	candidate
09	031 ☐☐☐	mix up
	032 ☐☐☐	detour
10	033 ☐☐☐	value
	034 ☐☐☐	get back to
11	035 ☐☐☐	have a long face
	036 ☐☐☐	be worn out from
	037 ☐☐☐	put sb through
	038 ☐☐☐	line is busy
	039 ☐☐☐	do the dishes
	040 ☐☐☐	talk back
12	041 ☐☐☐	significance
	042 ☐☐☐	attention
	043 ☐☐☐	last
13	044 ☐☐☐	integral
	045 ☐☐☐	element
14	046 ☐☐☐	alter

047	confine
048	confront
15	049	precedence
16	050	fund
051	revenue
052	carry over
18	053	attend to
054	look up
055	put one's head in the sand
19	056	endure
057	heredity
20	058	disposition
059	inclination
060	rebellious

ANSWER

01	001 이해하다		037 (통화를) 연결하다
	002 이해하다		038 통화 중이다
	003 알리다		039 설거지하다
	004 다루다		040 말대꾸하다
	005 추정하다	12	041 중요성
02	006 순응하는		042 관심, 주의
	007 만족하는		043 지속되다
	008 혜택을 받는	13	044 필수적인
	009 순종하는		045 요소
	010 알고 있는	14	046 바꾸다
03	011 유발하다		047 국한하다
	012 (증거 없이) 주장하다		048 직면하다
	013 완화하다	15	049 우위
	014 전달하다	16	050 자금을 대다
	015 유발하다		051 수익
04	016 참다		052 ~을 전가하다
	017 참다	18	053 ~을 돌보다
	018 싫어하다		054 찾아보다
	019 극복하다		055 현실을 회피하다
	020 비난하다	19	056 견디다
05	021 정당화하다		057 유전
	022 유발하다	20	058 기질
	023 완화하다		059 성향, 경향
	024 계획하다; 숙고하다		060 반항적인
06	025 갖추게 하다		
	026 능숙도		
07	027 형제자매		
	028 위안하다		
08	029 풍경		
	030 후보자		
09	031 헷갈리다		
	032 우회		
10	033 소중하게 여기다		
	034 ~에게 다시 연락을 주다		
11	035 울상이다		
	036 ~에 지치다		

01	001 ☐☐☐	immense	**07**	024 ☐☐☐	narrow
	002 ☐☐☐	diverse		025 ☐☐☐	contribute
	003 ☐☐☐	moderate	**08**	026 ☐☐☐	spectator
	004 ☐☐☐	enormous		027 ☐☐☐	dodge
	005 ☐☐☐	conventional		028 ☐☐☐	onrushing
02	006 ☐☐☐	assault	**09**	029 ☐☐☐	undergo
	007 ☐☐☐	debate		030 ☐☐☐	envision
	008 ☐☐☐	complaint		031 ☐☐☐	promising
	009 ☐☐☐	aggression	**10**	032 ☐☐☐	pressing
	010 ☐☐☐	manipulation		033 ☐☐☐	challenge
03	011 ☐☐☐	take charge of		034 ☐☐☐	outlook
	012 ☐☐☐	assume	**12**	035 ☐☐☐	glimpse
	013 ☐☐☐	assign		036 ☐☐☐	find out
04	014 ☐☐☐	genuine		037 ☐☐☐	star
	015 ☐☐☐	affordable		038 ☐☐☐	defy
	016 ☐☐☐	interactive	**13**	039 ☐☐☐	enclose
	017 ☐☐☐	competitive		040 ☐☐☐	delicate
05	018 ☐☐☐	draw on		041 ☐☐☐	agenda
	019 ☐☐☐	hold out	**14**	042 ☐☐☐	diligently
	020 ☐☐☐	dispense with		043 ☐☐☐	finance
	021 ☐☐☐	go along with	**15**	044 ☐☐☐	tactic
06	022 ☐☐☐	persuasive		045 ☐☐☐	derive
	023 ☐☐☐	characterize		046 ☐☐☐	transfer

16	047	station
	048	laborious
17	049	protrude
	050	stand out
	051	deplete
18	052	conceive
	053	explicitly
	054	discretion
19	055	compound
	056	hold on to
	057	dwell on
20	058	criticize
	059	if only
	060	observe

ANSWER

01	001 막대한		037 주연을 맡다
	002 다양한		038 거스르다
	003 적당한	13	039 둘러싸다
	004 막대한		040 섬세한
	005 전통적인		041 안건
02	006 공격	14	042 부지런히, 열심히
	007 논쟁		043 재정, 재무
	008 불평	15	044 전략
	009 공격		045 유래하다
	010 조작		046 옮기다
03	011 ~을 책임지다, 담당하다	16	047 주재하다
	012 맡다		048 고된
	013 부여하다	17	049 튀어나오다, 돌출되다
04	014 진품의		050 두드러지다
	015 (가격이) 알맞은		051 고갈시키다
	016 상호적인	18	052 이해하다, 구상하다
	017 경쟁력 있는		053 명백하게
05	018 이용하다		054 재량
	019 견디다	19	055 복잡하게 하다
	020 ~없이 지내다		056 ~을 붙들다
	021 동의하다		057 ~을 곱씹다
06	022 설득력 있는	20	058 비판하다
	023 ~의 특징이 되다		059 ~이면 좋을 텐데
07	024 좁은		060 (의견을) 말하다
	025 기여하다		
08	026 관객		
	027 재빨리 피하다		
	028 돌진하는		
09	029 겪다		
	030 (마음속에) 그리다		
	031 유망한		
10	032 시급한		
	033 도전 과제		
	034 관점		
12	035 잠깐 봄, 짧은 경험		
	036 알아내다		

01	001 ☐☐☐	delegate
	002 ☐☐☐	entrust
	003 ☐☐☐	conduct
	004 ☐☐☐	conclude
	005 ☐☐☐	supervise
02	006 ☐☐☐	distinct
	007 ☐☐☐	perfect
	008 ☐☐☐	separate
	009 ☐☐☐	passionate
	010 ☐☐☐	collaborative
03	011 ☐☐☐	have second thoughts
	012 ☐☐☐	commitment
04	013 ☐☐☐	appetite
	014 ☐☐☐	privilege
	015 ☐☐☐	possession
	016 ☐☐☐	motivation
05	017 ☐☐☐	look for
	018 ☐☐☐	head off
	019 ☐☐☐	bring out
	020 ☐☐☐	weigh down
06	021 ☐☐☐	go off
	022 ☐☐☐	chemistry
07	023 ☐☐☐	fossil

	024 ☐☐☐	unearth
	025 ☐☐☐	mistaken
08	026 ☐☐☐	conservation
	027 ☐☐☐	extinct
09	028 ☐☐☐	cope
	029 ☐☐☐	chief
10	030 ☐☐☐	exert
	031 ☐☐☐	attempt
	032 ☐☐☐	deem
11	033 ☐☐☐	be fond of
	034 ☐☐☐	accuse
	035 ☐☐☐	let sb down
	036 ☐☐☐	it's a steal
	037 ☐☐☐	go by the book
	038 ☐☐☐	put one's finger on it
12	039 ☐☐☐	applicant
13	040 ☐☐☐	democracy
	041 ☐☐☐	dive into
15	042 ☐☐☐	infancy
	043 ☐☐☐	simulate
16	044 ☐☐☐	articulate
	045 ☐☐☐	ambiguity
	046 ☐☐☐	declare

047	straightforward
17 048	mortality
049	fatal
050	cancel out
051	sedentary
052	detriment
18 053	insecurity
054	unworthy
055	trigger
19 056	caught up in
057	circulate
058	infect
20 059	authoritative
060	striking
061	shortage

ANSWER

01 001 위임하다	037 원칙대로 하다
002 맡기다	038 꼭 집어 말하다
003 수행하다	**12** 039 지원자
004 끝내다	**13** 040 민주주의
005 감독하다	041 ~에 몰두하다
02 006 별개의	**15** 042 초기
007 완벽한	043 모의실험을 하다
008 별개의	**16** 044 분명히 표현하다
009 열정적인	045 모호함
010 협력적인	046 선언하다
03 011 다시[고쳐] 생각해 보다	047 정직한, 똑바른
012 전념, 헌신	**17** 048 사망(률)
04 013 욕구	049 치명적인
014 특권	050 상쇄하다
015 소유물	051 주로 앉아서 하는
016 동기	052 해, 손상
05 017 찾다	**18** 053 불안
018 막다	054 자격이 없는
019 내놓다	055 유발 요인
020 짓누르다	**19** 056 ~에 사로잡힌
06 021 울리다	057 순환하다, 돌다
022 화학	058 감염시키다
07 023 화석	**20** 059 권위 있는
024 발굴하다	060 두드러진
025 잘못 알고 있는	061 부족
08 026 보호, 보존	
027 멸종된	
09 028 대응하다	
029 최고위자	
10 030 가하다, 행사하다	
031 시도	
032 ~으로 여기다	
11 033 ~을 좋아하다	
034 ~에게 죄를 씌우다	
035 ~을 실망하게 하다	
036 매우 저렴하다, 거저이다	

01	001 □□□	complementary
	002 □□□	rational
	003 □□□	expanded
	004 □□□	contrary
	005 □□□	supportive
02	006 □□□	prudent
	007 □□□	limited
	008 □□□	cautious
	009 □□□	efficient
	010 □□□	economical
03	011 □□□	on account of
	012 □□□	in face of
	013 □□□	by way of
	014 □□□	in case of
	015 □□□	by reason of
04	016 □□□	come by
	017 □□□	get away with
	018 □□□	touch off
	019 □□□	catch up with
05	020 □□□	stay away from
06	021 □□□	extend
	022 □□□	strategy
	023 □□□	reflect
07	024 □□□	remarkably
	025 □□□	participant
08	026 □□□	punctual
10	027 □□□	convenient
11	028 □□□	odds
12	029 □□□	guilt
	030 □□□	diminish
	031 □□□	impulsive
	032 □□□	regardless of
	033 □□□	outcome
13	034 □□□	medium
	035 □□□	depict
	036 □□□	prejudice
14	037 □□□	when it comes to
	038 □□□	reproduction
15	039 □□□	atmosphere
	040 □□□	surface
	041 □□□	gravity
	042 □□□	equivalent
16	043 □□□	preserve
	044 □□□	accumulate
17	045 □□□	emphasis
	046 □□□	intense

047	anxiety
048	setback
18 049	blame
050	excuse
051	perpetuate
052	interfere
19 053	negotiate
054	after all
055	input
056	functional
057	patent
058	concession
20 059	gaze
060	reverse
061	status
062	examine
063	correct

ANSWER

01 001	보완적인	**14** 037	~에 관한 한
002	이성적인	038	재생산
003	확장된	**15** 039	대기
004	반대의	040	표면
005	보완적인	041	중력
02 006	신중한	042	동등한
007	제한된	**16** 043	보존하다
008	신중한	044	축적되다
009	효율적인	**17** 045	강조
010	경제적인	046	심한
03 011	~때문에	047	근심
012	~에도 불구하고	048	좌절
013	~을 통해서	**18** 049	탓하다
014	~의 경우에	050	변명
015	~의 이유로	051	영속시키다
04 016	얻다	052	방해하다
017	모면하다	**19** 053	협상하다
018	유발하다	054	어찌 되었든
019	따라잡다	055	의견, 조언
05 020	~을 멀리하다	056	기능적인
06 021	연장하다	057	특허
022	전략	058	양보
023	반영하다	**20** 059	응시하다
07 024	놀랍도록	060	뒤집다
025	참가자	061	지위
08 026	시간을 잘 지키는	062	조사하다
10 027	편리한	063	수정[교정]하다
11 028	가능성		
12 029	죄책감		
030	줄이다		
031	충동적인		
032	~와 상관없이		
033	결과		
13 034	매체		
035	묘사하다		
036	편견, 선입견		

01	001 ☐☐☐	eminent
	002 ☐☐☐	notable
	003 ☐☐☐	specialized
	004 ☐☐☐	intelligent
	005 ☐☐☐	progressive
02	006 ☐☐☐	remote
	007 ☐☐☐	needy
	008 ☐☐☐	distant
	009 ☐☐☐	barren
	010 ☐☐☐	prosperous
03	011 ☐☐☐	pour
	012 ☐☐☐	in vain
04	013 ☐☐☐	pass out
	014 ☐☐☐	boil down to
	015 ☐☐☐	leave off
	016 ☐☐☐	get along with
05	017 ☐☐☐	talent
07	018 ☐☐☐	benefit
	019 ☐☐☐	elect
08	020 ☐☐☐	command
09	021 ☐☐☐	push one's buttons
	022 ☐☐☐	be fed up with
	023 ☐☐☐	start from scratch

	024 ☐☐☐	take sth for granted
10	025 ☐☐☐	hang up
11	026 ☐☐☐	reduce
	027 ☐☐☐	scholarly
	028 ☐☐☐	dispute
	029 ☐☐☐	universal
12	030 ☐☐☐	initially
	031 ☐☐☐	suggest
	032 ☐☐☐	robust
	033 ☐☐☐	fragment
	034 ☐☐☐	reveal
13	035 ☐☐☐	foster
	036 ☐☐☐	stall
	037 ☐☐☐	catalyst
14	038 ☐☐☐	agricultural
	039 ☐☐☐	account for
	040 ☐☐☐	underscore
15	041 ☐☐☐	camouflage
	042 ☐☐☐	prey
	043 ☐☐☐	predator
	044 ☐☐☐	mimic
16	045 ☐☐☐	employ
	046 ☐☐☐	volunteer

17	047	enhance
	048	breed
	049	track
	050	devise
	051	monitor
18	052	somewhat
	053	shift
	054	apparent
	055	cognitive
19	056	assess
	057	statement
	058	neutrality
20	059	evolve
	060	validate
	061	compulsory

ANSWER

01	001 저명한		037 촉매(제)
	002 유명한	14	038 농업의
	003 전문적인		039 (비율을) 차지하다
	004 똑똑한		040 강조하다
	005 진보적인	15	041 위장
02	006 멀리 떨어진		042 먹잇감
	007 궁핍한		043 포식자
	008 멀리 떨어진		044 모방하다
	009 척박한	16	045 고용하다
	010 번창한		046 자원하다
03	011 붓다	17	047 향상하다
	012 헛되이		048 번식하다
04	013 배포하다; 기절하다		049 추적하다
	014 ~으로 요약되다		050 고안[마련]하다
	015 그만두다		051 추적 관찰하다
	016 ~와 잘 지내다	18	052 다소
05	017 인재		053 변하다
07	018 이득		054 분명히 보이는
	019 선출하다		055 인지의
08	020 명령	19	056 평가하다
09	021 ~을 화나게 하다		057 성명(서)
	022 ~에 진저리가 나다		058 중립성
	023 처음부터 (다시) 시작하다	20	059 발전하다
	024 ~을 당연시하다		060 검증하다
10	025 (전화를) 끊다		061 필수의
11	026 축소하다, 간추리다		
	027 학문적인		
	028 논쟁		
	029 만능의, 보편적인		
12	030 처음에		
	031 시사하다		
	032 견고한		
	033 산산이 부서지다		
	034 드러내다		
13	035 촉진하다		
	036 정체되다		

01   Despite criticism about the perceived exploitation of participants, the popularity of reality TV is growing ever more rapidly, with networks investing millions of dollars in creating new programs to keep up with the public's high demand.

1회 14번

02   The tendency for us to feel more empathy towards those close to us may explain our nearly exclusive concern for visible neighbors, but it does not justify the utter neglect of destitute people who just happen to be in a media-poor or forgotten country.

1회 15번

03   That our cousins the Neanderthals, from whom our ancestors split, appear to have had the same anatomical equipment, suggests that the ability to effectively communicate has always been fundamental to survival.

1회 17번

04   It's one thing to be familiar with some text or even to know it by heart, and another to really get its meaning.

2회 15번

05   In other words, a journalist can either satisfy a moral obligation to be accurate or make their newspaper more marketable by building up a story beyond the point where accuracy can be guaranteed.

2회 18번

06 But this is almost impossible; the instructions for which neurons need to be gathered and how exactly they need to fire become weak and degraded, leading to a representation that is only a dim and often an inaccurate copy of the real experience. `3회 13번`

07 Suppose one of the steps in your argument was that more intelligent animals are more likely to feel pain in the way humans do, so we should spare them pain as we would humans. `3회 18번`

08 Non-firstborns, on the other hand, are not typically afforded the privilege of a life without sibling competition for attention, affection, food, and whatever else their shared parents may provide. `3회 20번`

09 To answer this question, the 2017 research highlights the significance of turning toward a partner's bid for attention instead of turning away or against, suggesting a strong correlation between responsiveness and happier relationships. `4회 12번`

10 The "Habsburg jaw" was a physical trait common among many members of the Habsburg dynasty, characterized by a protruding lower jaw, which often hindered affected individuals from eating or speaking properly. `5회 17번`

11 If the seller does agree to wait until later for part or all of the payment, as in the case of many new-car purchases, the payment is still a specified obligation, not a subsequent reciprocal gift at the buyer's discretion.

5회 18번

12 But some perceived that the engineers were capable of providing them with a critical key to their rescue — for engineers had landed on an apparently unbreakable method of evaluating the wisdom of a design.

6회 16번

13 They felt confidently able to declare that a structure was pleasant insofar as it performed its mechanical functions efficiently; and faulty insofar as it was burdened with non-supporting pillars, decorative statues, paintings, or carvings.

6회 16번

14 In fact, people with sedentary occupations and lifestyles — which is to say, most of us — can easily sit for fourteen or fifteen hours a day, and thus be completely and unhealthily immobile for all but a tiny part of their existence.

6회 17번

15 Importantly, the group effect isn't restricted to physical gatherings; it can also spread virally, as strong opinions circulate on social media, infecting us with the desire to share these sentiments, often of an intense nature like outrage.

6회 19번

16   The camera, they often assumed, is a mechanism that facilitates human efforts to register accurate images of reality itself, and photographs, they continued, are therefore mere visual records of the settings they depict.

7회 13번

17   Titan's underground water could be a place to sustain forms of life that are known to us, while its surface lakes and seas of liquid hydrocarbons could conceivably harbor life that uses different chemistry than we're used to — that is, life as we don't yet know it.

7회 15번

18   The typical pattern of listeners gazing more at speakers than speakers do at listeners may be reversed for high-status individuals interacting with low-status partners.

7회 20번

19   Five-year-olds seem almost magically to have gained certain kinds of cognitive skills that make them able to solve problems they couldn't just six months earlier.

8회 18번

20   Among the more theoretically oriented economists, there is even a tendency to consider economic history at best as a harmless distraction and at worst as a refuge for people who cannot handle 'hard' stuff like mathematics and statistics.

8회 20번

01

(Despite criticism (about the perceived exploitation of participants)), the popularity of reality TV is growing
<u>S</u>   <u>V</u>

(ever more rapidly), with networks investing millions of dollars (in creating new programs) to keep up with
분사구문

the public's high demand.

구문 해설
부대 상황을 나타내는 'with + 목적어 + 분사' 형태의 분사구문이 사용되고 있으며, 목적어 networks와 관계가 능동이기에 현재분사 investing이 쓰였다. to keep up with는 목적을 나타내는 to 부정사의 부사적 용법으로 쓰였다.

문장 해석
참가자에 대한 인지된 착취에 관한 비판에도 불구하고, 리얼리티 TV의 인기는 어느 때보다 빨리 증가하고 있으며, 방송사들은 대중의 높은 수요에 부응하기 위해 수백만 달러를 새로운 프로그램을 만드는 데 투자하고 있다.

02

The tendency (for us) to feel more empathy (towards those [[(who are) close to us]]) may explain our nearly
<u>S1</u>   S관·대   V1   O1

exclusive concern (for visible neighbors), but it does not justify the utter neglect (of destitute people [who
<u>S2 V2</u>   O2   S관·대

(just) happen to be (in a media-poor or forgotten country)]]).
V'

구문 해설
2개의 절이 등위접속사 but으로 병렬된 구조이다. to feel은 주어 The tendency를 수식하는 to 부정사의 형용사적 용법으로 쓰였으며, for us는 to feel의 의미상 주어이다. those는 불특정 다수를 칭하는 대명사이고, those와 close 사이에는 those를 선행사로 받는 '주격 관계대명사 + be동사'가 생략되어 있다. who는 destitute people을 선행사로 받는 주격 관계대명사이다. in이 이끄는 전치사구 내에서 형용사 media-poor와 forgotten이 등위접속사 or로 병렬되어 명사 country를 수식하고 있다.

문장 해석
우리가 가까이 있는 사람들에게 더 연민을 느끼는 경향은 눈에 보이는 이웃에 대한 우리의 거의 배타적인 관심을 설명할 수는 있지만, 그것이 단지 우연히 미디어가 열악하거나 잊힌 나라에 있게 된 빈곤한 사람들에 대한 완전한 방치를 정당화해 주지는 않는다.

03

That our cousins the Neanderthals, [from whom our ancestors split], appear to have had the same anatomical
S   S'1   전O관·대   S''   V''   V'1   SC'1

equipment, suggests that the ability to (effectively) communicate has (always) been fundamental to survival.
        V   O   S'2   V'2   SC'2

04

It's one thing to be familiar (with some text) or (even) to know it (by heart), and another to (really) get its
가S V   진S1   진S1   진S2

meaning.

05

In other words, <u>a journalist</u> <u>can</u> either <u>satisfy</u> <u>a moral obligation</u> to be accurate or <u>make</u> <u>their newspaper</u>
　　　　　　　　　S　　　　　V1　　　　　O1　　　　　　　　　　　　　　　　　V2　　　O2

<u>more marketable</u> (by building up a story (beyond the point [where <u>accuracy</u> <u>can be guaranteed</u>])).
OC2　　　　　　　　　　　　　　　　　　　　　　　　　　　　　관·부　　S'　　　　V'

구문 해설
'A 또는 B'라는 의미의 상관접속사 구문 'either A or B'가 쓰여 문장의 동사 2개가 짝을 이루고 있다. to be는 a moral obligation을 수식하는 to 부정사의 형용사적 용법으로 쓰였다. 5형식 동사로 쓰인 make는 형용사 more marketable을 목적격 보어로 취하고 있다. where는 the point를 선행사로 받는 관계부사로, 뒤에 완전한 문장이 나오고 있다.

문장 해석
다시 말해, 기자는 정확해야 할 도덕적 의무를 충족시키거나 정확성이 보장될 수 있는 지점을 넘어 기사에 살을 덧붙여 그 신문의 시장성을 높일 수 있다.

06

But <u>this</u> <u>is</u> (almost) <u>impossible</u>; <u>the instructions</u> (for which <u>neurons</u> <u>need to be gathered</u> and how (exactly)
　　S1　V1　　　　　　SC1　　　　S2　　　　　　　　　　　　S'1　　　V'1

<u>they</u> <u>need to fire</u>) <u>become</u> <u>weak</u> and <u>degraded</u>, leading to a representation [<u>that</u> <u>is</u> (only) <u>a dim</u> and (often)
S'2　V'2　　　　　V2　　SC2　　　　　　　　　　분사구문　　　　　　　　　　　　　S관·대　V''　　　SC''

<u>an inaccurate copy of the real experience</u>].

구문 해설
세미콜론(;)을 통해 두 번째 문장이 첫 번째 문장의 내용을 부연하는 구조이다. 전치사 for의 목적어로 의문형용사 which와 의문부사 how가 각각 이끄는 절 2개가 등위접속사 and를 통해 병렬되어 있다. 2형식 동사로 쓰인 become이 and로 병렬된 형용사 weak과 degraded를 보어로 취하고 있다. leading to 이하는 분사구문이다. that은 a representation을 선행사로 받는 주격 관계대명사이며, and로 병렬된 '관사 + 형용사'인 a dim과 an inaccurate가 명사구 copy of the real experience를 수식하고 있다.

문장 해석
하지만 이는 거의 불가능해서, 어느 뉴런이 모여야 하고 그것이 정확히 어떻게 발화해야 하는지에 대한 지시는 약해지고 기능이 저하되어, 실제 경험에 대한 희미하고 흔히 부정확한 복사일 뿐인 재현으로 이어진다.

Suppose (that) one of the steps (in your argument) was that more intelligent animals are more likely to
_V _{S'1} _{V'1} _{SC'1} _{S''1} _{V''1}

feel pain (in the way [(that) humans do]), so we should spare them pain as we would (spare) humans (pain).
_{O''1} _{O관·대} _{S''2} _{V''2} _{IO''2} _{DO''2} _{S'''} _{V'''}

구문 해설
명령문으로 쓰인 주절 내에 종속절들이 이중으로 중첩된 구조의 문장이다. Suppose와 one 사이에 명사절 접속사 that이 생략되어 있으며, that절 내의 주격 보어 또한 명사절을 이끄는 접속사 that이다. 두 번째 that절 내에서는 2개의 절이 등위접속사 so로 병렬되어 있다. the way를 선행사로 받는 목적격 관계대명사 that[which]이 way와 humans 사이에 생략되어 있다. as는 양태를 나타내는 접속사로 쓰였으며, as가 이끄는 절이 so절 내에 종속되어 있다. as절 내에서는 동사 spare와 직접목적어 pain이 중복으로 생략되었다.

문장 해석
당신이 하는 주장의 단계 중 하나가 지능이 더 높은 동물은 인간과 같은 방식으로 고통을 느낄 가능성이 더 크므로 우리가 인간에게 그러할 것과 마찬가지로 그들에게서 고통을 덜어주어야 한다는 것이라고 가정하자.

Non-firstborns, (on the other hand), are not (typically) afforded the privilege of a life (without sibling
_S _V _O

competition (for attention, affection, food, and whatever else their shared parents may provide)).
_A _B _C _D _{S'} _{V'}

구문 해설
명사구 sibling competition을 수식하는 전치사 for의 목적어로 명사 4개가 'A, B, C, and D' 형태로 병렬되어 있다. whatever는 명사절을 이끄는 복합관계대명사로 for의 목적어와 provide의 목적어 역할을 동시에 하고 있다.

문장 해석
반면, 맨 먼저 태어나지 않은 자식은 일반적으로 관심, 애정, 음식, 그리고 그들이 공유하는 부모가 제공할 수 있는 것이면 무엇이든 그것에 대해 형제자매와 경쟁하지 않는 삶을 살 수 있는 특권을 누리지 못한다.

09

To answer this question, <u>the 2017 research</u> <u>highlights</u> <u>the significance</u> (of turning toward a partner's bid
　　　　　　　　　　　S　　　　　　　V　　　　O　　　　　　　　　　　　　　A

(for attention) (instead of turning away or (turning) against (a partner's bid for attention))), suggesting a
　　　　　　　　　　　　　　　　　　B　　　　　　　　　　　　　　　　　　　　　　　　　분사구문

strong correlation (between responsiveness and happier relationships).
　　　　　　　　　　　　　　　　　A　　　　　　　　　　B

구문 해설

To answer는 목적을 나타내는 to 부정사의 부사적 용법으로 쓰였다. 'B 대신 A'라는 의미의 'A instead of B' 구문이 쓰여 동명사구 turning toward와 turning away or against가 비교되고 있다. suggesting 이하는 분사구문이며, 분사구문 내에서 'A와 B 사이'라는 의미의 'between A and B' 구문이 쓰여 두 명사(구) responsiveness와 happier relationships가 짝을 이루고 있다.

문장 해석

이 질문에 답하고자, 2017년의 한 연구는 호응과 행복한 관계 사이의 강한 연관성을 제시하면서, 파트너가 관심을 구하려는 시도를 외면하거나 등지는 것보다는, 그 시도에 응하는 것의 중요성을 강조한다.

10

<u>The "Habsburg jaw"</u> <u>was</u> <u>a physical trait</u> [(which was) common (among many members of the Habsburg
　　S　　　　　　　　V　　　SC　　　　　　　S관·대

dynasty)], characterized (by a protruding lower jaw, [which (often) <u>hindered</u> <u>affected individuals</u> (from
　　　　　　　　분사구문　　　　　　　　　　　　　　　　S관·대　　　　　V'　　　　O'

eating or speaking (properly)))].

구문 해설

trait과 common 사이에는 a physical trait을 선행사로 받는 '주격 관계대명사 + be동사'가 생략되어 있다. characterized 이하는 분사구문이고, which는 a protruding lower jaw를 선행사로 받는 주격 관계대명사이다. 'hinder + 목적어 + from RVing'는 '목적어가 ~하는 것을 방해하다'라는 의미의 구문이며, from의 목적어로 동명사 2개가 등위접속사 or를 통해 병렬되어 있다.

문장 해석

'Habsburg 턱'은 Habsburg 왕조의 많은 구성원들 사이에서 공통으로 나타난 신체적 특성으로 돌출된 아래턱이 특징인데, 이는 이것을 갖고 있는 사람들이 제대로 먹거나 말하는 것을 자주 방해했다.

11

If the seller does agree to wait (until later) for part or all of the payment, (as in the case of many new-car
 S'   V'   O'
purchases), the payment is (still) a specified obligation, not a subsequent reciprocal gift (at the buyer's
              S   V   SC   B   A
discretion)).

구문 해설

3형식 동사로 쓰인 agree가 to 부정사 to wait를 목적어로 취하고 있으며, '자동사 + 전치사'인 wait for의 목적어로는 명사구 part or all of the payment가 오고 있다. 'A가
아니라 B'라는 의미의 'B, not A' 구문이 주절의 주격 보어 역할을 하고 있다.

문장 해석

많은 신차 구매 사례와 같이, 판매자가 대금의 일부 또는 전부를 받을 때까지 기다리는 것에 동의하더라도, 그 대금 지불은 정해진 의무이지, 구매자의 재량에 따라 추후에 보답하는
선물이 아니다.

12

But some perceived that the engineers were capable (of providing them (with a critical key (to their
    S   V   O   S'1   V'1   SC'1
rescue))) — for engineers had landed on an apparently unbreakable method (of evaluating the wisdom of
                  S'2   V'2   O'2
a design).

구문 해설

that은 명사절을 이끌어 perceived의 목적어 역할을 하고 있다. 'provide A with B'는 'A에게 B를 제공하다'라는 의미의 구문이다. 대시(—) 뒤의 절이 주절의 내용을 부연하고
있으며, for는 이유를 나타내는 접속사로 쓰였다.

문장 해석

그러나 일부 사람들은 엔지니어들이 그들을 구할 수 있는 중요한 실마리를 제공할 수 있다고 생각했는데, 이는 엔지니어들이 디자인의 타당성을 평가하는, 무너질 수 없는 듯 보이
는 방법을 발견했기 때문이다.

13

They felt (confidently) able to declare that a structure was pleasant insofar as it performed its mechanical
S V   SC   S'   V'   SC'1   S''1 V''1   O''1
functions (efficiently); and faulty insofar as it was burdened (with non-supporting pillars, decorative statues,
                            SC'2   S''2 V''2   A
paintings, or carvings).
   B   C

구문 해설
2형식 동사로 쓰인 felt가 형용사 able을 보어로 취하고 있다. that은 명사절을 이끌어 declare의 목적어 역할을 하고 있다. that절 내에서 주격 보어인 형용사 pleasant와 faulty가 앞 내용을 부연하는 세미콜론(;)과 등위접속사 and를 통해 병렬되어 있다. '~하는 한'이라는 의미의 insofar as가 각 주격 보어에 대한 조건을 나타내는 접속사로 쓰였다. 형용사 decorative가 수식하는 명사 3개가 'A, B, or C' 형태로 병렬되어 있다.

문장 해석
그들은 건축물이 기계적인 기능을 효율적으로 수행하는 한 그것은 매력적이며, (건축물을) 지지하지 않는 기둥들, 장식용 조각상, 그림 또는 조각품들로 짐을 지는 한 그것은 결함이 있음을 자신 있게 선언할 수 있다고 생각했다.

14

In fact, people (with sedentary occupations and lifestyles) — which is to say, most of us — can (easily) sit
          S   동격   V1
(for fourteen or fifteen hours a day), and thus (can) be (completely and unhealthily) immobile (for all but a
                                                    V2   SC2
tiny part of their existence).

구문 해설
형용사 sedentary가 수식하는 명사 2개가 등위접속사 and로 병렬되어 있다. 주어 people과 동격인 명사구 most of us가 대시(—)로 삽입된 구조이며, which is to say는 '즉'이라는 의미의 관용표현이다. 동사인 can sit와 (can) be가 등위접속사 and thus로 병렬되어 있다. but은 '~외에'라는 의미의 전치사로 쓰여 명사구 a tiny part를 목적어로 취하고 있다.

문장 해석
실제로, 주로 앉아서 하는 직업과 생활 방식을 가진 사람들, 즉 우리 대부분은 거뜬히 하루에 14~15시간을 앉아 있을 수 있기 때문에 우리 존재의 아주 작은 부분을 제외하고는 완전히, 그리고 건강하지 않게도 움직이지 않는다.

15

(Importantly), the group effect isn't restricted (to physical gatherings); it can (also) spread (virally), as
S1   V1   S2 V2
strong opinions circulate (on social media), infecting us (with the desire to share these sentiments, ((often)
S'   V'   분사구문
of an intense nature (like outrage))).

구문 해설

세미콜론(;)을 통해 두 번째 문장이 첫 번째 문장의 내용을 부연하는 구조이다. as는 시간을 나타내는 접속사로 쓰였다. as절 내의 infecting 이하는 분사구문이며, 'infect A with B'는 'A를 B에 감염시키다'라는 의미의 구문이다. to share는 명사구 the desire를 수식하는 to 부정사의 형용사적 용법으로 쓰였다.

문장 해석

중요한 것은, 집단 효과가 물리적인 모임에 국한되지 않는다는 것인데, 그것은 강경한 의견들이 소셜미디어에 돌면서, 종종 분노와 같은 강렬한 성격의 감정을 공유하려는 욕구에 우리를 감염시켜, 바이러스처럼 퍼질 수도 있다.

16

(That) The camera, they (often) assumed, is a mechanism [that facilitates human efforts to register
O1   S'1   S1   V1   V'1 SC'1   S관·대 V''1   O''1
accurate images (of reality itself)], and (that) photographs, they continued, are (therefore) mere visual
                                            O2   S'2   S2   V2   V'2   SC'2
records (of the settings [(that) they depict])).
              O관·대 S''2 V''2

구문 해설

2개의 문장이 등위접속사 and로 병렬되어 있으며, 각 문장 내에서 주어와 동사는 쉼표로 삽입되고 목적어인 명사절이 도치되어 문두에 나와 있는 구조이다. 명사절 접속사 that은 생략되어 있다. 첫 번째 문장에 명시되어 있는 that은 a mechanism을 선행사로 받는 주격 관계대명사이다. to register는 human efforts를 수식하는 to 부정사의 형용사적 용법으로 쓰였다. the settings를 선행사로 받는 목적격 관계대명사 that[which]이 settings와 they 사이에 생략되어 있으며, 이 they가 가리키는 것은 앞에 나온 명사 photographs이다.

문장 해석

그들은 흔히 카메라는 현실 그 자체의 정확한 이미지를 기록하려는 인간의 노력을 용이하게 하는 메커니즘이라고 생각했고, 그들이 계속해서 말하기를, 그러므로 사진은 그것이 묘사하는 환경의 시각적 기록에 불과하다.

17

Titan's underground water could be a place to sustain forms of life [that are known (to us)], while its surface
S　　　　　　　　　　　　　V　　　SC　　　　　　　　　　　　　　　　　　　　　　　　　　　S관·대　　　　　　　　　　　　　　　　S'

lakes and seas (of liquid hydrocarbons) could (conceivably) harbor life [that uses different chemistry [than
　　　　　　　　　　　　　　　　　　　　V'　　　　　　　　　　　　　　O'　S관·대　V''1　　O''1　　　　　　　유사관·대

we're used to]] — that is, life as we don't (yet) know it.
S'''　V'''　　　　　　　동격　　　　S''2　V''2　　　　　　O''2

구문 해설
to sustain은 a place를 수식하는 to 부정사의 형용사적 용법으로 쓰였다. 첫 번째 that은 forms of life를 선행사로 받는 주격 관계대명사이고, 두 번째 that은 while이 이끄는 종속절 내의 첫 번째 life를 선행사로 받는 주격 관계대명사이다. while은 대조를 나타내는 접속사로 쓰였다. than은 앞의 different와 짝을 이루어 차이를 나타내는 유사관계대 명사로 쓰였으며, chemistry를 선행사로 받고 있다. 대시(—) 뒤의 명사구가 앞에 나온 life와 동격을 이루면서 부연하고 있으며, as는 바로 앞의 명사 life를 한정하는 절을 이끄 는 접속사로 쓰였다.

문장 해석
타이탄의 지하수는 우리에게 알려진 형태의 생명체가 살아가는 장소가 될 수 있는 반면에, 액체 탄화수소로 이루어진 표면의 호수와 바다는 상상컨대 우리가 익숙한 것과는 다른 화학을 사용하는 생명체, 즉 우리가 아직 알지 못하는 생명체를 품을 수도 있을 것이다.

18

The typical pattern (of listeners gazing more at speakers than speakers do at listeners) may be reversed
S　　　　　　　　　　　　의미상S　　　　　　　　　　　　　　　　　　　　　　　　　　　　　　　　V

(for high-status individuals interacting with low-status partners).
　　　의미상S

구문 해설
전치사 of의 목적어로 동명사 gazing이 오고 있으며, gazing 앞에 의미상 주어로 listeners가 온 형태이다. 청자가 쳐다보는 경우와 화자가 쳐다보는 경우가 비교급 구문 'more ~ than'으로 비교되고 있으며, do는 앞에 나온 gazing을 받는 대동사이다. 전치사 for의 목적어로 동명사 interacting이 오고 있으며, 의미상 주어는 high-status individuals 이다.

문장 해석
화자가 청자를 쳐다보는 것보다 청자가 화자를 더 많이 쳐다보는 전형적인 패턴은 지위가 높은 개인이 지위가 낮은 상대방과 상호작용할 경우 뒤바뀔 수 있다.

Five-year-olds seem (almost magically) to have gained certain kinds of cognitive skills [that make them
S   V   SC   S관·대 V' O'
able to solve problems [(that) they couldn't (solve) (just six months earlier)]].
OC'   O관·대   S''   V''

구문 해설

2형식 동사로 쓰인 seem이 to 부정사 to have gained를 보어로 취하고 있다. that은 certain kinds of cognitive skills를 선행사로 받는 주격 관계대명사이다. 5형식 동사로 쓰인 make가 형용사 able을 목적격 보어로 취하고 있다. problems를 선행사로 받는 목적격 관계대명사 that[which]이 problems와 they 사이에 생략되어 있다.

문장 해석

5세 아동은 6개월 전만 해도 해결하지 못했던 문제를 해결할 수 있게 하는 특정 종류의 인지 기술을 거의 마법처럼 습득한 것으로 보인다.

(Among the more theoretically oriented economists), there is (even) a tendency to consider economic history
                                               V   S   O'
(at best) as a harmless distraction and (at worst) as a refuge (for people [who cannot handle 'hard' stuff (like
                 OC'1   OC'2   S관·대 V''   O''
mathematics and statistics)]]).

구문 해설

to consider는 a tendency를 수식하는 to 부정사의 형용사적 용법으로 쓰였다. 5형식 간주동사로 쓰인 consider는 등위접속사 and로 병렬된 명사 a harmless distraction 과 a refuge를 목적격 보어로 취하고 있다. who는 people을 선행사로 받는 주격 관계대명사이다.

문장 해석

더 이론 중심적인 경제학자들 사이에서는 경제사를 기껏해야 무해한 오락거리, 그리고 최악의 경우 수학이나 통계와 같은 '어려운' 내용을 다루지 못하는 사람들을 위한 피난처로 간주하는 경향도 있다.

01   Most of <u>it is</u> the work of small groups operating in just a few spots around the globe.   ○ / ✕

02   Understanding where pirates are most likely to strike can help companies <u>protect</u> ships.   ○ / ✕

03   Since peaking in 2011, the number of reported damages from pirate attacks <u>have continued</u>   ○ / ✕
to fall.

04   My best friend is a person to who all others turn in times of trouble.   ○ / ✕

05   Secure important documents in a safe place lest they are misplaced.   ○ / ✕

06   She was so tired that she fell asleep as soon as she lied down.   ○ / ✕

07   The tickets sold out within a few minutes of being released.   ○ / ✕

08 나는 하루를 시작할 때마다 물 한 잔을 마신다.   O / X

→ I never start my day with drinking a glass of water.

09 우리가 코로나19에 걸리지 않았다면 지금 유럽에 있었을 것이다.   O / X

→ We would be in Europe now if we had not had COVID-19.

10 다음 주에 수업에서 다룬 자료에 대한 시험이 있을 것이다.   O / X

→ There will be a test on the material covering in class next week.

11 그것은 최소한의 장치로 구성되어 있으며, 그 각각은 특정한 기능을 담당한다.   O / X

→ It consists of minimal gears, each is responsible for a specific function.

ANSWER

01 O	05 X, are → (should) be	09 O
02 O	06 X, lied → lay	10 X, covering → covered
03 X, have → has	07 O	11 X, each is → and each is
04 X, who → whom	08 X, with → without	또는 each (being)

01   Yemeni Civil War is a conflict in Yemen <u>in which</u> began in 2014.   ○ / ✕

02   The capital, Sanaa, already undermined by the Arab uprising in 2011, <u>overtaken</u> by Houthi   ○ / ✕
rebel forces.

03   It brought most of the country to starvation and <u>resulting in</u> the outbreak of cholera.   ○ / ✕

04   Regarding as an expert, she is often consulted for her advice.   ○ / ✕

05   Celebrities find themselves getting used to give up their privacy.   ○ / ✕

06   The movie I watched a couple of days ago had a surprised ending.   ○ / ✕

07   The exhibition is supposed to set up in preparation for the VIP preview.   ○ / ✕

08 그 회사는 어떤 경우에도 부정을 용납하지 않을 것이다.   O / X

→ Under no circumstances the company will tolerate dishonesty.

09 그런 큰 결정은 네 부모님과 의논하는 게 낫겠다.   O / X

→ You had better discuss such a big decision with your parents.

10 전 당신이 이 직업을 추구하게 만든 계기가 궁금합니다.   O / X

→ I'm curious about that encouraged you to pursue this career.

11 실험의 성공은 변수가 통제되는지에 따라 달라진다.   O / X

→ The success of the experiment depends on if the variables are controlled.

ANSWER

01 X, in which → which 또는 that	05 X, give → giving	09 O
02 X, overtaken → was overtaken	06 X, surprised → surprising	10 X, that → what
03 X, resulting → resulted	07 X, set → be set	11 X, if → whether
04 X, Regarding → Regarded	08 X, the company will → will the company	

01   The notion that our individual traits are determined by which half of the brain is dominant O / X
<u>are</u> widespread.

02   There's even a small industry <u>devoted</u> to this idea. O / X

03   We can't determine when <u>you will receive</u> your test results. O / X

04   That new drama <u>was worth finishing it</u> despite the late hour. O / X

05   The witness described in detail how <u>terrified the accident</u> was. O / X

06   Income inequality worsens as <u>the wealthy control</u> major enterprises. O / X

07 그 독특한 암석은 흔히 회복력의 상징으로 불린다. O / X

→ The unique rock refers to as the symbol of resilience.

08 많은 질문이 여전히 해결되지 않아 더 많은 탐구가 필요하다. O / X

→ Many a question remain open, inviting further exploration.

09 온라인 홍보를 통해 트래픽이 점점 더 많이 발생하고 있다. O / X

→ Traffic has increasingly generated through online promotion.

10 그들은 전원이 교육 세미나에 참여할 것을 요구했다. O / X

→ They required that everyone participates in the training seminar.

ANSWER

01 X, are → is	05 X, terrified → terrifying	09 X, has → has been
02 O	06 O	10 X, participates → (should) participate
03 O	07 X, refers → is referred	
04 X, finishing it → finishing	08 X, remain → remains	

01   The multimedia personal computer <u>is equipped with</u> DVD players and digital sound systems.   O / X

02   It allows users with varying levels of technical proficiency <u>to handle</u> animated images and sound.   O / X

03   He has developed an interest in astronomy, <u>and so his siblings have</u>.   O / X

04   The taste of the soup reminded me <u>of comforting during illness</u>.   O / X

05   She prefers riding a bike or driving a car <u>to taking a walk</u>.   O / X

06   The feedback provided by peers <u>was of great help</u>.   O / X

07 식물들이 계속 살아있도록 정원에 물을 줘야 한다.

→ The garden needs watering to keep the plants alive.

O / X

08 그 배우는 드라마의 스포일러가 거론되지 않도록 애썼다.

→ The actor tried not to let spoilers of his drama mentioned.

O / X

09 그들은 아프리카를 여행하면서 웅장한 풍경들을 경험했다.

→ They experienced grand landscapes while travel through Africa.

O / X

10 우리가 가장 좋은 후보라고 말한 사람이 결국 채용되었다.

→ The person whom we said was the best candidate ended up being hired.

O / X

✓
ANSWER

01 O	**05** O	**09** X, travel → traveling 또는 they traveled
02 O	**06** O	**10** X, whom → who
03 X, his siblings have → have his siblings	**07** O	
04 X, comforting → being comforted	**08** X, mentioned → be mentioned	

Grammar review 5

01   His argument was less persuasive than his opponent.   ○ / ✕

02   The travelers have to reach their destination until midnight.   ○ / ✕

03   With her exceptional skills, Judy has a chance of win the contest.   ○ / ✕

04   Excellent fuel efficiency as well as great safety features characterizes the car.   ○ / ✕

05   Movie audiences are taken from their everyday environment, comfortably <u>sitting</u> in a dark auditorium.   ○ / ✕

06   The darkness prevents them <u>from comparing</u> the image on the screen with surrounding objects or people.   ○ / ✕

07   For a while, spectators live in the world the motion picture <u>unfolding</u> before them.   ○ / ✕

08   Only rarely <u>they react</u> as if the events on the screen are real.   ○ / ✕

09   공원에서 돌아오니 내 자전거가 없어진 상태였다.   ○ / ✕
    → My bike had been missing when returning from the park.

10   유리로 둘러싸인 그 섬세한 유물은 완벽하게 보존되어 있었다.   ○ / ✕
    → Enclosed in glass, the delicate artifact stayed perfectly preserved.

11 첨단 기능을 자랑하는 새 스마트폰이 오늘 출시되었다.

→ The new smartphone which boasts advanced features were released today.

O / X

12 회의가 시작될 때쯤이면 모든 참석자가 안건을 받게 될 것이다.

→ By the time the meeting will start, all the attendees will have received the agenda.

O / X

13 그녀는 번아웃으로 인해 쉽게 주의가 산만하게 되었다.

→ She was made easily distracting because of burnout.

O / X

14 우리는 그 프로젝트를 어려움에도 불구하고 열심히 하고 있다.

→ We're working diligently on the project despite it's challenging.

O / X

15 이론을 연구하는 것과 그것을 실제로 적용하는 것은 별개다.

→ Studying the theory is one thing, applying it in practice is another.

O / X

16 분기마다 재무 보고서를 준비하느라 분주한 곳이 바로 재무팀이다.

→ It is the finance team that is busy to prepare financial reports every quarter.

O / X

ANSWER

01 X, his opponent → that of his opponent
또는 his opponent's (argument)

02 X, until → by

03 X, win → winning

04 O

05 O

06 O

07 X, unfolding → unfolds

08 X, they → do they

09 X, returning → I returned

10 O

11 X, were → was

12 X, will start → starts

13 X, distracting → distracted

14 X, despite → (al)though

15 O

16 X, to prepare → preparing

Grammar review 6

01   The mentor touched the mentee on his shoulder for reassurance.   ○ / ✕

02   Hardly did the students begin the exam before the fire alarm went off.   ○ / ✕

03   We learned water was made of hydrogen and oxygen in chemistry class.   ○ / ✕

04   Judging from the lights in the house, he must have forgotten to turn them off.   ○ / ✕

05   This classification is based largely on the success of the southern white rhinoceros <u>which</u> numbers increased from about 20 animals to roughly 19,600 animals.   ○ / ✕

06   In contrast, all wild populations of the northern white rhinoceros are thought <u>to have gone extinct</u>.   ○ / ✕

07   The last known remaining male northern white rhinoceros died in 2018, <u>left</u> only a mother and daughter.   ○ / ✕

08   민주주의에서는 모든 시민의 말을 경청해야 마땅하다.   ○ / ✕
→ Every citizen deserves to be listened to in a democracy.

09   나는 주말을 좋은 소설에 몰두하며 보내는 편이 낫다.   ○ / ✕
→ I may well spend the weekend diving into a good novel.

10 관리자로 승진한 그녀는 개방적인 팀 의사소통을 용이하게 했다. ○ / X

→ Promoting to manager, she facilitated open team communication.

11 돈을 더 많이 절약할수록 미래에 더 마음 든든하게 될 것이다. ○ / X

→ The more you save money, the more securely you will feel in the future.

12 그 영화 제작자가 감독한 영화 중 가장 좋아하는 것이 무엇인가요? ○ / X

→ Which movie directed by the filmmaker is your favorite?

13 사람들은 그 비극적인 이야기에 눈물을 흘릴 수밖에 없다. ○ / X

→ People have no choice but to shed tears over the tragic story.

14 그는 편지를 봉하여 예정된 수신자에게 보냈다. ○ / X

→ With the letter sealing, he addressed it to the intended recipient.

15 그 지역 요리 중 일부는 한국 요리 트렌드의 큰 영향을 받았다. ○ / X

→ Some of the local cuisine were deeply influenced by Korean culinary trends.

ANSWER

01 X, his → the	06 O	12 O
02 X, did the students begin → had the students begun	07 X, left → leaving	13 O
	08 O	14 X, sealing → sealed
03 X, was made of → is made from	09 X, may well → may as well	15 X, were → was
04 O	10 X, Promoting → Promoted	
05 X, which → whose	11 X, securely → secure	

Grammar review 7

01   You won't get a refund unless you will bring the receipt.   O / X

02   The neighbors are friendly, greeting each other with a smile.   O / X

03   He suggested reading the paper and then having it sign in full.   O / X

04   Stay away from anyone who asks you to borrow him or her money.   O / X

05   Could you tell me why was the project deadline extended?   O / X

06   I wish I had invested in Bitcoin when it was first introduced.   O / X

07   It is desirable that the advertising strategy reflect the brand's identity.   O / X

08   The complex concepts presented in the lecture was difficult to understand.   O / X

09   우리는 우연히 건물이 무너지는 것을 그 자리에서 보았다.   O / X
　　　→ We accidentally watched the building collapsing on the spot.

10   나는 사람들이 붐비는 파티에 나가는 것보다 집에 있는 것이 낫다.   O / X
　　　→ I would rather stay at home than to go out to a crowded party.

11 양식이 다른 그 그림들은 색채가 놀라울 정도로 비슷했다. O / X

→ The paintings, different in style, were remarkably like in color.

12 그녀는 참가자가 너무 적어서 행사를 취소하기로 결정했다. O / X

→ She decided to cancel the event, there being too few participants.

13 디저트로는 탄산음료나 커피 한 잔이 제공됩니다. O / X

→ Either soft drinks or a cup of coffee are offered for dessert.

14 그는 문서가 갑자기 날아가는 것을 막고 싶어 했다. O / X

→ He wanted to stop the document from suddenly deleting.

15 내 언니가 첫사랑과 결혼한 지 10년이 되었다. O / X

→ My sister was married to her first love for 10 years.

16 신입 사원도 다른 직원들처럼 시간을 잘 지키지 않는다. O / X

→ The new employee is no less punctual than the rest of the staff.

✓ ANSWER

01 X, will bring → bring	06 O	12 O
02 O	07 O	13 X, are → is
03 X, sign → signed	08 X, was → were	14 X, suddenly deleting
04 X, borrow → lend	09 O	→ being suddenly deleted
05 X, was the project deadline	10 X, to go → go	15 X, was → has been
→ the project deadline was	11 X, like → alike	16 X, less → more

Grammar review 8

01   There is no use to complain about better talent coming in.   O / X

02   The priority is not speedy but accuracy in completing the work.   O / X

03   A surprise guest entered the room, drawing cheers from the audience.   O / X

04   The children seemed interested in the topic discussing in the book club.   O / X

05   It is very kind of her to help others wherever she goes.   O / X

06   One of the individuals who possess strong interpersonal skills is he.   O / X

07   Inflation caused the prices of goods and services to raise significantly.   O / X

08   The athlete only focused on training while surrounding with controversy.   O / X

09   그녀는 내게 새로운 시스템의 이점을 설명해 주었다.   O / X
     → She explained to me that the benefits of the new system were.

10   일반 투표에서 이긴 후보가 항상 당선되는 것은 아니다.   O / X
     → The candidate won the popular vote is not always elected.

11 시험 문제가 너무 까다로워서 학생들 대부분이 답할 수 없었다.　　　　　　○ / X

→ The test questions were too tricky for most students to answer.

12 그 상수리나무 뒤에는 한 도둑이 묻어둔 보물이 숨겨져 있었다.　　　　　○ / X

→ Hidden behind the oak tree was the treasures buried by a thief.

13 우리는 반려견이 기본적인 명령을 따르도록 훈련시켰다.　　　　　　　　○ / X

→ We got our dog train to follow basic commands.

14 그들은 내년에 새로운 사업을 시작할 예정이다.　　　　　　　　　　　　○ / X

→ They are going to start a new business next year.

15 Tim은 건강을 개선하기 위해 새로운 식단을 시작했다.　　　　　　　　　○ / X

→ Tim began a new diet with a view to improving his health.

16 요가 수업에서 나는 눈을 감고 한쪽 다리로 균형 잡는 연습을 했다.　　　○ / X

→ In the yoga class, I practiced balancing on one leg with my eyes closing.

ANSWER

01 X, to complain → (in) complaining	**07** X, raise → rise	**13** X, train → trained
02 X, speedy → speed	**08** X, surrounding → surrounded	**14** O
03 O	**09** X, that → what	**15** O
04 X, discussing → discussed	**10** X, won → winning	**16** X, closing → closed
05 O	**11** O	
06 O	**12** X, was → were	

Staff

Writer	심우철
Director	강다비다
Researcher	정규리 / 한선영 / 장은영
Design	강현구
Manufacture	김승훈
Marketing	윤대규 / 한은지 / 유경철

발행일 2024년 3월 25일 (2쇄)

내용문의 http://cafe.naver.com/shimson2000

정답 및 해설

2024
—
심우철

실전동형 모의고사

최근 2개년 공무원 영어 시험의
유형 및 난이도를 완벽히 재현한
봉투형 모의고사 8회분

Season 2

커넥츠 공단기
인터넷 강의
gong.conects.com

심슨
북스

심우철 교수

약력

연세대학교 졸업, 연세대 국제학 대학원 졸업

現) 공단기 영어 대표강사

現) (주)심슨영어사 대표이사, 심슨북스 대표이사

前) 이투스 영어영역 대표강사

前) 메가스터디 영어영역 대표 강사

前) 노량진 메가스터디학원 최다 수강생 보유

저서

심슨 보카

심슨 구문/문법/독해

심슨 구문/문법/독해 500제

문법 풀이 전략서

이것만은 알고 가자

심우철 하프 모의고사

심우철 실전동형 모의고사

영어가 쉬워지는
새로운 전환점을 만나다!

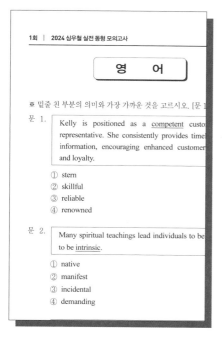

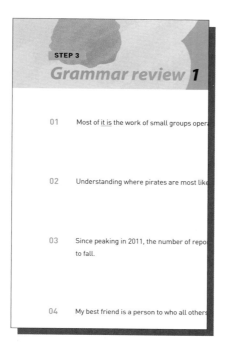

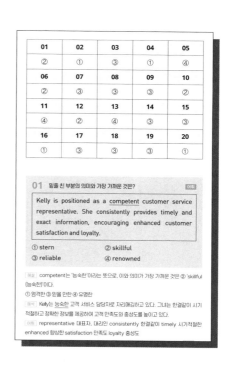

최근 2개년 8회분 시험 완벽 반영

2022년부터 2023년까지 최근 2개년의 국가 직·지방직 기출을 완벽하게 재현했습니다. 각 문항에 실제 시험과 동일한 유형을 배치하고, 최근 기출의 난이도를 고려하여 문제를 제작하였습니다. 지문의 길이와 문항의 난도 또한 실제 시험과 최대한 동일하게 구성된, 심우철 실전 동형 모의고사가 시험장에서 여러분의 자신감이 되어줄 것입니다.

모의고사에 수록된 어휘, 구문, 문법 복습용 워크북 제공

모의고사에 출제된 문항을 이용해 어휘, 구문, 문법 세 가지 요소를 모두 복습할 수 있도록 워크북을 제공합니다. 어휘 테스트지를 제공하여 실전 동형 모의고사에 수록된 핵심 어휘를 복습할 수 있도록 구성하였습니다. 핵심 구문 패턴을 학습할 수 있도록 구문 분석을 제공합니다. 문법 문항 선택지의 정오를 복습하고, 어려운 문법 포인트를 학습할 수 있도록 변형 문제를 제공합니다. 실전 동형 모의고사 한 권으로 문제 풀이와 더불어 어휘, 구문, 문법까지 모두 학습할 수 있습니다.

풍부하고 상세한 해설지 제공

최소시간 x 최대효과의 모토를 해설지에도 담았습니다. 수험생들의 번거로움을 덜고자 해설지에 지문을 수록하여 복습을 용이하게 하였고, 빠른 정답을 제공하여 정답 확인 시간을 최소화할 수 있도록 하였습니다. 또한, 혼자서도 학습할 수 있도록 상세한 해설을 수록하였습니다. 특히 정답뿐만 아니라 오답 보기에 대한 해설까지 자세하게 풀이하여 최대효과를 누릴 수 있도록 하였습니다.

1회차

01	02	03	04	05
②	①	③	①	④
06	**07**	**08**	**09**	**10**
②	③	③	③	②
11	**12**	**13**	**14**	**15**
④	②	④	③	③
16	**17**	**18**	**19**	**20**
①	③	③	③	①

2회차

01	02	03	04	05
②	②	④	③	②
06	**07**	**08**	**09**	**10**
④	④	③	②	④
11	**12**	**13**	**14**	**15**
②	①	④	③	③
16	**17**	**18**	**19**	**20**
④	③	④	②	①

3회차

01	02	03	04	05
①	④	②	③	④
06	**07**	**08**	**09**	**10**
②	②	③	③	④
11	**12**	**13**	**14**	**15**
②	④	②	④	④
16	**17**	**18**	**19**	**20**
④	④	④	①	④

4회차

01	02	03	04	05
①	③	④	①	③
06	**07**	**08**	**09**	**10**
③	②	④	③	④
11	**12**	**13**	**14**	**15**
③	③	③	④	④
16	**17**	**18**	**19**	**20**
③	④	④	③	②

5회차

01	02	03	04	05
③	③	③	④	④
06	**07**	**08**	**09**	**10**
④	②	④	②	④
11	**12**	**13**	**14**	**15**
③	③	①	②	②
16	**17**	**18**	**19**	**20**
①	④	④	③	①

6회차

01	02	03	04	05
①	②	④	②	①
06	**07**	**08**	**09**	**10**
④	③	②	④	③
11	**12**	**13**	**14**	**15**
④	②	④	③	②
16	**17**	**18**	**19**	**20**
②	①	③	④	②

7회차

01	02	03	04	05
④	②	④	③	③
06	**07**	**08**	**09**	**10**
④	③	②	③	①
11	**12**	**13**	**14**	**15**
③	③	①	③	③
16	**17**	**18**	**19**	**20**
③	④	④	②	②

8회차

01	02	03	04	05
①	②	④	③	②
06	**07**	**08**	**09**	**10**
④	①	①	②	①
11	**12**	**13**	**14**	**15**
②	③	②	②	③
16	**17**	**18**	**19**	**20**
③	④	①	③	③

Answer

01	02	03	04	05
②	①	③	①	④
06	**07**	**08**	**09**	**10**
②	③	③	③	②
11	**12**	**13**	**14**	**15**
④	②	④	③	③
16	**17**	**18**	**19**	**20**
①	③	③	③	①

01 밑줄 친 부분의 의미와 가장 가까운 것은? 〔어휘〕

Kelly is positioned as a <u>competent</u> customer service representative. She consistently provides timely and exact information, encouraging enhanced customer satisfaction and loyalty.

① stern
② skillful
③ reliable
④ renowned

〔해설〕 competent는 '능숙한'이라는 뜻으로, 이와 의미가 가장 가까운 것은 ② 'skillful (능숙한)'이다.
① 엄격한 ③ 믿을 만한 ④ 유명한

〔해석〕 Kelly는 능숙한 고객 서비스 담당자로 자리매김하고 있다. 그녀는 한결같이 시기적절하고 정확한 정보를 제공하여 고객 만족도와 충성도를 높이고 있다.

〔어휘〕 representative 대표자, 대리인 consistently 한결같이 timely 시기적절한 enhanced 향상한 satisfaction 만족도 loyalty 충성도

〔정답〕 ②

02 밑줄 친 부분의 의미와 가장 가까운 것은? 〔어휘〕

Many spiritual teachings lead individuals to believe destiny to be <u>intrinsic</u>.

① native
② manifest
③ incidental
④ demanding

〔해설〕 intrinsic은 '고유한'이라는 뜻으로, 이와 의미가 가장 가까운 것은 ① 'native(타고난, 고유한)'이다.
② 분명한 ③ 부수적인 ④ 고된

〔해석〕 많은 영적 가르침은 사람들이 운명을 고유한 것으로 믿도록 이끈다.

〔어휘〕 spiritual 영적인

〔정답〕 ①

03 밑줄 친 부분의 의미와 가장 가까운 것은? 〔이어동사〕

The airline had to <u>call off</u> several flights to major destinations like Jeju due to the strike by the ground staff.

① delay
② divert
③ cancel
④ reserve

〔해설〕 call off는 '취소하다'라는 뜻으로, 이와 의미가 가장 가까운 것은 ③ 'cancel(취소하다)'이다.
① 연기하다 ② 전환하다 ④ 예약하다

〔해석〕 그 항공사는 지상 근무단의 파업으로 제주도와 같은 주요 도착지로 가는 여러 항공편을 취소해야 했다.

〔어휘〕 destination 도착지 strike 파업 ground staff (항공기 정비 등을 맡는 공항의) 지상 근무단

〔정답〕 ③

04 밑줄 친 부분의 의미와 가장 가까운 것은? 〔이어동사〕

In the legal field, <u>adhering to</u> ethical standards is a fundamental principle for lawyers, judges, and prosecutors.

① following
② overlooking
③ memorizing
④ implementing

〔해설〕 adhere to는 '준수하다'라는 뜻으로, 이와 의미가 가장 가까운 것은 ① 'following (따르다)'이다.
② 간과하다 ③ 암기하다 ④ 시행하다

〔해석〕 법조계에서 윤리적 기준을 준수하는 것은 변호사, 판사, 검사에게 기본 원칙이다.

〔어휘〕 ethical 윤리적인 fundamental 기본적인 prosecutor 검사

〔정답〕 ①

05 밑줄 친 부분 중 어법상 옳지 않은 것은? 〔문법〕

Piracy costs the global economy about $25 billion every year. Most of ① it is the work of small groups operating in just a few spots around the globe. Understanding ② where pirates are most likely to strike can help companies ③ protect ships that are traveling through dangerous waters. Since peaking in 2011, the number of reported damages from pirate attacks ④ have continued to fall.

〔해설〕 (have → has) 문장의 주어인 the number of는 '~의 수'라는 의미의 단수 명사이므로, 동사의 수일치도 단수로 해야 한다. 참고로 앞의 분사구문에서 '~이래로'라는 뜻의 Since가 쓰이고 있으므로, 주절의 동사가 현재완료시제인 것은 적절하다.

① 맥락상 it이 가리키는 것은 앞에서 나온 Piracy이므로 단수 대명사로 적절하게 쓰였으며, 부분을 나타내는 most of 뒤에 단수 명사가 나올 경우 동사의 수일치도 단수로 해야 하므로 is의 쓰임 또한 적절하다.

② 의문부사 where가 '의문사 + S + V' 어순의 간접의문문을 이끌어 Understanding의 목적어로 적절하게 쓰였다.

③ 준사역동사 help는 '(to) RV'를 목적격 보어로 취하므로 protect는 적절하게 쓰였다.

〔해석〕 해적질은 매년 세계 경제에 약 250억 달러의 비용을 발생시킨다. 그것의 대부분은 전 세계의 단 몇 군데에서 활동하는 소규모 집단의 소행이다. 해적들이 어디를 공격할 가능성이 가장 큰지를 아는 것은 기업들이 위험한 바다를 거쳐 이동하는 선박들을 보호하도록 도울 수 있다. 2011년에 정점을 찍은 이후, 해적 공격으로 인한 피해 보고 수는 계속해서 감소하고 있다.

〔어휘〕 piracy 해적질 operate 일하다 strike 공격하다 peak 절정에 달하다

〔정답〕 ④

06 어법상 옳지 않은 것은? 〔문법〕

① My best friend is a person to whom all others turn in times of trouble.
② Secure important documents in a safe place lest they are misplaced.
③ She was so tired that she fell asleep as soon as she lay down.
④ The tickets sold out within a few minutes of being released.

〔해설〕 (are → (should) be) '~하지 않도록'이라는 뜻의 접속사 lest가 이끄는 절 내의 동사는 '(should) + RV'의 형태를 취하므로, are를 (should) be로 고쳐야 한다. 참고로 they가 가리키는 documents는 '분실되는' 것이므로 수동태로 쓰인 것은 적절하다.

① 목적격 관계대명사 whom은 a person을 선행사로 받고 있으며, '전치사 + 관계대명사' 형태인 to whom 뒤에 완전한 절이 온 것은 적절하다.

③ '너무 ~해서 ~하다'라는 뜻의 'so ~ that' 구문이 사용되었으며, 주어인 She가 '지친' 것이므로 수동의 과거분사 tired의 쓰임은 적절하다. 또한 lay는 '눕다'라는 뜻을 지닌 자동사 lie의 과거형으로 적절하게 쓰였다.

④ of가 이끄는 전치사구의 의미상 주어인 The tickets가 '발매된' 것이므로 수동형 being released는 적절하게 쓰였다. 참고로 여기서 sell out은 '다 팔리다'라는 뜻의 자동사구로 쓰였다.

〔해석〕 ① 내 가장 친한 친구는 어려울 때 다른 모두가 의지하는 사람이다.
② 중요한 문서가 분실되지 않도록 안전한 장소에 보관해라.
③ 그녀는 너무 피곤해서 눕자마자 잠이 들었다.
④ 표는 발매된 지 몇 분 만에 매진되었다.

〔어휘〕 turn to ~에게 의지하다 secure 지키다, 잘 간수하다 misplace 잘못 두다, 둔 곳을 잊다

〔정답〕 ②

07 우리말을 영어로 잘못 옮긴 것은? 〔문법〕

① 나는 하루를 시작할 때마다 물 한 잔을 마신다.
→ I never start my day without drinking a glass of water.
② 우리가 코로나19에 걸리지 않았다면 지금 유럽에 있었을 것이다.
→ We would be in Europe now if we had not had COVID-19.
③ 다음 주에 수업에서 다룬 자료에 대한 시험이 있을 것이다.
→ There will be a test on the material covering in class next week.
④ 그것은 최소한의 장치로 구성되어 있으며, 그 각각은 특정한 기능을 담당한다.
→ It consists of minimal gears, each responsible for a specific function.

〔해설〕 (covering → covered) 수식 대상인 the material이 '다룬' 것이 아니라 '다뤄진' 것이므로 수동의 과거분사 covered가 쓰여야 한다. 참고로 next week이라는 미래 부사구가 있으므로 미래 시제 will be는 적절하게 쓰였다.

① 'never ~ without RVing'는 '~할 때마다 ~하다'라는 뜻을 갖는 구문으로 주어진 우리말에 맞게 적절히 쓰였다.

② if절과 주절의 시제가 다른 혼합가정법 구문이다. if절에는 과거의 사실과 반대되는 가정이, 주절에는 현재의 사실과 반대되는 가정이 나오므로, if절에 가정법 과거완료를 쓰고, 주절에 가정법 과거를 쓴 것은 적절하다.

④ consist of는 '~으로 구성되다'라는 뜻의 '자동사 + 전치사'로 주어진 우리말에 맞게 적절히 쓰였다. 참고로 쉼표 뒤는 분사구문으로, 분사구문의 의미상 주어(each)와 주절의 주어(It)가 달라 분사구문의 주어는 남고 being만 생략된 형태이다.

〔어휘〕 material 자료 cover 다루다 minimal 최소의 gear 장치 specific 특정한

〔정답〕 ③

08 다음 글의 내용과 일치하지 않는 것은? [불일치]

Broadcast journalist Barbara Walters is best known as the star of the *Today* show and for being the first female co-anchor of a network evening news program. After graduating from a college in New York with an English degree, Walters landed a job in the media industry as a writer for the children's program, *Ask the Camera*. In 1961, NBC hired her to write for its popular *Today* show. She earned increasing responsibility at the network, and eventually became a co-host of the show. Walters remained on the show for 11 years, during which she became famous for her trademark probing-yet-casual interviewing technique. With her exceptional technique, Walters was able to interview every U.S. president and first lady from Richard and Pat Nixon to Barack and Michelle Obama. Having won multiple awards and more than 30 Emmys, she remains an iconic figure in journalism.

① Walters completed college with a degree in English.
② Walters worked as a writer for a children's program.
③ Walters was on *Today* show for slightly less than a decade.
④ Walters interviewed first ladies as well as presidents.

해설 5번째 문장에서 Walters가 11년 동안 <Today> 쇼에 남아 있었다고 언급되므로, 글의 내용과 일치하지 않는 것은 ③ 'Walters는 10년에 살짝 못 미치는 기간 동안 <Today> 쇼에 출연했다.'이다.
① Walters는 영문학 학위를 받고 대학을 마쳤다. → 2번째 문장에서 언급된 내용이다.
② Walters는 어린이 프로그램 작가로 일했다. → 2번째 문장에서 언급된 내용이다.
④ Walters는 대통령들뿐만 아니라 영부인들도 인터뷰했다. → 마지막 2번째 문장에서 언급된 내용이다.

해석 방송 저널리스트 Barbara Walters는 <Today> 쇼의 스타이자 방송사 저녁 뉴스 프로그램의 첫 여성 공동 앵커로 가장 잘 알려져 있다. Walters는 영문학 학위를 받고 뉴욕에 있는 대학을 졸업한 후에 어린이 프로그램 <Ask the Camera>의 작가로 미디어 업계에 취업했다. 1961년, NBC는 그녀를 그곳에서 인기 있는 <Today> 쇼의 작가로 고용했다. 그녀는 그 방송사에서 점점 더 많은 책임을 맡게 되었고, 결국 그 쇼의 공동 진행자가 되었다. Walters는 11년 동안 이 쇼에 남아 있었고, 이 기간 동안 그녀는 자신의 트레이드마크인 면밀하면서도 캐주얼한 인터뷰 기법으로 유명해졌다. 특출한 (인터뷰) 기법으로 인해 Walters는 Richard Nixon과 Pat Nixon부터 Barack Obama와 Michelle Obama에 이르기까지 모든 미국 대통령과 영부인을 인터뷰할 수 있었다. 다수의 상과 30개 이상의 에미상을 수상한 그녀는 저널리즘에서 상징적인 인물로 남아 있다.

어휘 broadcast 방송 degree 학위 land a job 직장을 구하다 probe 면밀히 조사하다, 캐묻다 exceptional 특출한, 뛰어난 first lady 영부인 iconic 상징적인 slightly 약간 decade 10년

[정답] ③

09 다음 글의 내용과 일치하는 것은? [일치]

The platypus is a fascinating aquatic mammal native to Australia. Despite its cuddly appearance, the male platypus has venomous spurs on its back legs. It feeds on insects, shellfish, and worms, which are mashed up with the grinding plates in its jaw. The plates are used because the platypus lacks teeth. Its extraordinary hunting technique involves using electroreception to detect the electric fields generated by the muscle contractions of its prey. The platypus lays eggs rather than give birth to live young, an extremely rare trait among mammals. Though it is not currently under severe threat, pollution and habitat destruction might soon lead to its classification as a threatened species.

① Only the female platypus possesses venomous spurs.
② As it has no teeth, the platypus consumes plants.
③ Despite being a mammal, the platypus lays eggs.
④ The platypus is classified as an endangered species.

해설 마지막 2번째 문장에서 오리너구리는 포유류 중에서는 극히 드물게도 살아있는 새끼를 낳지 않고 알을 낳는다고 언급된다. 따라서 글의 내용과 일치하는 것은 ③ '오리너구리는 포유류임에도 불구하고 알을 낳는다.'이다.
① 암컷 오리너구리만 독이 있는 가시를 가지고 있다. → 2번째 문장에서 수컷 오리너구리가 독이 있는 가시를 가지고 있다고 언급되므로 옳지 않다.
② 오리너구리는 이빨이 없기 때문에 식물을 먹는다. → 3번째 문장에서 오리너구리는 곤충, 조개류, 벌레를 먹이로 삼는다고 언급되므로 옳지 않다.
④ 오리너구리는 멸종 위기종으로 분류된다. → 마지막 문장에서 오리너구리는 현재 심각한 위기에 처해 있지는 않지만, 곧 멸종 위기종으로 분류될 수 있다고 언급되므로 현재로서는 멸종 위기종이 아닌 것을 알 수 있다.

해석 오리너구리는 호주 토종인 매우 흥미로운 수생 포유류이다. 귀여운 외모와는 달리 수컷 오리너구리는 뒷다리에 독이 있는 가시를 가지고 있다. 그것은 그것의 턱에 있는 갈판(골질판)으로 으깨어진 곤충, 조개류, 벌레를 먹는다. 그 판은 오리너구리에게 이빨이 없기 때문에 사용된다. 그것의 놀라운 사냥 기술은 먹잇감의 근육 수축에서 발생하는 전기장을 감지하기 위해 전기수용을 사용하는 것을 포함한다. 오리너구리는 살아있는 새끼를 낳지 않고 알을 낳는데, 이는 포유류 중에서는 극히 드문 특성이다. 그것이 현재 심각한 위기에 처해 있지는 않지만, 오염과 서식지 파괴가 그것을 곧 멸종 위기종으로 분류되게 할 수도 있다.

어휘 platypus 오리너구리 aquatic 수생의 mammal 포유류 native to ~에 고유한, 토종인 cuddly 껴안고 싶은, 귀여운 appearance 외모 venomous 독이 있는 spur 돌출부, 가시 shellfish 조개류 mash up 으깨다 grind 갈다, 빻다 extraordinary 놀라운 electroreception 전기수용 electric field 전기장 generate 발생시키다 contraction 수축 prey 먹잇감 lay (알을) 낳다 young 새끼 trait 특성 pollution 오염 habitat 서식지 classification 분류 threatened species 멸종 위기종 possess 보유하다 consume 섭취하다 endangered species 멸종 위기종

[정답] ③

10 밑줄 친 부분에 들어갈 말로 알맞은 것은?

생활영어

A: Hi, Mr. Sebastian. I saw you'd called.

B: Yes, hello. It was about Erin. She was playing in the school playground and got hurt while going down a slide.

A: Goodness, how hurt is she?

B: She got a bad scrape on her knee. She kept crying looking for you, but we couldn't reach you.

A: Oh, I was in a meeting and didn't notice the call. _____

B: That would be great. We'll be waiting for you.

① Why didn't anyone keep an eye on her?

② I'll come to see her right away.

③ I'm sorry I wasn't available.

④ Is she still crying?

해설 아이가 다쳤다는 연락을 나중에 받은 A는 회의 중이어서 전화가 온 줄 몰랐다고 말한 뒤에 빈칸 내용을 언급했다. 이에 B는 그러면 좋을 것 같다며 기다리고 있겠다고 답했으므로, 빈칸에 들어갈 말로 알맞은 것은 ② '바로 그녀를 보러 갈게요.'이다.

① 왜 아무도 그녀를 지켜보지 않았나요?

③ 연락이 안 돼서 죄송해요.

④ 그녀가 아직도 울고 있나요?

해석 A: 안녕하세요, Sebastian 선생님. 전화하신 거 봤어요.

B: 네, 안녕하세요. Erin에 관한 일이었어요. 그녀가 학교 운동장에서 놀고 있었는데 미끄럼틀을 타고 내려가다가 다쳤어요.

A: 맙소사, 얼마나 다쳤나요?

B: 무릎에 심한 긁힌 상처가 생겼어요. 계속 당신을 찾으며 울었는데 연락이 닿지 않았어요.

A: 아, 회의 중이어서 전화가 온 줄 몰랐어요. 바로 그녀를 보러 갈게요.

B: 그러면 좋을 것 같아요. 기다리고 있을게요.

어휘 scrape 긁힌 상처 reach (전화로) 연락하다 keep an eye on 지켜보다 available 만날[말할] 수 있는, 바쁘지 않은

정답 ②

11 밑줄 친 부분에 들어갈 말로 알맞은 것은?

생활영어

A: My neck's been hurting so much lately.

B: Me too. Mine's been so bad that I actually started getting treatment.

A: Oh, _____?

B: The doctor performs chiropractic adjustments and a massage therapy follows afterward. I was also taught some specific neck exercises to do at home.

① is it because of bad posture

② isn't the treatment process painful

③ are there any exercises you find helpful

④ can you tell me details about the treatment

해설 A가 빈칸 내용을 물어보자, B가 치료 과정에 대해 세세하게 알려주고 있으므로, 빈칸에 들어갈 말로 알맞은 것은 ④ '치료에 대해 자세하게 말해줄 수 있어'이다.

① 안 좋은 자세 때문이야

② 치료 과정이 고통스럽지는 않았어

③ 도움이 되는 것 같은 운동이 있어

해석 A: 요즘 목이 너무 아파.

B: 나도. 난 목이 너무 아파서 실제로 치료받기 시작했어.

A: 아, 치료에 대해 자세하게 말해줄 수 있어?

B: 의사가 척추 교정을 해주고 나서 마사지 요법이 이어져. 집에서 할 수 있는 구체적인 목 운동법도 배웠어.

어휘 chiropractic adjustment 척추 교정 specific 구체적인 posture 자세

정답 ④

12 두 사람의 대화 중 자연스럽지 않은 것은?

생활영어

① A: Do you have room for dessert?
   B: No, I'm stuffed. I can't eat another bite.

② A: Can you put Sarah on the phone?
   B: No, she isn't old enough to have her own phone.

③ A: Excuse me, I think you dropped your wallet.
   B: Oh, it's not mine. I'll take it to the Lost and Found.

④ A: Don't tell me you missed the deadline again.
   B: Sorry, I promise I'll turn in my work on schedule next time.

해설 Sarah를 바꿔 달라는 A의 말에 그녀가 자기 휴대폰을 가지기에는 너무 이르다고 말한 B의 응답은 적절하지 않다. 따라서 대화 중 자연스럽지 않은 것은 ②이다.

해석 ① A: 디저트 들어갈 배 있어?

B: 아니, 배불러 죽겠어. 더는 한 입도 못 먹겠어.

② A: Sarah 좀 바꿔줄래?

B: 아니, 그녀는 자기 휴대폰을 가질 만큼 나이가 많지 않아.

③ A: 실례합니다만, 지갑을 떨어뜨리신 것 같아요.

B: 아, 제 것이 아니에요. 분실물 센터에 가져갈게요.

④ A: 설마 또 마감일을 놓친 건 아니겠지.

B: 죄송해요, 다음에는 꼭 일정에 맞춰서 과제를 제출할게요.

어휘 have room for ~할 여유[공간]가 있다 stuffed 배가 부른 bite 한 입 put sb on the phone (전화로) ~을 바꿔주다 Lost and Found 분실물 센터 deadline 마감일 turn in 제출하다 on schedule 일정대로

정답 ②

13 다음 글의 제목으로 알맞은 것은? 〔제목〕

A child's social development progresses from being the focus of their parent's attention as an infant and preschooler to stepping out and competing with other children in the playground and class. Initially, children's role models are their parents but as they move through childhood and develop into adolescents, they seek to distance themselves from the family so that they can establish an independent identity among their peers. What peers think can easily surpass whatever a parent wants for their child. Parents may be disappointed, but this may not be such a bad thing. It is through this chaotic period of self-construction that the child hopefully comes out the other side as a young adult with the confidence to face the world.

① Identity Is Formed Socially, Not Independently
② Parenting: Key Component of a Child's Social Development
③ Solutions to Value Conflicts Between Adolescents and Parents
④ The Shift from Parents to Peers as Drivers of Identity Formation

〔해설〕 초기에는 부모의 영향을 받으며 부모를 본보기로 삼았던 아이들이 청소년이 되면서 또래 사이에서 독립적인 정체성을 확립하려 한다는 내용의 글이다. 따라서 글의 제목으로 알맞은 것은 ④ '부모에서 또래로의 정체성 형성 동인 변화'이다.
① 정체성은 독립적으로 형성되는 것이 아니라, 사회적으로 형성된다 → 부모와 또래 모두 사회적 영향으로 볼 수 있으며, 오히려 아이가 자라면서 가족으로부터 독립적인 정체성을 확립한다고 했으므로 적절하지 않다.
② 양육: 자녀의 사회적 발달의 핵심 요소 → 오히려 부모의 그늘에서 벗어나 또래 사이에서 독립적인 정체성을 확립하는 것이 아이의 사회적 발달 과정이라고 했으므로 적절하지 않다.
③ 청소년과 부모 사이의 가치관 갈등에 대한 해결책 → 청소년과 부모 사이의 가치관 갈등의 해결책을 제시하는 글이 아니다.
〔해석〕 아이의 사회적 발달은 유아와 미취학 아동으로서 부모 관심의 초점이 되는 것에서, 밖으로 나와 놀이터와 수업에서 다른 아이들과 경쟁하는 것으로 진행된다. 처음에 아이들의 본보기는 부모이지만, 유년기를 거쳐 청소년으로 성장하면서 그들은 또래 사이에서 독립적인 정체성을 확립하기 위해 가족으로부터 거리를 두고자 한다. 또래가 생각하는 것은 부모가 자녀에게 바라는 것이 그 무엇이든 그것을 쉽게 뛰어넘을 수 있다. 부모는 실망할 수 있지만, 이것은 그리 나쁜 일이 아닐 수도 있다. 바라건대 아이가 그 반대편에서 (자아 형성 시기를 거친 다음) 세상을 마주할 자신감을 가진 청년의 모습으로 나오는 것은 바로 이러한 혼란스러운 자아 형성의 시기를 통해서이다.
〔어휘〕 progress 진행되다 infant 유아 preschooler 미취학 아동 compete 경쟁하다 initially 처음에 role model 본보기 adolescent 청소년 distance oneself from ~와 거리를 두다 establish 확립하다 independent 독립적인 peer 또래 surpass 뛰어넘다, 능가하다 chaotic 혼란스러운 self-construction 자아 형성 hopefully 바라건대 confidence 자신감 parenting 양육 component 요소 conflict 갈등 driver 동인
〔정답〕 ④

14 다음 글의 주제로 알맞은 것은? 〔주제〕

In 1992, a group of strangers from different backgrounds were brought together to live in a house for several months. Cameras followed their everyday lives, capturing their interactions, relationships, arguments, and celebrations. This was the world's first contemporary reality TV show, "The Real World." Ever since its success, this genre of television has become incredibly popular and countries around the world have produced their own versions of the show. Reality TV is so popular that many of the contestants have achieved celebrity status in their respective countries. Despite criticism about the perceived exploitation of participants, the popularity of reality TV is growing ever more rapidly, with networks investing millions of dollars in creating new programs to keep up with the public's high demand.

① how the original intentions of reality TV were distorted
② people's contrasting attitudes toward reality TV stars
③ worldwide success and popularity of reality TV
④ factors that make reality TV so popular

〔해설〕 세계 최초의 현대 리얼리티 TV 프로그램을 소개한 뒤, 그 성공이 오늘날 리얼리티 TV 장르에 관한 전 세계적인 폭발적 인기로 이어졌다는 내용의 글이다. 따라서 글의 주제로 알맞은 것은 ③ '리얼리티 TV의 전 세계적인 성공과 인기'이다.
① 리얼리티 TV의 본래 의도가 왜곡된 방식 → 리얼리티 TV에 관한 비판이 짧게 설명되었으나, 그러한 비판에도 불구하고 여전히 인기가 높다는 것이 글의 요지이므로 적절하지 않다.
② 리얼리티 TV 스타에 대한 사람들의 대조적인 태도 → 리얼리티 TV 스타에 대한 사람들의 생각은 언급되지 않았다.
④ 리얼리티 TV가 그토록 인기 있는 요인들 → 리얼리티 TV의 인기가 높다는 사실만 언급할 뿐, 그에 관한 요인들을 분석하지는 않았다.
〔해석〕 1992년, 서로 다른 배경을 가진 낯선 사람들이 한집에 모여 몇 달 동안 살게 되었다. 카메라가 그들의 상호작용, 관계, 말다툼, 축하 행사를 포착하며 그들의 일상을 따라다녔다. 이것이 바로 세계 최초의 현대 리얼리티 TV 프로그램인 <The Real World>였다. 이것의 성공 이후에, 이 TV 장르는 엄청난 인기를 얻었고 세계 각국에서 이 프로그램의 자체 버전을 제작했다. 리얼리티 TV는 참가자 중 많은 이들이 각자의 나라에서 유명인의 지위를 얻을 정도로 인기가 많다. 참가자에 대한 인지된 착취에 관한 비판에도 불구하고, 리얼리티 TV의 인기는 어느 때보다 빨리 증가하고 있으며, 방송사들은 대중의 높은 수요에 부응하기 위해 수백만 달러를 새로운 프로그램을 만드는 데 투자하고 있다.
〔어휘〕 interaction 상호작용 celebration 축하 행사, 기념하기 contemporary 현대의 genre 장르 contestant 참가자 achieve 달성하다 celebrity 유명인 status 지위 respective 각각의 criticism 비판 perceive 인지하다 exploitation 착취 rapidly 빠르게 keep up with ~을 따라가다 demand 수요 intention 의도 distort 왜곡하다 contrasting 대조적인 attitude 태도
〔정답〕 ③

15 다음 글의 요지로 알맞은 것은?

Empathy's local reach may have served humans well when neighbors in need were right before us — when we lived together in villages. But now we live in a vast land encompassing a diverse population — with people not like us, all in one nation. The gap widens as our nation is separated from others by other cultures, in a world community of billions. But although we may not personally know any hungry children, this does not make them any less deserving, and it certainly does not make them any less hungry. The tendency for us to feel more empathy towards those close to us may explain our nearly exclusive concern for visible neighbors, but it does not justify the utter neglect of destitute people who just happen to be in a media-poor or forgotten country. A healthy empathic system, well adapted to social needs, treats poor people as worthy of assistance even when their plight is difficult for us to imagine.

① In today's world, we have less empathy for our neighbors.
② Our empathy should reach out to people closest to us first.
③ Empathy should surpass the boundaries of what we can see.
④ Empathy towards those distant from us is sparked by the media.

해설 우리의 연민은 우리의 눈에 보이는 가까운 사람들에 한정되는 경향이 있으나, 비록 우리 눈에 보이지 않을지라도 먼 나라에 사는 빈곤한 사람들 역시 우리의 도움을 받을 자격이 있다는 내용의 글이다. 따라서 글의 요지로 알맞은 것은 ③ '우리의 연민은 우리가 볼 수 있는 것의 한계를 뛰어넘어야 한다.'이다.

① 오늘날의 세상에서 우리는 이웃에 대한 연민을 덜 느낀다. → 이웃이 아닌, 우리 눈에 보이지 않는 멀리 떨어진 사람들에 대한 연민을 덜 느낀다는 점을 지적하는 글이므로 적절하지 않다.

② 우리의 연민은 우리와 가장 가까운 사람들에게 먼저 뻗어나가야 한다. → 우리의 연민이 우리와 멀리 떨어져 있는 사람들에게까지 뻗어나가야 한다는 것이 글의 요지이다.

④ 우리와 멀리 있는 사람에 대한 연민은 미디어에 의해 촉발된다. → 미디어가 연민을 촉발한다고 볼 수는 있으나, 이 글은 멀리 있는 사람들에 대한 연민을 가질 필요성을 역설할 뿐, 그에 있어 미디어의 역할을 중점적으로 설명하지는 않았다.

해석 마을에서 함께 살던 시절, 도움이 필요한 이웃이 바로 우리 앞에 있었을 때 연민의 지역적 영향력은 인류에게 큰 도움이 되었을 것이다. 하지만 이제 우리는, 우리와 다른 사람들과 함께 다양한 인구를 아우르는 거대한 땅에서 모두 한 나라에 모여 살고 있다. 수십억 명 규모의 세계 공동체 안에서 우리나라가 다른 문화에 의해 다른 나라들과 분리되면서 그 격차는 커진다. 그러나 우리가 개인적으로 굶주린 어린이를 알지 못할 수도 있다고 해서 그것이 그들을 덜 (도움받을) 자격 있게 하는 것은 아니며, 당연히 덜 배고프게 하는 것도 아니다. 우리가 가까이 있는 사람들에게 더 연민을 느끼는 경향은 눈에 보이는 이웃에 대한 우리의 거의 배타적인 관심을 설명할 수는 있지만, 그것이 단지 우연히 미디어가 열악하거나 잊힌 나라에 있게 된 빈곤한 사람들에 대한 완전한 방치를 정당화해 주지는 않는다. 사회적 필요에 잘 적응한 건강한 연민 기제는 우리가 가난한 사람들의 처지를 상상하기 어려울 때조차 그들을 도움받을 자격이 있는 사람들로 간주한다.

어휘 empathy 연민, 공감 in need 어려움에 처한, 궁핍한 vast 거대한 encompass 아우르다, 에워싸다 diverse 다양한 gap 격차 widen 넓어지다 deserving 자격이 있는 tendency 경향 exclusive 독점[배타]적인 justify 정당화하다 utter 완전한 neglect 무시, 방치 destitute 빈곤한 happen to 우연히 ~하다 adapt 적응하다 worthy 자격 있는 assistance 도움 plight 처지, 곤경 reach out 뻗다 surpass 뛰어넘다 boundary 경계 distant 거리가 먼 spark 촉발하다

정답 ③

16 밑줄 친 부분에 들어갈 말로 알맞은 것은?

Our _____ biases may have surprisingly strong effects. In an experiment, individuals with clear stances either for or against capital punishment were selected and put together in one group. They were then presented with a mixed bag of facts supporting both positions. Instead of leading to group cohesion, this split the group more sharply. Those who were already against capital punishment now had a new set of arguments at hand, and vice versa. Biased interpretation ran the process. Those in favor of capital punishment accepted pro arguments as sound and rejected anti arguments as unsound. Indeed, this showed how even a seemingly balanced presentation of information can deepen divisions, as individuals tend to interpret facts through the lens of their established beliefs.

① initial
② shared
③ potential
④ controlled

해설 편견에 관한 한 실험을 소개하는 글이다. 이 실험에 따르면, 사형에 대한 확고한 찬반 입장을 가지고 있는 사람들이 두 입장을 뒷받침하는 여러 가지 사실이 혼합된 정보를 접했을 때 자신의 기존 입장을 강화하는 논거들만 받아들였다. 이는 기존에 가지고 있었던 편견이 그만큼 강력한 영향력을 지닌다는 의미이므로, 빈칸에 들어갈 말로 알맞은 것은 ① '초기'이다.

② 공유된 → 각자 제시된 사실들을 선별적으로 받아들이며 자신이 지니고 있던 편견이 강화되었을 뿐, 자신의 입장을 다른 사람들과 공유했다는 내용은 언급된 바 없으며, 편견이 강화된 이유가 이러한 '공유'를 통해서라고 추측할 수 있는 근거는 없다.

③ 잠재적인 → 사형에 대한 찬반 입장이 이미 확고한 사람들을 선택했던 것으로, 그러한 편견을 '잠재적인' 것으로 볼 수는 없다.

④ 통제된 → 편견이 통제된 상태에 있었다는 내용은 글에서 언급된 바 없다.

해석 우리의 초기 편견은 놀라울 정도로 강력한 영향을 미칠 수 있다. 한 실험에서, 사형에 찬성하거나 반대하는 명확한 입장을 가진 사람들이 선별되었고 한 그룹에 모였다. 그런 다음 그들에게 두 입장을 뒷받침하는 여러 사실들을 혼합하여 제시했다. 이것은 집단의 결속을 끌어내는 대신, 집단을 더 뚜렷이 분열시켰다. 이미 사형에 반대했던 사람들은 이제 새로운 논거를 수중에 넣게 되었고, 그 반대의 경우도 마찬가지였다. 편향된 해석이 그 과정을 이끌었다. 사형에 찬성하는 사람들은 찬성하는 논거는 타당한 것으로 받아들이고 반대하는 논거는 타당하지 않은 것으로 배척했다. 실제로, 이것은 겉으로 보기에 균형 잡힌 정보의 제시가 어떻게 분열을 심화시킬 수 있는지를 보여 주었는데, 이는 개인이 자신의 확립된 신념의 렌즈를 통해 사실을 해석하는 경향이 있기 때문이다.

어휘 bias 편견 stance 입장 capital punishment 사형 present 제시하다 mixed bag 온갖 종류의 집합 cohesion 결속력 split 분열시키다 argument 논거 at hand 수중에 있는 vice versa 그 반대의 경우도 마찬가지이다 interpretation 해석 in favor of ~을 찬성하는 sound 타당한, 적절한 seemingly 겉으로 보기에 deepen 심화시키다 division 분열 established 확립된

정답 ①

17 다음 글의 흐름상 어색한 문장은?

For humans, the ability to communicate is of enormous significance. ① Without communication, we would have a hard time figuring out what we can eat safely, how to avoid danger, who to trust, and so forth. ② Although effective communication is arguably more important than ever, it was also critical for our ancestors, who needed to communicate with each other in order to hunt, form alliances, and pass on knowledge. ③ Communication problems involve misunderstanding what has been said or misinterpreting the meaning of the overall message. ④ That's why human complex vocal and auditory apparatuses, which serve sophisticated verbal communication, are at least as old as modern humans — 300,000 years. That our cousins the Neanderthals, from whom our ancestors split, appear to have had the same anatomical equipment, suggests that the ability to effectively communicate has always been fundamental to survival.

해설 인간에게 의사소통 능력은 현재뿐만 아니라 과거에도 매우 중요했다는 내용의 글이다. 따라서 글의 흐름상 어색한 문장은 의사소통에서 발생하는 문제에 관해 설명하는 내용의 ③이다.

해석 인간에게 의사소통 능력은 매우 중요한 의미를 지닌다. 의사소통이 없다면 우리는 무엇을 안전하게 먹을 수 있는지, 어떻게 위험을 피할 수 있는지, 누구를 믿어야 하는지 등을 파악하는 데 어려움을 겪을 것이다. 효과적인 의사소통이 거의 틀림없이 그 어느 때보다 중요하지만, 사냥하고, 동맹을 형성하고, 지식을 전수하기 위해 서로 소통해야 했던 우리 조상들에게도 그것은 매우 중요했다. (의사소통 문제는 (상대방이) 말한 내용을 잘못 이해하거나 전체 메시지의 의미를 잘못 해석하는 것을 포함한다.) 이것이 정교한 언어적 의사소통을 담당하는 인간의 복잡한 음성 및 청각 기관이 적어도 현생인류, 즉 30만 년만큼이나 오래된 이유이다. 우리 조상이 갈라져 나온 우리의 사촌 네안데르탈인이 동일한 해부학적 장치를 가지고 있었던 것으로 보인다는 것은 효과적인 의사소통 능력이 항상 생존에 필수적이었음을 시사한다.

어휘 enormous 엄청난, 중대한 significance 중요성, 의의 figure out 파악하다 and so forth ~등등 arguably 거의 틀림없이 critical 매우 중요한 ancestor 조상 alliance 동맹 pass on 전수하다 misunderstand 잘못 이해하다 misinterpret 잘못 해석하다 overall 전체의 vocal 음성의 auditory 청각의 apparatus (신체의) 기관 sophisticated 정교한 verbal 언어의 split 갈라지다 anatomical 해부의 equipment 장치 fundamental 필수적인

정답 ③

18 주어진 문장이 들어갈 위치로 알맞은 것은?

But many important variables remain beyond our control.

Some of the most critical events in our lives are completely unpredictable and, when they do occur, are utterly unexpected. Consider the problem of disease. (①) Despite substantial advances in our understanding of most common illnesses, everyone is a potential victim. (②) Of course, by keeping abreast of recent research findings, we can learn the risk factors associated with each disease and take steps to reduce them. (③) Heart disease, for example, is partly a function of genetics; if one of your parents has had a heart attack, you are more likely to have one yourself. (④) You can strengthen your heart through exercise, but you can never remove that fraction of increased risk created by your genetic inheritance.

해설 주어진 문장은 But으로 시작하여, 많은 중요한 변수들은 여전히 우리의 통제 밖에 있다는 내용으로, 앞에는 통제가 가능한 부분에 관한 설명이 오는 것이 적절하며, 뒤에는 주어진 문장에서 언급된 통제 불가능한 변수에 관한 부연이 이어져야 한다. ③ 앞은 우리가 최신 연구 결과를 통해 각 질병에 관한 위험 요인을 파악하여 이를 줄이려 할 수 있다는 내용으로, 우리의 노력으로 통제가 가능한 부분에 해당하는 것을 알 수 있다. 또한 ③ 뒤에서는 심장병은 부분적으로 유전적이라고 한 뒤에 이는 피할 수 없는 부분임을 설명하고 있으므로, 주어진 문장이 들어갈 위치로 알맞은 것은 ③이다.

해석 우리 삶에서 가장 중요한 사건 중 일부는 완전히 예측할 수 없으며, 실제로 발생하더라도 완전히 예상 밖에 있다. 질병 문제를 생각해 보라. 대부분의 흔한 질병에 대한 이해가 크게 발전했음에도 불구하고, 모든 사람은 잠재적 희생자이다. 물론, 최신 연구 결과에 대한 정보를 계속 접함으로써, 우리는 각 질병과 관련된 위험 요인을 알아내어 그것들을 줄이기 위한 조치를 취할 수 있다. 하지만 많은 중요한 변수들은 여전히 우리의 통제 밖에 있다. 예를 들어, 심장병은 부분적으로 유전의 기능으로, 부모 중 한 명이 심장마비를 앓은 적이 있다면, 당신도 심장마비에 걸릴 가능성이 더 크다. 운동을 통해 심장을 강화할 수는 있지만, 유전적인 유산으로 인해 발생한 그 증가된 위험 부분은 결코 없앨 수 없다.

어휘 variable 변수 critical 중요한, 위기의 unpredictable 예측할 수 없는 utterly 완전히 unexpected 예상 밖의 substantial 큰, 상당한 advance 발전, 진보 potential 잠재적인 victim 희생자 keep abreast of 정보[소식]를 계속 접하다 finding 연구 결과 factor 요인 associated with ~와 연관된 genetics 유전 heart attack 심장마비 strengthen 강화하다 fraction 부분 inheritance 유산

정답 ③

19 주어진 글 다음에 이어질 글의 순서로 가장 적절한 것은? 　순서배열

For *Avatar*, director James Cameron pushed limits in terms of budget and the development of filmmaking technology.

(A) So, it had to be created. Cameron worked to develop various technological innovations. Creating new systems for motion and face-capture animation required a high degree of technical skill and immense expense.

(B) This massive budget created fears of financial failure. Executives thought it wouldn't pull a profit unless audiences saw it multiple times. But they did just that: *Avatar* became the first movie in history to gross more than $2 billion.

(C) His vision for a sci-fi adventure film featuring blue-skinned aliens on the moon Pandora was ambitious. However, at that time, the technology to bring it to reality simply didn't exist.

① (B) - (A) - (C) 　② (B) - (C) - (A)
③ (C) - (A) - (B) 　④ (C) - (B) - (A)

해설 주어진 문장은 <Avatar>를 위해 James Cameron 감독이 예산 및 영화 제작 기술 측면에서 한계를 뛰어넘었다는 내용으로, 이후에는 그의 야심 찬 비전을 소개하는 내용의 (C)가 이어지는 것이 자연스럽다. 그다음으로, 당시에는 그 비전을 현실화하기 위한 기술이 없었다고 한 (C)의 마지막 문장 뒤에는, 그 기술을 it으로 받아, 이를 만들어야 했다는 내용의 (A)가 So를 통해 인과관계로 이어지는 것이 적절하다. 마지막으로, (A)에 나온 immense expense를 This massive budget으로 받아, 그것이 재정적 실패에 대한 두려움을 불러일으켰으나 결국 그 영화는 크게 성공했다는 내용의 (B)로 글이 마무리되어야 한다. 따라서 글의 순서로 가장 적절한 것은 ③ '(C) - (A) - (B)'이다.

해석 <Avatar>를 위해 James Cameron 감독은 예산과 영화 제작 기술 측면에서 한계를 뛰어넘었다. (C) 판도라 위성에 있는 푸른 피부의 외계인들이 등장하는 공상 과학 모험 영화에 대한 그의 비전은 야심 찼다. 하지만 그 당시에는 이것을 현실화하는 기술이 결코 존재하지 않았다. (A) 그래서 그것은 만들어져야 했다. Cameron은 다양한 기술적 혁신을 개발하기 위해 노력했다. 움직임과 얼굴 포착 애니메이션을 위한 새로운 시스템을 만드는 데는 고도의 기술과 엄청난 비용이 필요했다. (B) 이 막대한 예산은 재정적인 실패에 대한 두려움을 불러일으켰다. 경영진은 관람객들이 그것을 여러 번 보지 않는 이상 수익을 낼 수 없으리라 생각했다. 하지만 그들(관객들)은 바로 그렇게 했다. <Avatar>는 총 20억 달러 이상의 수익을 올린 역사상 최초의 영화가 되었다.

어휘 in terms of ~에 관해 budget 예산 innovation 혁신 require 필요로 하다 degree 수준, 정도 immense 엄청난 expense 비용 massive 막대한 financial 재정적인 executives 경영진 gross 수익을 올리다 sci-fi(= science fiction) 공상 과학 영화 feature 특징으로 하다, 등장시키다 ambitious 야심적인

정답 ③

20 밑줄 친 부분에 들어갈 말로 알맞은 것은? 　빈칸완성

Compared to living in a village with a family-based culture, life in a town or city with a modernizing culture is individualistic, highly competitive, and busy. This can make it more difficult for people to afford a multitude. Although modern people compete in all sorts of ways, their ＿＿＿＿＿＿＿＿＿ means that they're no longer competing in the fundamental biological way. They may be destroying habitats and excessively consuming resources, but, in evolutionary terms, they have become the most unselfish living organism to have ever inhabited the planet. If current trends continue, within a few generations, the population of humans on Earth will start declining. And, if current trends continue, this decline will not happen because they poisoned their environment, ran out of space, or started killing one another in massive numbers. It will happen because of the cultural changes that make people want to have fewer offspring.

① low fertility
② extended family
③ high technology
④ environmental harm

해설 이 글은 현대화 문화 속 사람들은 더 이상 생물학적인 방식으로 경쟁하고 있지 않다고 말하며, 현재의 추세가 계속된다면 인구는 감소하기 시작할 것이라고 하였다. 그리고 이러한 인구 감소가 더 적은 수의 자식을 낳고 싶어 하는 문화적 변화 때문일 것이라 했으므로, 빈칸에 들어갈 말로 가장 적절한 것은 ① '낮은 출생률'이다.

② 대가족 → 오히려 더 적은 수의 자식을 낳고 있으므로 반대되는 선지이다.

③ 첨단 기술 → 기술에 관해서는 언급된 바 없다.

④ 환경 파괴 → 환경 오염에 관한 언급은 있으나, 그것이 우리의 인구 감소의 원인은 아닐 것이라고 말했으며 환경 파괴가 글의 핵심 소재도 아니므로 적절하지 않다.

해설 가족 기반의 문화를 가진 마을에서 사는 것과 비교할 때, 현대화 문화를 가진 도시나 마을에서의 삶은 개인주의적이고, 매우 경쟁적이며, 바쁘다. 이는 사람들이 많은 인원을 감당하는 것을 더 어렵게 만들 수 있다. 현대인들은 온갖 종류의 방식으로 경쟁하지만, 그들의 낮은 출생률은 그들이 더 이상 근본적인 생물학적 방식으로 경쟁하고 있지 않다는 것을 의미한다. 그들이 서식지를 파괴하고 자원을 지나치게 소비하고 있을지는 몰라도, 진화론적인 관점에서는, 그들은 지금껏 지구에 살았던 생명체 중 가장 이기적이지 않은 존재가 되었다. 현재의 추세가 계속된다면, 몇 세대 안에 지구상의 인구는 감소하기 시작할 것이다. 그리고 현재의 추세가 계속된다면, 이러한 인구 감소는 그들이 환경을 오염시키거나, 공간이 부족하거나, 서로를 대량으로 죽이기 시작해서 일어나는 것이 아닐 것이다. 그것은 사람들이 더 적은 수의 자식을 낳고 싶어 하는 문화적 변화 때문에 일어날 것이다.

어휘 compared to ~와 비교할 때 modernize 현대화하다 individualistic 개인주의적인 afford 여유가 되다 multitude 다수 fundamental 근본적인 habitat 서식지 excessively 과도하게 consume 소비하다 evolutionary 진화론적인 terms 말(투) unselfish 이기적이지 않은, 사심 없는 organism 생명체 inhabit 살다 generation 세대 decline 감소하다 poison 오염시키다 run out of ~을 다 써버리다 massive 대량의 offspring 자식 fertility 출생률 extended family 대가족

정답 ①

01	02	03	04	05
②	②	④	③	②
06	07	08	09	10
④	④	③	②	④
11	12	13	14	15
②	①	④	③	③
16	17	18	19	20
④	③	④	②	①

01 밑줄 친 부분의 의미와 가장 가까운 것은? [어휘]

As campers faced unpredictable weather conditions, the tent with its durable fabric became a great companion. It was resistant to nature's elements, such as sunlight, wind, rain, and snow.

① thick
② hardy
③ advanced
④ adaptable

[해설] durable은 '내구성 있는, 튼튼한'이라는 뜻으로, 이와 의미가 가장 가까운 것은 ② 'hardy(튼튼한)'이다.
① 두꺼운 ③ 첨단의 ④ 적응성 있는
[해석] 캠핑족들이 예측할 수 없는 기상 조건에 직면하면서, 내구성 있는 원단으로 된 그 텐트는 훌륭한 동반자가 되었다. 그것은 햇빛, 바람, 비, 눈과 같은 자연의 요소에 강했다.
[어휘] camper 캠핑족, 야영객 unpredictable 예측할 수 없는 fabric 직물, 원단 companion 동반자 resistant to ~에 강한

[정답] ②

02 밑줄 친 부분의 의미와 가장 가까운 것은? [어휘]

The efforts to build a space tourism company have been seen as extravagant, given that the resources could be better utilized for urgent challenges.

① absurd
② wasteful
③ irrelevant
④ extraordinary

[해설] extravagant는 '낭비하는'이라는 뜻으로, 이와 의미가 가장 가까운 것은 ② 'wasteful(낭비하는)'이다.
① 터무니없는 ③ 부적절한, 무관한 ④ 대단한
[해석] 우주 관광 회사를 설립하려는 노력은 자원이 시급한 문제에 더 잘 활용될 수 있다는 점에서 낭비하는 것으로 간주되어 왔다.
[어휘] given ~을 고려해 볼 때 utilize 활용하다 urgent 시급한

[정답] ②

03 밑줄 친 부분의 의미와 가장 가까운 것은? [이어동사]

Emily takes after her coach who was a determined athlete, embracing a severe training routine for peak performance.

① trusts
② honors
③ gratifies
④ resembles

[해설] take after는 '닮다'라는 뜻으로, 이와 의미가 가장 가까운 것은 ④ 'resembles (닮다)'이다.
① 신뢰하다 ② 존경하다 ③ 만족시키다
[해석] Emily는 결연한 운동선수였던 코치를 닮아, 최고의 기량을 발휘하기 위해 혹독한 훈련 루틴을 수용하고 있다.
[어휘] determined 결연한 embrace 수용하다 severe 혹독한 peak 최고의

[정답] ④

04 밑줄 친 부분의 의미와 가장 가까운 것은? [이어동사]

Teachers have to factor into not only students' exam scores but also their class participation and project work.

① analyze
② measure
③ consider
④ aggregate

[해설] factor into는 '고려하다'라는 뜻으로, 이와 의미가 가장 가까운 것은 ③ 'consider (고려하다)'이다.
① 분석하다 ② 측정하다 ④ 종합하다
[해석] 교사는 학생들의 시험 점수뿐만 아니라 수업 참여와 프로젝트 작업까지 고려해야 한다.
[어휘] participation 참여

[정답] ③

05 밑줄 친 부분 중 어법상 옳지 않은 것은? [문법]

Yemeni Civil War is a conflict in Yemen ① that began in 2014 during which the capital, Sanaa, already undermined by the Arab uprising in 2011, ② overtaken by Houthi rebel forces. At the war's height, ③ exacerbated due to the involvement of forces from Saudi Arabia and the United Arab Emirates, it brought most of the country to starvation and ④ resulted in the outbreak of cholera.

해설 (overtaken → was overtaken) which가 이끄는 관계사절 내에서 already undermined ~ in 2011은 주어인 the capital을 수식하는 과거분사구이므로, 맥락상 overtaken이 동사의 자리임을 알 수 있다. the capital이 단수 명사이고 수도가 반군에게 '점령당한' 것이므로, 수동태 단수 동사인 was overtaken으로 쓰여야 한다.

① that은 a conflict를 선행사로 받는 주격 관계대명사로 쓰였으며, 뒤에 주어가 없는 불완전한 절이 오고 있는 것은 적절하다.

③ 분사구문의 의미상 주어인 it이 가리키는 것은 앞에서 언급된 the war이고, 전쟁이 외부 군대의 개입 때문에 '악화시킨' 것이 아니라 '악화된' 것이므로 수동의 과거분사 exacerbated는 적절하게 쓰였다.

④ 과거동사 brought와 resulted in이 등위접속사 and를 통해 병렬되고 있다. 또한 의미상 뒤에 결과가 오는 result in이 쓰인 것도 적절하며, 뒤에 원인이 오는 result from과의 구별에 유의해야 한다.

해석 예멘 내전은 2011년의 아랍 봉기로 이미 약화된 수도 사나가 Houthi 반군에게 점령당한 2014년에 시작된 예멘의 분쟁이다. 내전이 한창일 때, 사우디아라비아와 아랍 에미리트 연합국 군대의 개입으로 그것이 악화되면서, 그 나라의 대다수를 기아로 몰아넣고 콜레라가 발생하는 결과를 낳았다.

어휘 conflict 분쟁 undermine 약화시키다 uprising 봉기 overtake 압도하다, 점령하다 rebel force 반군 exacerbate 악화시키다 involvement 개입 starvation 기아 outbreak 발생

정답 ②

06 어법상 옳지 않은 것은?
문법

① Regarded as an expert, she is often consulted for her advice.

② Celebrities find themselves getting used to giving up their privacy.

③ The movie I watched a couple of days ago had a surprising ending.

④ The exhibition is supposed to set up in preparation for the VIP preview.

해설 (set → be set) '~하기로 되어 있다'라는 뜻의 'be supposed to RV'가 쓰였는데, 여기서 의미상 주어인 The exhibition이 '마련되기로' 되어 있는 것이므로 수동형인 to be set up으로 쓰여야 한다.

① 분사구문의 의미상 주어인 she가 전문가로 '여겨지는' 것이므로 수동의 과거분사 Regarded는 적절하게 쓰였으며, 'A를 B로 간주하다'라는 뜻의 'regard A as B' 구문은 수동태로 바꾸면 'A be regarded as B' 형태가 되므로 as an expert의 쓰임도 적절하다. 또한 맥락상 그녀가 자문의 대상이 되는 것이므로 수동태 is consulted도 적절하게 쓰였다.

② 주어와 목적어가 동일하므로 재귀대명사 themselves의 쓰임은 적절하다. 또한 5형식 동사로 쓰인 find가 분사형 형용사를 목적격 보어로 취하고 있는데, 그들이 '익숙해지는' 것이므로 능동의 현재분사 getting도 적절하게 쓰였다. 이때 'get used to RVing'는 '~하는 데 익숙해지다'라는 뜻의 관용표현으로 문맥상 옳게 쓰였다.

③ The movie와 I 사이에는 목적격 관계대명사가 생략되어 있어 watched 뒤 목적어 자리가 비어 있는 것은 적절하며, a couple of days ago라는 명백한 과거 시점 부사구가 나왔으므로 동사가 과거시제로 쓰인 것도 적절하다. 또한 영화의 결말이 '놀란' 것이 아니라 '놀라게 한' 것이므로 능동의 현재분사형 surprising도 적절하게 쓰였다.

해석 ① 그녀는 전문가로 여겨져 자주 그녀의 조언을 위한 자문의 대상이 된다.

② 유명인들은 사생활을 포기하는 데 익숙해지는 자신을 발견한다.

③ 내가 며칠 전에 본 영화는 놀라운 결말을 가지고 있었다.

④ 그 전시회는 VIP 시사회에 대비하여 마련되기로 되어 있다.

어휘 consult 상담하다, 자문을 구하다 give up 포기하다 set up 마련하다 preview 시사회

정답 ④

07 우리말을 영어로 잘못 옮긴 것은?
문법

① 그 회사는 어떤 경우에도 부정을 용납하지 않을 것이다.
→ Under no circumstances will the company tolerate dishonesty.

② 그런 큰 결정은 네 부모님과 의논하는 게 낫겠다.
→ You had better discuss such a big decision with your parents.

③ 전 당신이 이 직업을 추구하게 만든 계기가 궁금합니다.
→ I'm curious about what encouraged you to pursue this career.

④ 실험의 성공은 변수가 통제되는지에 따라 달라진다.
→ The success of the experiment depends on if the variables are controlled.

해설 (if → whether) if가 명사절을 이끌 경우, 타동사의 목적어로는 사용할 수 있지만 전치사의 목적어, 주어, 보어로는 쓸 수 없다. 반면에 whether는 위의 모든 경우에 사용 가능하므로 if를 whether로 고쳐야 한다. 참고로 주어가 불가산명사인 The success이므로 단수 동사 depends on의 수일치는 적절하고, 변수가 '통제되는' 것이므로 수동태 are controlled도 적절하게 쓰였다.

① '어떤 경우에도 ~않다'라는 뜻의 under no circumstances가 주어진 우리말에 맞게 쓰였으며, 부정부사구가 문두에 오면서 주어와 동사가 의문문의 어순으로 도치된 것도 적절하다.

② had better는 '~하는 편이 낫다'라는 뜻의 구조동사로 뒤에 동사원형 discuss가 온 것은 적절하며, 완전타동사인 discuss가 전치사 없이 목적어를 바로 취하고 있는 것도 적절하다. 또한 such는 'such + a(n) + 형용사 + 명사'의 어순으로 사용하므로, such a big decision도 적절하게 쓰였다.

③ 선행사를 포함한 관계대명사 what이 전치사 about의 목적어 역할과 encouraged의 주어 역할을 동시에 하고 있다. encourage가 5형식 동사로 사용되면 to 부정사를 목적격 보어로 취하므로, to pursue가 쓰인 것도 적절하다.

어휘 tolerate 용납하다 dishonesty 부정 variable 변수

정답 ④

08 다음 글의 내용과 일치하지 않는 것은? [불일치]

Alexandre Gustave Eiffel is most famous for the Eiffel Tower, which he began building in 1887 for the 1889 Universal Exposition in Paris. The tower is composed of 12,000 different components and 2,500,000 rivets, all designed and assembled to handle wind pressure. Onlookers were both amazed that Eiffel could build the world's tallest structure in just two years and confused by the tower's unique design, with most criticizing it as terribly modern and useless. Despite the tower's immediate draw as a tourist attraction, only years later did critics and Parisians begin to view the structure as a work of art. The tower also directed Eiffel's interest to the field of aerodynamics. He used the structure for his experiments and built the first aerodynamic laboratory at its base.

① The Eiffel Tower was constructed for an exposition in Paris.
② The Eiffel Tower's design received much criticism at first.
③ The Eiffel Tower initially failed to attract tourists.
④ Eiffel conducted his experiments using the Eiffel Tower.

해설 4번째 문장에서 에펠탑은 관광 명소로 즉각적인 주목을 받았다고 언급되므로, 글의 내용과 일치하지 않는 것은 ③ '에펠탑은 초기에 관광객을 끌어들이는 데 실패했다.'이다.

① 에펠탑은 파리에서 열린 박람회를 위해 지어졌다. → 첫 문장에서 언급된 내용이다.
② 에펠탑의 디자인은 처음에 많은 비판을 받았다. → 3번째 문장에서 언급된 내용이다.
④ Eiffel은 에펠탑을 이용해 자신의 실험을 수행했다. → 마지막 문장에서 언급된 내용이다.

해석 Alexandre Gustave Eiffel은 그가 1889년 파리 만국박람회를 위해 1887년에 짓기 시작한 에펠탑으로 가장 유명하다. 그 탑은 12,000개의 각기 다른 부품과 2,500,000개의 리벳으로 구성되어 있으며, 그것들은 모두 풍압을 견딜 수 있도록 설계 및 조립되었다. 구경꾼들은 Eiffel이 단 2년 만에 세계에서 가장 높은 건축물을 지을 수 있었다는 사실에 놀라움을 금치 못하는 동시에, 그 탑의 독특한 디자인에 혼란스러워하기도 했는데, 대부분은 그것을 지극히 현대적이고 쓸모없다고 비판했다. 에펠탑은 관광 명소로 즉각적인 주목을 받았지만, 몇 년이 지난 후에야 비평가들과 파리 시민들이 그 건축물을 예술 작품으로 보기 시작했다. 또한 그 탑은 Eiffel의 관심을 공기 역학 분야로 이끌었다. 그는 그 구조물을 자신의 실험에 활용했고 그 밑에 최초의 공기 역학 실험실을 세웠다.

어휘 exposition 박람회 be composed of ~으로 구성되다 component 부품 assemble 조립하다 handle 다루다 onlooker 구경꾼 structure 구조물 criticize 비판하다 terribly 몹시 immediate 즉각적인 draw 인기를 끄는 것 tourist attraction 관광 명소 direct 안내하다 aerodynamics 공기 역학 laboratory 실험실 construct 건축하다 initially 처음에 conduct 수행하다

정답 ③

09 다음 글의 내용과 일치하는 것은? [일치]

The Apatani tribe of India was renowned for its distinctive culture. Unlike other nomadic neighboring tribes, the Apatani settled down in the Ziro Valley and farmed rice. What also set it apart was their tradition of facial modification. Upon turning ten, Apatani girls had vertical lines tattooed across their faces by elderly women, and their nostrils blocked by large wooden nose plugs. This practice, stemmed from the perception of the Apatani women's remarkable beauty, was intended as a measure to conceal their attractiveness and prevent kidnappings by men from neighboring tribes. But to prevent discrimination, the government banned the nose plugs and tattoos in the early 1970s, and the tradition has died out since.

① The Apatani moved from place to place to obtain food.
② Apatani girls had their faces tattooed by older women.
③ The tattoos and nose plugs were believed to enhance beauty.
④ Apatani women still get facial modifications despite the ban.

해설 4번째 문장에서 아파타니 부족 여자아이들은 열 살이 되면 나이 든 여성들에 의해 얼굴에 세로줄로 문신이 새겨졌다고 언급되므로, 글의 내용과 일치하는 것은 ② '아파타니 부족 소녀들은 나이 든 여성들에 의해 얼굴에 문신이 새겨졌다.'이다.

① 아파타니 부족은 식량을 구하기 위해 이곳저곳으로 이동했다. → 2번째 문장에서 아파타니 부족은 인근의 다른 유목 부족들과 달리 계곡에 정착하여 쌀농사를 지었다고 언급되므로 옳지 않다.

③ 그 문신과 코마개는 아름다움을 향상한다고 믿었다. → 5번째 문장에서 문신과 코마개는 그들의 매력을 감추기 위한 조치였다고 언급되므로 옳지 않다.

④ 금지령에도 불구하고 아파타니 부족 여성들은 여전히 얼굴 개조를 한다. → 마지막 문장에서 금지령 이후 얼굴 개조 전통이 사라졌다고 언급되므로 옳지 않다.

해석 인도의 아파타니 부족은 독특한 문화로 유명했다. 인근의 다른 유목 부족들과 달리 아파타니 부족은 Ziro 계곡에 정착하여 쌀농사를 지었다. 그 부족을 차별화한 또 다른 것은 얼굴 개조의 전통이었다. 아파타니 부족 여자아이들은 열 살이 되면 나이 든 여성들에 의해 얼굴에 세로줄로 문신이 새겨졌고 콧구멍이 커다란 나무 코마개로 막혔다. 이 관습은 아파타니 부족 여성들의 뛰어난 미모에 대한 인식에서 비롯된 것으로, 그들의 매력을 감추고 이웃 부족 남성들에게 납치당하는 것을 막기 위한 조치였다. 그러나 차별을 방지하기 위해 정부는 1970년대 초 코마개와 문신을 금지했고, 이후 이 전통은 사라졌다.

어휘 tribe 부족 be renowned for ~으로 유명하다 distinctive 독특한 nomadic 유목의 settle down 정착하다 valley 계곡 set apart 떼어 두다, 구별하다 modification 개조 elderly 나이 든 nostril 콧구멍 stem from ~에서 유래하다 perception 인식 remarkable 놀라운, 뛰어난 intend 의도하다 measure 조치 conceal 감추다 discrimination 차별 ban 금지하다; 금지 obtain 얻다 enhance 향상하다

정답 ②

10 밑줄 친 부분에 들어갈 말로 알맞은 것은?

생활영어

> A: Hi, I'm looking for some sneakers for my sister's birthday present.
> B: Wonderful. May I ask her shoe size?
> A: I know she wears a size seven. I'm a little worried the shoes might not fit though.
> B: _____
> A: No, but it's supposed to be a surprise gift.
> B: Oh, I see. Well, she could try them on and exchange them if they don't fit as long as they're in the original condition.
> A: Alright, thank you for letting me know.

① May I ask what occasion the shoes would be for?
② What type of sneakers does she typically prefer?
③ Could I exchange them if they don't fit her?
④ Would it be difficult for her to visit here?

해설 생일 선물로 줄 여동생의 신발이 맞지 않을까 봐 걱정된다는 A의 말에 B는 빈칸 내용을 물었다. 이에 A는 아니라고 하면서 깜짝선물이어야 한다고 답했으므로, 빈칸에 들어갈 말로 알맞은 것은 ④ '그녀가 이곳을 방문하기는 어려울까요?'이다.
① 신발이 어떤 경우를 위한 건지 여쭤봐도 될까요?
② 평소에 그녀가 어떤 종류의 운동화를 선호하나요?
③ 그것이 그녀에게 맞지 않으면 교환할 수 있나요?

해석 A: 안녕하세요, 여동생의 생일 선물을 위한 운동화를 찾고 있는데요.
B: 좋네요. 그녀의 신발 사이즈를 여쭤봐도 될까요?
A: 그녀는 7 사이즈를 신는 걸로 알고 있어요. 근데 신발이 맞지 않을까 봐 좀 걱정되네요.
B: 그녀가 이곳을 방문하기는 어려울까요?
A: 아니요, 근데 깜짝선물이어야 해서요.
B: 아, 그렇군요. 음, 그녀가 신발을 한번 신어보고 안 맞을 경우에 원상태이기만 하면 교환하실 수 있어요.
A: 알겠습니다, 알려주셔서 감사해요.

어휘 exchange 교환하다 occasion 경우 typically 일반적으로

정답 ④

11 밑줄 친 부분에 들어갈 말로 알맞은 것은?

생활영어

> A: Did you have any New Year's resolutions?
> B: Yes, just one actually. It was to be involved in volunteer work. What about you?
> A: I had a few, but none of them really stuck. Were you able to keep up with yours?
> B: _____.

① No, I don't even remember what mine was
② Honestly, it was too difficult to dedicate time to it
③ You should focus on one and follow through with it
④ Yes, volunteering must have been very rewarding for you

해설 빈칸에는 새해 목표를 잘 지킬 수 있었냐는 A의 물음에 적합한 응답이 와야 한다. 따라서 빈칸에 들어갈 말로 알맞은 것은 ② '솔직히, 그것에 시간을 내기가 너무 힘들었어'이다.
① 아니, 난 내 것이 뭐였는지도 기억 안 나
③ 하나에 집중해서 끝까지 해내야 해
④ 응, 자원봉사를 하는 게 정말 보람 있었겠다

해석 A: 너 새해 목표한 거 있었어?
B: 응, 사실 그냥 하나 있었어. 자원봉사 일에 참여하는 거였어. 너는?
A: 난 몇 개 있었는데, 그중 아무것도 제대로 못 지켰어. 너는 네 목표를 잘 지킬 수 있었어?
B: 솔직히, 그것에 시간을 내기가 너무 힘들었어.

어휘 New Year's resolution 새해 목표 stick 고수하다 keep up with ~을 따라가다 follow through 끝까지 해내다

정답 ②

12 두 사람의 대화 중 자연스럽지 않은 것은?

생활영어

① A: Could you just cut to the chase?
   B: Fine, I'll stop chasing you. It was just for fun.
② A: Keep in mind that we're leaving at seven on the dot.
   B: Got it. I'll make sure to be on time.
③ A: I heard our company is going to merge with BM Mobile.
   B: It's true. But keep it under wraps for now, okay?
④ A: Are we having a full course meal? It seems quite pricey.
   B: Don't worry. It'll be my treat.

해설 그냥 본론부터 말하라는 A의 말에 알았다며 그만 쫓겠다는 B의 응답은 어색하다. 따라서 대화 중 자연스럽지 않은 것은 ①이다.
해석 ① A: 그냥 본론부터 말하면 안 돼?
B: 알았어, 그만 쫓을게. 재미로 한 거였어.
② A: 우리가 7시 정각에 떠나는 것을 명심하세요.
B: 알겠습니다. 시간을 잘 지키도록 할게요.
③ A: 우리 회사가 BM 모바일과 합병한다고 들었어요.
B: 사실이에요. 근데 당분간은 비밀로 해주세요, 알았죠?
④ A: 우리 풀코스 식사를 하는 거야? 꽤 비싼 것 같은데.
B: 걱정하지 마. 내가 낼게.

어휘 cut to the chase 바로 본론으로 들어가다 keep in mind 명심하다 on the dot 정각에 be on time 시간을 지키다 merge 합병하다 keep sth under wraps ~을 비밀로 하다 treat 대접, 한턱

정답 ①

13 다음 글의 제목으로 알맞은 것은? [제목]

Literally, the word *historiography* means the study of the writing of history. It is the history of how historians have dealt with a particular topic. In historiography, revision is a normal part of doing history — it is the ongoing debate by historians that reveals how views of the past have changed over time. Historians regularly read and criticize the work of their predecessors, testing that work against new evidence and new interpretations, seeing things from a different angle of vision, and then revising previous interpretations to produce their own. The conventional wisdom of one generation of historians becomes the revisionism of another generation. That may then become the new conventional wisdom, again subject to future revision, and so on.

① Historiography as a Process of Fictionalizing Historical Events
② Conventional Wisdom in Historiography: Fixed and Unchanging
③ A Qualification for Becoming Good Historians: Finding Evidence
④ The Evolution of Historical Perspectives Through Historiography

해설 역사 기록학의 개념에 관해 설명하는 글이다. 역사 기록학은 이전 역사 자료들을 계속해서 새로운 시각으로 바라보면서 그에 관한 수정 작업을 반복하는 학문임을 알 수 있으므로, 글의 제목으로 가장 적절한 것은 ④ '역사 기록학을 통한 역사적 관점의 진화' 이다.

① 역사적 사건을 허구화하는 과정으로서의 역사 기록학 → 역사 기록학은 역사적 사건을 허구화하는 것이 아니라, 그에 관한 견해를 수정해 나가는 것과 관련되므로 적절하지 않다.
② 역사 기록학의 통념: 고정되어 변하지 않는 것 → 역사 기록학은 수정을 전제로 하므로 고정되어 불변한다는 것은 글의 요지와 반대된다.
③ 좋은 역사가가 되기 위한 자격 조건: 증거 찾기 → 좋은 역사가의 자질이 무엇인지를 논하는 글이 아니다.

해석 '역사 기록학'이라는 단어는 말 그대로 역사 기록에 대한 연구를 의미한다. 그것은 역사가들이 특정 주제를 어떻게 다뤄왔는지에 관한 역사이다. 역사 기록학에서 수정은 역사 연구의 통상적인 부분으로, 그것은 역사가들이 시간이 지남에 따라 과거에 대한 견해가 어떻게 변화해 왔는지를 밝히는 지속적인 논쟁이다. 역사가들은 정기적으로 전임자들의 연구를 읽고 비판하며, 새로운 증거와 새로운 해석과 비교하여 그 연구를 점검하고, 다른 시각에서 상황을 바라본 다음, 이전 해석을 수정하여 자신만의 해석을 만들어 낸다. 한 세대의 역사가들이 가지고 있는 통념은 또 다른 세대의 수정론이 된다. 그런 다음 그것은 새로운 통념이 될 수 있고, 또다시 미래의 수정 대상이 되는 식이다.

어휘 literally 말 그대로 historiography 역사 기록학 deal with ~을 다루다 revision 수정 ongoing 지속적인 debate 논쟁, 논의 predecessor 전임자, 선배 interpretation 해석 angle 각도 conventional wisdom 통념 generation 세대 revisionism 수정론 subject to ~의 대상인 and so on 등, 기타

정답 ④

14 다음 글의 주제로 알맞은 것은? [주제]

When we want to motivate people to perform tasks or behave in certain ways, we often turn to extrinsic rewards such as bonuses or prizes. However, while extrinsic rewards may be effective in achieving short-term compliance, research has shown that they often overshadow intrinsic motivation, the internal drive that arises from personal satisfaction or interest in the task itself. This likely leads to a decline in the individual's genuine passion for the activity and fosters a short-term mindset, undermining their ability to commit to long-term goals. Moreover, individuals who become reliant on extrinsic rewards are prone to experiencing a decline in performance when these incentives are no longer available, as they lose their primary motivation.

① ways to trigger intrinsic motivation
② difficulty of achieving long-term goals
③ harmful effects of giving extrinsic rewards
④ power of extrinsic rewards in drawing compliance

해설 보너스와 상품과 같은 외재적 보상에 의존하다 보면 정작 업무 자체에 관한 흥미를 잃게 되고 장기적인 목표를 달성하는 데 어려움을 겪는다는 내용의 글이다. 따라서 글의 주제로 가장 적절한 것은 ③ '외재적 보상을 주는 것의 해로운 영향'이다.

① 내재적 동기를 유발하는 방법 → 내재적 동기를 유발하는 여러 방법을 소개하는 글이 아니다.
② 장기적인 목표 달성의 어려움 → 장기적인 목표 달성에 어려움을 겪는 것은 외재적 보상에 의존하는 것에 따른 부정적 결과 중 하나로, 그 어려움 자체가 글의 핵심 소재는 아니다.
④ 순응을 끌어내는 외재적 보상의 힘 → 외재적 보상의 부정적인 면을 강조하는 글이므로 적절하지 않다.

해석 우리가 사람들로 하여금 작업을 수행하거나 특정 방식으로 행동하도록 동기를 부여하고 싶을 때, 우리는 흔히 보너스나 상품과 같은 외재적 보상에 의존한다. 하지만 외재적 보상이 단기적인 순응을 얻어내는 데는 효과적일지 몰라도, 연구에 따르면 그것은 종종 업무 자체에 대한 개인적 만족이나 흥미로부터 비롯되는 내면적인 욕구인 내재적 동기를 가린다. 이는 그 활동에 대한 개인의 진정한 열정의 저하로 이어지며 단기적인 사고방식을 조장하여 장기적인 목표에 헌신하는 능력을 약화할 가능성이 크다. 게다가, 외재적 보상에 의존하는 개인은 이러한 장려책이 더 이상 제공되지 않을 경우에 주된 동기를 잃게 되어 성과 저하를 겪기 쉽다.

어휘 motivate 동기를 부여하다 perform 수행하다 turn to ~에 의존하다 extrinsic 외재적인 effective 효과적인 achieve 달성하다 short-term 단기적인 compliance 준수, 순응 overshadow 가리다 intrinsic 내재적인 internal 내면의 drive 욕구 satisfaction 만족 decline 감소 genuine 진정한 foster 조장하다 mindset 사고방식 undermine 약화하다 commit 헌신하다 reliant 의존하는 prone to ~하기 쉬운 incentive 장려책 available 얻을 수 있는 primary 주된 trigger 촉발하다 draw 끌어내다

정답 ③

15 다음 글의 요지로 알맞은 것은? [요지]

It's one thing to be familiar with some text or even to know it by heart, and another to really get its meaning. Many American students can recite the U.S. Pledge of Allegiance by heart without any idea of what they're talking about. This is why you often hear odd versions. Instead of reciting "One nation, under God, indivisible," some students apparently think their country has disappeared: "One nation, under God, invisible," and others recite as if it's been taken over by supernatural forces: "And to the republic, for witches stand" rather than "the republic for which it stands." And every rock music fan has wondered why people don't do a double take when they sing along with Jimi Hendrix's "Purple Haze," "excuse me while I kiss this guy." We have no idea if Jimi kissed a guy or two, but we do know he in fact sang "excuse me while I kiss the sky." Even memorized text isn't necessarily understood.

① People tend to prefer things that are familiar to them.
② To be familiar with something means to be able to recite it.
③ Familiarity doesn't necessarily involve accurate understanding.
④ New facts containing familiar elements are easy to understand.

해설 어떤 글에 익숙한 것과 그것을 정확히 이해하고 있는 것은 별개임을 여러 예시를 통해 설명하는 글이다. 따라서 글의 요지로 가장 적절한 것은 ③ '익숙함이 꼭 정확한 이해를 수반하는 것은 아니다.'이다.

① 사람들은 자신에게 익숙한 것을 선호하는 경향이 있다. → 익숙함과 선호도 사이의 관계를 설명하는 글이 아니다.

② 무언가에 익숙하다는 것은 그것을 암송할 수 있다는 뜻이다. → 암송할 정도로 익숙하다고 하더라도 그 의미를 모를 수 있다는 것이 글의 요지이다.

④ 익숙한 요소를 포함한 새로운 사실은 쉽게 이해된다. → 어떤 글이 익숙하다고 그것을 이해하고 있는 것은 아니라는 글의 요지와 거리가 멀다.

해석 어떤 글에 익숙하거나 심지어 그것을 암기하고 있는 것과 그 글의 의미를 진짜로 이해하는 것은 별개이다. 많은 미국 학생은 자신이 무슨 말을 하고 있는지 전혀 모른 채 미국 국기에 대한 맹세를 암송할 수 있다. 이것이 당신이 흔히 이상한 버전을 듣게 되는 이유이다. "신 아래 갈라질 수 없는(indivisible) 하나의 국가"라고 암송하는 대신, 일부 학생들은 "신 아래 보이지 않는(invisible) 하나의 국가"라며 그들의 조국이 사라져 버렸다고 생각하는 것으로 보이며, 또 다른 학생들은 "(국기가) 나타내는(for which it stands) 공화국" 대신 "마녀가 서 있기에(for witches stand) 공화국에"라며 마치 조국이 초자연적 힘에 지배당한 것처럼 암송한다. 그리고 모든 록 음악 팬은 사람들이 Jimi Hendrix의 'Purple Haze'를 "이 남자(this guy)에게 입 맞추는 동안 실례할게요."라며 따라 부를 때 왜 흠칫 놀라지 않는지 궁금했던 적이 있다. 우리는 Jimi가 한두 남자에게 입을 맞췄는지 어땠는지는 모르지만, 실제로 그가 부른 것이 "내가 이 하늘(this sky)에 입 맞추는 동안 실례할게요.'라는 사실은 알고 있다. 심지어 암기된 글일지라도, 꼭 이해된 것은 아니다.

어휘 familiar with ~에 익숙한 know by heart 외우고 있다 recite 암송하다 Pledge of Allegiance (미국) 국기에 대한 맹세 odd 이상한 indivisible 갈라질 수 없는 apparently 보아하니 disappear 사라지다 invisible 눈에 보이지 않는 take over 지배하다 supernatural 초자연적인 republic 공화국 wonder 궁금해하다 do a double take (뒤늦게 깨닫고) 흠칫하다 accurate 정확한

정답 ③

16 밑줄 친 부분에 들어갈 말로 알맞은 것은? [빈칸완성]

The Australian philosopher Peter Singer is perhaps the world's most _____ ethicist. Many readers of his book *Animal Liberation* were moved to embrace vegetarianism, while others shrank from Singer's attempt to place humans and animals on an even moral plane. Similarly, his argument that severely disabled infants should, in some cases, receive euthanasia has been praised as courageous by some—and denounced by others. When David Irving, an English author, was imprisoned in Austria for denying the Holocaust, Singer publicly criticized Irving's imprisonment, saying even harmful and false speech should be protected under freedom of expression principles. Scholars were outraged by his remark, comparing his theory to Nazi ideology. Others, however, shared his belief that silencing harmful views sets a dangerous precedent and hinders intellectual exchange.

① criticized
② supported
③ traditional
④ controversial

해설 Peter Singer의 저서 및 공개적 발언들에 나타난 그의 윤리적 견해에 관한 찬반 논쟁에 대해 서술하는 글이다. 그의 생각이 공감을 얻기도 하고 심하게 비난받기도 했다는 것을 보아, 빈칸에 들어갈 말로 가장 적절한 것은 ④ '논란이 많은'이다.

① 비판받는 → Singer의 견해가 비판만을 받은 것은 아니며, 이 글은 그의 견해에 대한 찬성 입장과 반대 입장을 모두 다루고 있으므로 적절하지 않다.

② 지지받는 → ①과 마찬가지로 Singer의 견해는 비판과 지지를 모두 받았으므로 적절하지 않다.

③ 관습적인 → 찬반이 명확히 나뉘는 견해가 '관습적인' 것인지는 글에서 알 수 없다.

해석 호주의 철학자 Peter Singer는 아마도 세계에서 가장 논란이 많은 윤리학자일 것이다. 그의 저서 『Animal Liberation』을 읽은 많은 독자는 감동하여 채식주의를 받아들이게 된 반면, 다른 독자들은 인간과 동물을 대등한 도덕적 지평에 놓으려는 Singer의 시도를 꺼렸다. 마찬가지로, 중증 장애를 가진 영아는 일부 경우에 안락사를 받아야 한다는 그의 주장은 일부 사람들에게는 용기 있는 행동으로 찬사를 받기도 했으며 다른 사람들에게는 비난받기도 했다. 영국 작가 David Irving이 홀로코스트를 부정했다는 이유로 오스트리아에서 투옥되었을 때 Singer는 해롭고 거짓된 발언도 표현의 자유 원칙에 따라 보호받아야 한다며 공개적으로 Irving의 투옥을 비판했다. 학자들은 그의 이론을 나치 이데올로기와 비교하며 그의 발언에 분노했다. 그러나 다른 이들은 유해한 견해를 침묵시키는 것은 위험한 선례를 남기며 지적 교류를 방해한다는 그의 신념에 공감했다.

어휘 ethicist 윤리학자 liberation 해방 embrace 받아들이다 vegetarianism 채식주의 moral 도덕적인 plane 지평 severely 심각하게 disabled 장애를 가진 infant 영아, 유아 euthanasia 안락사 praise 칭찬하다 denounce 비난하다 imprison 투옥하다 deny 부인하다 criticize 비판하다 principle 원칙 scholar 학자 outrage 격분하게 만들다 remark 발언 ideology 이데올로기, 관념 silence 침묵시키다 precedent 선례 hinder 방해하다 intellectual 지적의 exchange 교류, 교환 controversial 논란이 많은

정답 ④

17 다음 글의 흐름상 어색한 문장은?   일관성

Fast fashion retailers like Zara, Forever 21, and H&M make endless creations of cheap and fashionable clothing to satisfy young consumers' needs. Yet, they come with a heavy environmental price. ① According to the UNEP, the industry is the second-biggest consumer of water and is responsible for about 10% of global carbon emissions. ② It dries up water sources and pollutes`rivers, while 85% of all textiles go to dumps each year. ③ In some cases, labor practices in fast fashion are exploitative, and due to the gender concentration of the garment industry, women are more vulnerable. ④ Also, to keep the price of production down, fast fashion pieces are often made with materials like polyester — a synthetic and cheap fiber made from petroleum, a non-renewable fossil fuel. The environmental toll of fast fashion prompts a call for industry-wide reforms that prioritize sustainability.

해설 패스트 패션 산업의 환경적 폐해에 관해 서술하는 글이다. 따라서 글의 흐름상 어색한 문장은 해당 산업의 환경적 폐해가 아닌 착취적인 노동 관행을 언급하는 내용의 ③이다.

해석 Zara, Forever 21, H&M과 같은 패스트 패션 소매업체들은 젊은 소비자들의 욕구를 충족시키기 위해 값싸고 세련된 의류를 끊임없이 만들어낸다. 하지만 그것들에는 엄청난 환경적인 대가가 따른다. UNEP에 따르면, 이 산업은 두 번째로 많은 물을 소비하며 전 세계 탄소 배출량의 약 10%에 대한 책임이 있다. 그것이 수원을 마르게 하고 강을 오염시키는 사이, 매년 전체 옷감의 85%가 쓰레기 매립지로 향한다. (일부 경우에 패스트 패션 내 노동 관행은 종종 착취적이며, 의류 산업의 성별 편중으로 인해 여성이 더 취약하다.) 또한 생산 가격을 낮추기 위해 패스트 패션 옷은 흔히 재생 불가능한 화석 연료인 석유로 만든 값싼 합성 섬유인 폴리에스터와 같은 소재로 만든다. 패스트 패션의 환경적 대가는 지속 가능성을 우선시하는 산업 전반의 개혁을 촉구한다.

어휘 retailer 소매업 endless 끊임없는 fashionable 세련된 satisfy 만족시키다 consumer 소비자 carbon 탄소 emission 배출 dry up 마르게 하다 pollute 오염시키다 textile 옷감 dump (쓰레기) 매립지 practice 관행 exploitative 착취적인 garment 의류 vulnerable 취약한 synthetic 합성한 fiber 섬유 petroleum 석유 renewable 재생 가능한 fossil fuel 화석 연료 toll 대가, 희생 prompt 촉발하다 call 요구 reform 개혁 prioritize 우선시하다 sustainability 지속 가능성

정답 ③

18 주어진 문장이 들어갈 위치로 알맞은 것은?   문장삽입

However, journalists are the primary source of information for the public, and their words therefore often carry enormous weight.

While we can list desirable qualities for journalists, ultimately, it's up to each journalist to determine which ones should have priority. (①) But during this decision-making process, they often face a common dilemma. (②) The journalist may choose to exaggerate a story in order to make it seem more exciting and therefore more saleable, but this cannot be achieved while still choosing accuracy. (③) In other words, a journalist can either satisfy a moral obligation to be accurate or make their newspaper more marketable by building up a story beyond the point where accuracy can be guaranteed. (④) So, given the gravity of the profession and its power, one might argue that the choice they should be making is clear.

해설 주어진 문장은 However로 시작하여, 기자는 대중을 위한 주요 정보원이기 때문에 그들의 말이 큰 무게를 지닌다는 내용이다. 이때 ④ 앞까지는 기자가 정확성과 시장성 사이에서 선택해야 하는 상황에 놓여 있다는 내용인데, ④ 뒤에서 이러한 내용이 So로 연결되어, 따라서 그 직업의 중대성과 힘을 고려할 때 기자가 해야 할 선택이 분명하다고 했으므로 맥락상 단절이 있는 것을 알 수 있다. 그러므로 기자의 말은 큰 무게를 지닌다는 주어진 문장의 내용이 ④ 앞까지의 내용과 However로 자연스럽게 연결된 후에, 이에 따른 결론이 ④ 뒤에서 So를 통해 제시되는 것이 적절하다. 따라서 주어진 문장이 들어갈 위치로 알맞은 것은 ④이다.

해석 우리가 기자의 바람직한 자질을 나열할 수는 있지만, 궁극적으로 어떤 자질이 우선되어야 하는지는 각 기자가 결정할 일이다. 그런데 이러한 의사 결정 과정에서 기자는 종종 공통적인 딜레마에 직면한다. 기자는 기사를 더 흥미롭게 보이게 하여 더 잘 판매되도록 그것을 과장하기를 택할 수 있지만, 이는 동시에 여전히 정확성을 택하면서 이루어질 수는 없다. 다시 말해, 기자는 정확해야 할 도덕적 의무를 충족시키거나 정확성이 보장될 수 있는 지점을 넘어 기사에 살을 덧붙여 그 신문의 시장성을 높일 수 있다. 하지만 기자는 대중을 위한 주요 정보원이며, 그렇기 때문에 그들의 말은 종종 엄청난 무게를 지닌다. 따라서 그 직업의 중대성과 그 힘을 고려할 때, 기자가 해야 할 선택은 분명하다고 주장할 수 있다.

어휘 journalist 기자 primary 주요한 enormous 엄청난 weight 무게 desirable 바람직한 quality 자질 ultimately 궁극적으로 be up to ~에 달려 있다 determine 결정하다 priority 우선권 face 직면하다 exaggerate 과장하다 saleable 시장성 있는 achieve 달성하다 accuracy 정확성 satisfy 충족시키다 moral 도덕적인 obligation 의무 marketable 시장성 있는 build up 보강하다 guarantee 보장하다 gravity 중대성 profession 직업

정답 ④

19 주어진 글 다음에 이어질 글의 순서로 알맞은 것은? `순서배열`

Imagine that it is 24 hours before you are going to be born, and a genie comes to you.

(A) You know this lottery to be the most important thing that's ever going to happen in your life. If you look at your birth in this sense, this analogy suggests your life essentially depends on pure luck, or sheer randomness.

(B) He says you get to pick a ball out of a barrel of 7 billion balls, and that's you. In other words, you can choose your own starting point in life out of 7 billion options.

(C) But there is a catch. You don't know what's inside the ball. You don't know whether you're going to be born rich or poor, male or female, weak or strong, with an IQ of 130 or 70.

① (B) - (A) - (C)
② (B) - (C) - (A)
③ (C) - (A) - (B)
④ (C) - (B) - (A)

해설 주어진 글은 당신이 태어나기 24시간 전에 한 정령이 당신에게 오는 것을 상상해 보라는 내용으로, 여기에서 언급된 genie를 He로 받아, 그의 제안을 소개하는 (B)가 뒤에 오는 것이 적절하다. 그다음으로, 그 제안에 달린 조건을 But을 통해 제시하는 (C)가 와야 하며, 마지막으로는 이러한 조건이 붙은 제안을 this lottery로 받아 이 비유가 시사하는 바를 설명하는 (A)로 글이 마무리되는 것이 자연스럽다. 따라서 글의 순서로 가장 적절한 것은 ② '(B) - (C) - (A)'이다.

해석 당신이 태어나기 24시간 전이고, 한 정령이 당신에게 오는 것을 상상해 보아라. (B) 그는 당신이 70억 개의 공이 담긴 통에서 공을 하나 고를 수 있고, 그것이 당신이라고 말한다. 다시 말해, 당신은 70억 개의 선택지 중에서 당신 인생의 출발점을 스스로 선택할 수 있다. (C) 하지만 하나의 함정이 있다. 당신은 공 안에 무엇이 들어 있는지 모른다. 당신은 부잣집에 태어날지 가난한 집에 태어날지, 남성으로 태어날지 여성으로 태어날지, 약하게 태어날지 강하게 태어날지, 130의 IQ를 갖고 태어날지 70의 IQ를 갖고 태어날지 모른다. (A) 당신은 이 복권이 당신의 인생에서 일어날 가장 중요한 일이라는 것을 알고 있다. 이러한 의미에서 당신의 탄생을 바라본다면, 이 비유는 당신의 삶이 본질적으로 순수한 운, 또는 순전한 무작위성에 달려있다는 것을 암시한다.

어휘 lottery 복권 analogy 비유 essentially 본질적으로 sheer 순전한 barrel 통 catch 함정

정답 ②

20 밑줄 친 부분에 들어갈 말로 알맞은 것은? `빈칸완성`

At the turn of the twenty-first century, a group of scientists from Harvard and Stanford made use of new technology to unveil the power of hypnotic suggestion. Participants in one study were shown a series of images, either in color or in grayscale. Strangely, when participants were put under hypnosis and were told that the grayscale images were colored, they saw color. When they were shown brightly colored images but the verbal suggestion was that they were seeing dull grayscale, they again saw what the hypnotists told them. Importantly, though, this response was only seen in highly hypnotizable participants. What gave this study extra experimental strength was that during hypnosis the participants' brains were scanned using fMRI machines. The scans showed that the areas of the brain that process color images were activated whenever the hypnotized subjects were told they were seeing color. Under hypnosis, _____.

① believing is seeing
② images control words
③ the past can resurface
④ colors are indistinguishable

해설 최면과 관련된 한 실험을 소개하는 글이다. 최면에 걸린 상태에서 참가자들은 색을 보고 있다는 말을 들었을 때 실제로 흑백 이미지를 보고 있었음에도 색이 보인다고 답하였고, 이는 반대의 경우에도 마찬가지였다. 실제로 fMRI 촬영 결과로도 최면에 걸린 사람들이 색을 보고 있다는 말을 들었을 때 색 이미지를 처리하는 뇌 영역이 활성화되었으므로, 최면 상태에서는 자신이 보고 있다고 믿는 대로 보인다는 것을 알 수 있다. 따라서 빈칸에 들어갈 말로 가장 적절한 것은 ① '믿는 것이 곧 보는 것'이다.

② 이미지가 말을 통제한다 → 오히려 듣는 말에 따라 보이는 것이 달라진 것이므로, 역으로 말이 이미지를 통제한다고 보는 것이 적합하다.

③ 과거가 다시 떠오를 수 있다 → 과거 기억을 되살리는 것에 관한 글이 아니다.

④ 색이 구별되지 않는다 → 최면 상태에서 자신이 색을 보고 있다는 말을 들었을 때 색을 보았고, 흑백을 보고 있다는 말을 들었을 때 흑백을 보았으므로, 색을 여전히 분간할 수 있었음을 알 수 있다. 단지 자신이 실제로 보고 있는 것과 관계없이, 자신이 보고 있다고 믿는 색상이 보였을 뿐이다.

해석 21세기에 접어들면서, Harvard와 Stanford의 과학자 집단은 최면 암시의 힘을 밝히기 위해 새로운 기술을 활용했다. 한 연구에서는 참가자들에게 컬러 또는 흑백인 일련의 이미지들을 보여주었다. 이상하게도, 참가자들이 최면에 걸리고 나서 흑백 이미지가 색이 있는 것이라는 말을 듣자, 그들은 색을 보았다. 그들에게 밝은색의 이미지를 보여주면서도 구두로 암시한 것은 그들이 칙칙한 흑백을 보고 있다는 것이었을 때, 그들은 또다시 최면술사들이 그들에게 말한 것을 보았다. 하지만 중요한 것은 이러한 반응이 최면에 잘 걸리는 참가자에게서만 나타났다는 점이다. 이 연구에 추가적인 실험적 강점을 준 것은 최면 중에 참가자의 뇌가 기능 자기공명영상 기계를 사용하여 촬영되었다는 것이다. 그 촬영은 최면에 걸린 피험자가 자신이 색을 보고 있다는 말을 들을 때마다 색 이미지를 처리하는 뇌 영역이 활성화되는 것을 보여주었다. 최면 상태에서는 믿는 것이 곧 보는 것이다.

어휘 make use of ~을 활용하다 unveil 밝히다 hypnotic suggestion 최면 암시 participant 참가자 a series of 일련의 grayscale 흑백[회색조]의 hypnosis 최면 verbal 말의 dull 칙칙한 response 반응 experimental 실험의 activate 활성화하다 subject 피(실)험자 resurface 다시 떠오르다 indistinguishable 구분이 안 되는

정답 ①

01	02	03	04	05
①	④	②	③	④
06	**07**	**08**	**09**	**10**
②	②	③	③	④
11	**12**	**13**	**14**	**15**
②	④	②	④	④
16	**17**	**18**	**19**	**20**
④	④	④	①	④

01 밑줄 친 부분의 의미와 가장 가까운 것은? 〔어휘〕

The contract included a clause allowing either party to terminate the agreement with a specified notice period for unforeseen circumstances.

① quit
② adjust
③ breach
④ administer

〔해설〕 terminate는 '끝내다'라는 뜻으로, 이와 의미가 가장 가까운 것은 ① 'quit(그만두다)'이다.
② 조정하다 ③ 위반하다 ④ 집행하다
〔해석〕 그 계약서에는 예상치 못한 상황으로 인해 어느 한쪽 당사자가 명시된 통지 기간을 두고 계약을 끝낼 수 있는 조항이 포함되어 있었다.
〔어휘〕 clause 조항 party 당사자 specify 명시하다 unforeseen 예측하지 못한 circumstance 상황

〔정답〕 ①

02 밑줄 친 부분의 의미와 가장 가까운 것은? 〔어휘〕

The construction project confronted consecutive delays due to unexpected problems, and this required a reassessment of the timeline and changes by the project team.

① deadly
② sudden
③ tentative
④ successive

〔해설〕 consecutive는 '연이은'이라는 뜻으로, 이와 의미가 가장 가까운 것은 ④ 'successive(연이은)'이다.
① 치명적인 ② 갑작스러운 ③ 잠정적인
〔해석〕 그 건설 프로젝트는 예상치 못한 문제로 인해 연이은 지연에 직면했고, 이는 프로젝트팀의 일정 재평가와 변경을 필요로 했다.
〔어휘〕 construction 건설 confront 직면하다 delay 지연 reassessment 재평가

〔정답〕 ④

03 밑줄 친 부분의 의미와 가장 가까운 것은? 〔이어동사〕

Let's go over the brainstormed ideas and narrow down our options.

① gather
② inspect
③ arrange
④ condense

〔해설〕 go over는 '점검하다'라는 뜻으로, 이와 의미가 가장 가까운 것은 ② 'inspect(점검하다)'이다.
① 모으다 ③ 정리하다 ④ 요약하다
〔해석〕 브레인스토밍한 아이디어들을 점검하고 우리 선택의 폭을 좁혀 보자.
〔어휘〕 brainstorm 브레인스토밍하다 narrow down 좁히다

〔정답〕 ②

04 밑줄 친 부분의 의미와 가장 가까운 것은? 〔이어동사〕

The new equipment came up to the safety standards for manufacturing.

① verified
② improved
③ approached
④ consolidated

〔해설〕 come up to는 '(수준에) 미치다'라는 뜻으로, 이와 의미가 가장 가까운 것은 ③ 'approached(근접하다)'이다.
① 입증하다 ② 개선하다 ④ 강화하다
〔해석〕 그 새 장비는 제조를 위한 안전 기준에 미쳤다.
〔어휘〕 manufacturing 제조(업)

〔정답〕 ③

05 밑줄 친 부분에 들어갈 말로 가장 적절한 것은? 〔어휘〕

The quick _____ of expert surgeons was necessary as the patient's condition was severe and called for intricate surgical techniques.

① negligence
② transaction
③ compliment
④ intervention

〔해설〕 as 이하에서 환자의 상태가 심각해 복잡한 수술이 필요했다는 내용으로 보아, 전문 외과의들이 빠르게 관여해야 했던 상황임을 알 수 있다. 따라서 빈칸에 들어갈 말로 가장 적절한 것은 ④ 'intervention(개입)'이다.
① 부주의 ② 거래 ③ 칭찬
〔해석〕 그 환자의 상태가 심각하고 복잡한 수술 기법이 요구되어서 전문 외과의들의 빠른 개입이 필요했다.
〔어휘〕 surgeon 외과의 severe 심각한 call for 요구하다 intricate 복잡한 surgical 수술의, 외과의

〔정답〕 ④

06 밑줄 친 부분 중 어법상 옳지 않은 것은?

The notion ① that the right half of the brain is the creative half and the left half is the analytical half and ② what our individual traits are determined by which half is dominant ③ is widespread in popular psychology. There's even a small industry ④ devoted to this idea.

해설 (what → that) 관계대명사 what 뒤에는 불완전한 절이 와야 하는데 여기서는 완전한 절이 오고 있다. 따라서 what을 The notion을 선행사로 받는 앞의 that과 등위 접속사 and로 병렬되면서 뒤에 완전한 절을 취하는 동격 접속사 that으로 고쳐야 한다.
① that 앞에 추상명사인 The notion이 선행사로 있고, 뒤에는 완전한 절이 오고 있는 것으로 보아 that이 동격 접속사로 쓰였음을 알 수 있다.
③ is의 주어는 문장의 주어인 단수 명사 The notion이므로 수일치가 적절하다.
④ 타동사 devote가 '~에 전념하다'라는 뜻을 나타낼 때 'be devoted to'의 형태를 취할 수 있으므로 과거분사 devoted는 적절하게 쓰였다.

해석 대중심리학에서는 뇌의 오른쪽 반은 창조적인 절반이고 왼쪽 반은 분석적인 절반이며, 우리 개인의 특성은 어느 절반이 지배적인지에 따라 결정된다는 생각이 널리 퍼져 있다. 심지어는 이 생각에 전념하는 작은 업계도 있다.

어휘 notion 생각 analytical 분석적인 trait 특성 dominant 지배적인 widespread 널리 퍼진 psychology 심리학

정답 ②

07 밑줄 친 부분이 어법상 옳지 않은 것은?

① We can't determine when you will receive your test results.
② That new drama was worth finishing it despite the late hour.
③ The witness described in detail how terrifying the accident was.
④ Income inequality worsens as the wealthy control major enterprises.

해설 (finishing it → finishing) worth는 'be worth RVing' 형태로 쓰이므로 뒤에 동명사 finishing이 온 것은 적절하다. 그런데 동명사의 목적어가 주어로 오는 경우 중복을 피해 동명사의 목적어 자리는 비어 있어야 하므로, finishing 뒤의 it을 삭제해야 한다. 참고로 worth 뒤에 오는 동명사는 수동으로 해석된다.
① 의문부사 when이 '의문사 + S + V' 어순의 간접의문문을 이끌어 determine의 목적어로 적절하게 쓰였다. 이때 when절은 맥락상 부사절이 아닌 명사절이므로, 현재시제가 미래시제를 대신하지 않고 미래시제 그대로 쓰는 것이 가능하다.
③ how가 간접의문문을 이끄는 의문사로 쓰이는 경우, how의 수식을 받는 형용사나 부사는 모두 앞으로 가고 주어와 동사는 평서문 어순을 따른다. 여기서는 be 동사 was의 형용사 보어로 분사가 오고 있는데, 사고가 '겁먹은' 것이 아니라 '무섭게 한' 것이므로 능동의 현재분사는 적절하게 쓰였다.
④ 'the + 형용사'는 '~하는 사람들'이라는 복수 명사의 의미를 가진다. 또한 그에 수일치한 복수 동사 control의 쓰임도 적절하다.

해석 ① 당신이 언제 검사 결과를 받을지는 저희도 단정할 수 없습니다.
② 그 새 드라마는 늦은 시간임에도 불구하고 끝낼 만한 가치가 있었다.
③ 목격자는 그 사고가 얼마나 무서웠는지를 자세히 묘사했다.
④ 부자들이 주요 기업을 장악하면서 소득 불평등이 악화된다.

어휘 determine 단정하다 witness 목격자 terrify 무섭게 하다 inequality 불평등 worsen 악화되다 enterprise 기업

정답 ②

08 우리말을 영어로 잘못 옮긴 것은?

① 그 독특한 암석은 흔히 회복력의 상징으로 불린다.
→ The unique rock is referred to as the symbol of resilience.
② 많은 질문이 여전히 해결되지 않아 더 많은 탐구가 필요하다.
→ Many a question remains open, inviting further exploration.
③ 온라인 홍보를 통해 트래픽이 점점 더 많이 발생하고 있다.
→ Traffic has increasingly generated through online promotion.
④ 그들은 전원이 교육 세미나에 참여할 것을 요구했다.
→ They required that everyone participate in the training seminar.

해설 (has → has been) 주어인 Traffic이 '발생시키는' 것이 아니라 '발생되는' 것이므로 수동태인 has been increasingly generated로 쓰여야 한다.
① 'A를 B로 부르다'라는 뜻은 'refer to A as B' 구문으로 표현할 수 있는데, 이를 수동태로 전환하면 'A be referred to as B' 형태가 되므로 주어진 우리말에 맞게 적절히 쓰였다.
② many a 뒤에는 '단수 명사 + 단수 동사'가 나와야 하므로 question remains는 적절하게 쓰였으며, 2형식 동사로 쓰인 remains가 형용사 open을 보어로 취하고 있는 것도 적절하다. 또한 분사구문의 의미상 주어인 question이 더 많은 탐구를 '가져오는' 것이므로 능동의 현재분사 inviting의 쓰임도 적절하다.
④ require와 같은 주장·요구·명령·제안·충고·결정의 동사가 당위의 의미를 지니는 that절을 목적어로 취할 때, that절 내의 동사는 '(should) + RV'로 표현하므로 participate는 적절하게 쓰였다. 또한 participate는 전치사 없이 목적어를 취할 수 없는 자동사이므로 in의 쓰임도 적절하다.

어휘 resilience 회복력 open 아직 확정되지[완전 해결되지] 않은 exploration 탐구 generate 발생시키다 promotion 홍보

정답 ③

09 밑줄 친 부분에 들어갈 말로 가장 적절한 것은? 생활영어

A: Hey Jerry, are you heading home?

B: Yeah, I could give you a ride home if you want. It's freezing out.

A: Oh, great! I'd really appreciate that. Thank you so much.

B: _____ It's nothing.

① I have had it.

② I can't make it.

③ Don't mention it.

④ You asked for it.

해설 B가 A를 집까지 태워다 주겠다고 하자 A는 고맙다고 하였다. 이에 B는 빈칸 내용을 말한 뒤에 아무것도 아니라고 했으므로, 빈칸에 들어갈 말로 가장 적절한 것은 ③ '천만에.'이다.

① 난 참을 만큼 참았어.

② 난 해낼 수 없어.

④ 네가 자초한 일이야.

해석 A: 안녕 Jerry, 지금 집에 가는 거야?

B: 응, 네가 원하면 집까지 태워다 줄 수 있는데. 밖이 너무 춥네.

A: 오 좋아! 그렇게 해준다면 고맙지. 정말 고마워.

B: 천만에. 아무것도 아닌걸.

어휘 head (특정 방향으로) 가다 give sb a ride 차로 태워 주다 freezing 매우 추운 have had it 참을 만큼 참다 make it 해내다, 도착하다 don't mention it 천만에 ask for it 자초하다

정답 ③

10 밑줄 친 부분에 들어갈 말로 가장 적절한 것은? 생활영어

A: Hi, I want to order a large cheese pizza.

B: Sure, could you tell me your address?

A: It's 68 Bay Street. Can I get the soda free? I saw the event on your website.

B: Yes, we're giving out a free soda if you order a large pizza. The total will be $35.

A: Um, _____

B: Oh, there's an additional charge for delivery.

A: I see, okay then.

① can I use a free soda coupon?

② how long would the delivery take?

③ we offer free delivery if you add another $5.

④ why is the price different from the website's?

해설 A가 빈칸 내용을 언급하자 B는 배달에 추가 요금이 있다고 말했으므로, A는 빈칸에서 총금액에 대한 의문점을 물어본 것을 추측할 수 있다. 따라서 빈칸에 들어갈 말로 가장 적절한 것은 ④ '왜 가격이 웹사이트 가격과 다른가요?'이다.

① 탄산음료 무료 쿠폰을 쓸 수 있나요?

② 배달이 얼마나 걸릴까요?

③ 5달러를 추가하시면 무료로 배달해 드립니다.

해석 A: 안녕하세요, 라지 치즈피자를 주문하고 싶은데요.

B: 네, 주소를 알려주시겠어요?

A: 68 Bay Street입니다. 탄산음료를 무료로 받을 수 있나요? 웹사이트에서 이벤트를 봤어요.

B: 네, 저희는 라지 피자를 주문하시면 무료로 탄산음료를 드립니다. 총 35달러입니다.

A: 음, 왜 가격이 웹사이트 가격과 다른가요?

B: 아, 배달에 추가 요금이 있습니다.

A: 그렇군요, 그럼 알겠습니다.

어휘 soda 탄산음료 give out 나눠 주다

정답 ④

11 두 사람의 대화 중 자연스럽지 않은 것은? 생활영어

① A: Kids, behave yourselves! This is a public place.

　B: Sorry, we'll be quieter.

② A: I was put on the spot at yesterday's gathering.

　B: Oh, were you able to get the spot off your clothes?

③ A: Could you do me a favor and empty the trash can?

　B: Of course, consider it done.

④ A: I got a new laptop at a 30% discount at the holiday sale.

　B: That's a bargain. Can I see it sometime?

해설 어제 모임에서 난처한 일이 있었다는 A에게, 그것이 어떤 일이었는지 모르는 상태에서 그 얼룩을 옷에서 지울 수 있었냐고 물어보는 것은 적절하지 않다. 따라서 대화 중 자연스럽지 않은 것은 ②이다.

해석 ① A: 얘들아, 예의 바르게 행동해야지! 여긴 공공장소야.

B: 죄송해요, 더 조용히 할게요.

② A: 나 어제 모임에서 난처한 일이 있었어.

B: 아, 그 얼룩을 옷에서 지울 수 있었어?

③ A: 부탁인데 쓰레기통 좀 비워줄 수 있어?

B: 물론이지. 맡겨만 줘.

④ A: 명절 세일에서 새 노트북을 30% 할인된 가격에 샀어.

B: 정말 저렴하네. 언제 한번 볼 수 있을까?

어휘 behave oneself 예의 바르게 행동하다 put sb on the spot ~을 난처하게 만들다 gathering 모임 spot 얼룩 do sb a favor ~의 부탁을 들어주다 consider it done 맡겨만 줘 discount 할인 bargain 싸게 사는 물건

정답 ②

---

12 다음 글의 제목으로 가장 적절한 것은? 제목

To stop violence, it's crucial to understand what people are thinking. This means we need to listen to not only the person who was hurt but the person who hurt them. Usually, those who use violence don't think they're wrong. They see themselves as victims and believe they've been treated unfairly. They argue that they deserve tolerance. The person they're angry with (who others might see as the victim) is seen by them as the one who caused the problem. For instance, Bosnian Serbs, who did terrible things during ethnic cleansing, thought they were the ones who were most mistreated. Even when these ideas are completely wrong, it's important to understand why aggressors think and act this way so that we can prevent more violence from happening.

① Hurt People Hurt Others: The Importance of Tolerance

② Understanding Violence: Insights from Law Enforcement

③ Common Explanations Used to Justify Mistreating Others

④ Into the Minds of Aggressors: A Step to Address Violence

해설 폭력을 방지하기 위해서는 피해자뿐 아니라 가해자의 사고방식도 이해할 필요가 있다는 내용의 글이다. 따라서 글의 제목으로 가장 적절한 것은 ④ '가해자들의 머릿속으로: 폭력에 대처하는 하나의 단계'이다.

① 상처 입은 사람들이 남에게 상처를 준다: 관용의 중요성 → 상처를 주는 사람들이 자신이 오히려 부당한 대우를 받았다는 잘못된 믿음이 있다는 사실을 이해할 필요성을 주장하는 글이지, 그에 관해 관용을 베풀어야 한다는 취지의 내용이 아니다.

② 폭력을 이해하기: 법 집행에서 얻는 통찰 → 법 집행에 관해서는 언급되지 않았다.

③ 타인을 학대하는 것을 정당화하는 데 사용되는 흔한 해명들 → 가해자들이 스스로 피해자라고 여기며 폭력을 정당화하려 해명한다는 내용이 언급되나, 그 해명을 구체적으로 열거하고 있지는 않으며, 그 해명 자체가 글의 핵심도 아니다.

해석 폭력을 멈추려면, 사람들이 뭘 생각하고 있는지 이해하는 것이 매우 중요하다. 이것은 우리가 상처를 입은 사람뿐만 아니라, 그들에게 상처를 준 사람의 말에도 귀 기울여야 한다는 것을 뜻한다. 보통, 폭력을 사용하는 사람들은 자기가 틀렸다고 생각하지 않는다. 그들은 자신을 피해자로 보고, 자신들이 부당한 대우를 받았다고 믿는다. 그들은 자신들이 관용을 받을 자격이 있다고 주장한다. 그들이 화를 품은 사람(남들은 피해자로 볼 수도 있는)은 문제를 일으킨 장본인으로 여겨진다. 예를 들어, 인종 청소 동안 끔찍한 일을 한 보스니아 세르비아계 사람들은 자신들이 가장 많이 학대당한 사람들이라고 생각했다. 이러한 생각들이 완전히 틀렸을 때조차, 더 많은 폭력이 일어나는 것을 막을 수 있도록, 왜 가해자들이 이런 식으로 생각하고 행동하는 것인지 이해하는 게 중요하다.

어휘 violence 폭력 crucial 중요한 victim 피해자 tolerance 관용 ethnic cleansing 인종 청소(어떤 지역에서 특정 인종을 몰아내는 일) mistreat 학대하다 aggressor 공격하는 사람, 가해자 enforcement 집행, 실시 justify 정당화하다

정답 ④

13 다음 글의 주제로 가장 적절한 것은? [주제]

The act of remembering something is a process of bringing back on line those neurons that were involved in the original experience. Once we get those neurons to become active in a fashion similar to how they were during the original event, we experience the memory as a lower-resolution replay of the original event. If only we could get every one of those original neurons active in *exactly* the same way they were the first time, our recollections would be remarkably accurate. But this is almost impossible; the instructions for which neurons need to be gathered and how exactly they need to fire become weak and degraded, leading to a representation that is only a dim and often an inaccurate copy of the real experience. Memory is fiction; it may present itself to us as fact but is highly susceptible to distortion.

① techniques for improving memory accuracy
② the nature of memory and its imperfections
③ efficiency of our neurons in retaining memory
④ types of neurons involved in memory recollection

[해설] 원래 사건에서 활성화된 방식과 정확히 똑같은 방식으로 뉴런을 활성화하는 것은 어려운 일이므로, 기억을 완벽히 재현할 수는 없다는 내용의 글이다. 따라서 글의 주제로 가장 적절한 것은 ② '기억의 본질과 그것의 불완전성'이다.
① 기억의 정확도를 높이기 위한 기술 → 기억의 정확도를 높이는 방법을 소개하는 글이 아니다.
③ 기억을 보유하는 것에 대한 우리 뉴런의 효율성 → 오히려 기억을 정확히 재현하는 것의 어려움을 서술하는 글이므로 적절하지 않다.
④ 기억을 되살리는 데 관여하는 뉴런의 종류 → 뉴런의 구체적 종류를 열거하는 내용은 없다.

[해석] 무언가를 기억하는 행위는 원래 경험에 관여했던 뉴런들을 다시 연결되게 되돌리는 과정이다. 일단 우리가 그 뉴런들을 원래 일이 있었던 당시와 비슷한 방식으로 활성화하면, 우리는 원래 사건을 더 낮은 해상도의(덜 생생한) 기억으로 경험하게 된다. 우리가 모든 뉴런 하나하나를 처음과 '정확히' 똑같은 방식으로 활성화할 수만 있다면, 우리의 기억은 놀라울 정도로 정확할 것이다. 하지만 이는 거의 불가능해서, 어느 뉴런이 모여야 하고 그것이 정확히 어떻게 발화해야 하는지에 대한 지시는 약해지고 기능이 저하되어, 실제 경험에 대한 희미하고 흔히 부정확한 복사일 뿐인 재현으로 이어진다. 기억은 허구의 것으로, 그것은 우리에게 사실처럼 나타날 수 있지만 왜곡에 매우 취약하다.

[어휘] fashion 방식 resolution 해상도 recollection 기억 fire 발화하다 degrade (질적으로) 저하시키다 dim 흐릿한 fiction 허구 susceptible 취약한 distortion 왜곡 retain 보유하다

[정답] ②

14 다음 글의 요지로 가장 적절한 것은? [요지]

Why are so many people so tired so much of the time? One of the main causes is that we haven't learned when to just stop and hit the reset button. All of us need to do this from time to time. And we shouldn't think of it as something we do only when we feel we've messed something up or made a mistake. It needs to be a part of our regular routine because it helps to keep our channel clear so energy can flow through freely. Making sure there is a good balance between times of hard work and times of relaxation in your life at regular intervals is key. If you don't allow yourself this, you become out of sync energetically. This puts your body into *dis-ease*, which often leads to disease.

① Outdoor activities can be a cure for chronic tiredness.
② It is vital to take a break and recharge after messing up.
③ Allowing yourself frequent breaks may make you lag behind.
④ Regular breaks maintain energy balance and prevent exhaustion.

[해설] 첫 두 문장에서 사람들이 피곤한 이유는 '리셋할 시간'을 놓치기 때문이라고 언급한다. 여기서 리셋이란 '정기적인 휴식 시간'을 가리키는 비유임을 글 후반부에서 알 수 있다. 따라서 글의 요지로 가장 적절한 것은 ④ '규칙적인 휴식은 에너지 균형을 유지하고 고갈을 막아준다.'이다.
① 실외 활동은 만성 피로의 한 가지 치료법일 수 있다. → 휴식을 실외 활동으로 한정 짓지는 않았다.
② 무언가를 망친 후에는 휴식을 취하고 재충전하는 것이 중요하다. → 휴식은 무언가를 망친 후에만 취하는 것이 아니며 일상에서 정기적으로 가져야 하는 시간임을 강조하는 글이므로 글의 핵심에서 벗어난다.
③ 자신에게 잦은 휴식을 허락하는 것은 당신을 뒤처지게 만들 수 있다. → 정기적으로 휴식을 취하는 것이 우리의 에너지 흐름에 도움 된다는 글의 내용과 반대된다.

[해석] 왜 그토록 많은 사람들이 그렇게 많은 시간 피곤해할까? 주된 원인 중 하나는 우리가 언제 그저 멈춰서서 리셋 버튼을 눌러야 하는지를 배우지 못했기 때문이다. 우리는 모두 때때로 이렇게 할 필요가 있다. 그리고 우리는 이것이 우리가 무언가를 망쳤거나 실수했다고 생각할 때만 하는 것으로 생각해서는 안 된다. 이것은 우리 일상의 일부가 될 필요가 있는데, 이것은 에너지가 자유롭게 흐를 수 있도록 우리의 통로를 깨끗하게 유지하는 데 도움이 되기 때문이다. 삶에서 일정 간격을 두고 열심히 일하는 시간과 휴식 시간 사이에 적절한 균형을 반드시 두는 것이 핵심이다. 만약 당신이 이를 허락하지 않는다면, 당신은 에너지 면에서 조화를 이루지 못하게 된다. 이것은 당신의 몸을 '편치 못한 상태'로 만들고, 이는 종종 질병으로 이어진다.

[어휘] from time to time 때때로 mess up 망치다 channel 통로 relaxation 휴식 interval 간격 out of sync 조화를 이루지 못하는 cure 치료법 chronic 만성적인 vital 중요한 frequent 잦은 lag behind 뒤처지다 exhaustion 소진

[정답] ④

15 다음 글의 내용과 일치하지 않는 것은? 불일치

Baobab trees are native to Madagascar, mainland Africa and Australia. The baobab is also known as the "upside-down tree," a name derived from several myths. They are one of the most long-lived vascular plants and have large flowers that are reproductive for a maximum of 15 hours. The flowers open around nightfall, opening so quickly that the movement can be seen with the naked eye, and fade by the next morning. The fruits are large, oval and berry-like, and contain kidney-shaped seeds in a dry pulp. Recently, baobabs began to die off rapidly in southern Africa from a cause that has not yet been identified. Some have speculated that the die-off was a result of dehydration.

① 바오밥나무의 별명은 신화에서 기원한다.
② 바오밥나무의 꽃은 피고 나서 24시간 내로 진다.
③ 바오밥나무의 씨앗을 둘러싸는 과육은 건조하다.
④ 바오밥나무가 남부 아프리카에서 죽어 나가는 원인이 최근에 밝혀졌다.

해설 마지막 2번째 문장에서 최근에 바오밥나무가 아직 밝혀지지 않은 원인으로 남부 아프리카에서 빠른 속도로 하나씩 죽어 가기 시작했다고 언급되므로, 글의 내용과 일치하지 않는 것은 ④ '바오밥나무가 남부 아프리카에서 죽어 나가는 원인이 최근에 밝혀졌다.'이다.
① 바오밥나무의 별명은 신화에서 기원한다. → 2번째 문장에서 언급된 내용이다.
② 바오밥나무의 꽃은 피고 나서 24시간 내로 진다. → 4번째 문장에서 언급된 내용이다.
③ 바오밥나무의 씨앗을 둘러싸는 과육은 건조하다. → 5번째 문장에서 언급된 내용이다.
해석 바오밥나무는 마다가스카르, 아프리카 본토, 호주가 원산지이다. 바오밥나무는 여러 신화에서 유래한 이름인 '거꾸로 된 나무'라고도 불린다. 그것들은 가장 수명이 긴 유관속 식물 중 하나이며 최대 15시간 동안 번식할 수 있는 큰 꽃을 가지고 있다. 꽃은 해 질 무렵에 피는데, 매우 빠르게 펴서 육안으로 그 움직임을 볼 수 있으며 다음 날 아침이면 진다. 열매는 크고 타원형이며 베리 모양이고, 건조한 과육 속에 신장 모양의 씨앗이 들어 있다. 최근에 바오밥나무는 아직 밝혀지지 않은 원인으로 인해 남부 아프리카에서 빠른 속도로 하나하나씩 죽어 가기 시작했다. 일부에서는 그 고사가 탈수의 결과라고 추측했다.
어휘 native 원산지인 mainland 본토 upside-down 거꾸로 된 derived from ~에서 비롯된 myth 신화 vascular plant 유관속[관다발] 식물 reproductive 번식[생식]의 a maximum of 최대의 nightfall 해 질 무렵 naked eye 육안 fade 지다 oval 타원형의 kidney 신장 pulp 과육 die off 하나하나씩 죽어 가다 rapidly 빠르게 identify 밝히다 speculate 추측하다 dehydration 탈수

정답 ④

16 다음 글의 흐름상 어색한 문장은? 일관성

In this capitalist age of low transportation costs for shipping food, the ability to purchase food from other distant producers shields local consumers from agricultural price jumps. ① If horrible weather hits California, the price of crops in the region would rise sharply — but only momentarily. ② This is because goods can be shipped at a low cost across states and international borders. ③ Farmers in Mexico and elsewhere would see a profit opportunity in the crop price increase in California, and the low shipping costs would allow them to readily ship these goods to the region. ④ But the exported crops of Mexico would not be in the same condition as crops locally cultivated in California. The trade would result in an increase in crop supply in California, bringing the price down for the residents.

해설 오늘날 자본주의 시대에는 운송비가 저렴하기 때문에 농작물 가격이 급등하더라도 다른 곳에서 수입하여 가격을 다시 낮출 수 있다는 내용을 캘리포니아와 멕시코에 관한 예시를 통해 설명하는 글이다. 따라서 글의 흐름상 어색한 문장은 멕시코에서 수출되는 농작물과 캘리포니아 현지에서 재배되는 농작물은 같은 상태가 아닐 것이라는 내용의 ④이다.
해석 식료품 운송비가 저렴한 이러한 자본주의 시대에, 멀리 떨어진 다른 생산자로부터 농작물을 구매할 수 있는 능력은 지역 소비자들을 농작물 가격 급등으로부터 보호한다. 캘리포니아에 악천후가 닥치면 이 지역의 농작물 가격이 급격히 상승하겠지만, 이는 일시적일 것이다. 그것은 여러 주와 국경을 넘어 저렴한 비용으로 상품이 운송될 수 있기 때문이다. 멕시코와 다른 지역의 농부들은 캘리포니아의 농작물 가격 상승에 따른 수익 기회를 포착할 것이고, 낮은 운송비는 그들이 그 지역에 농작물을 기꺼이 운송할 수 있게 해줄 것이다. (하지만 멕시코에서 수출되는 농작물은 캘리포니아 현지에서 재배되는 농작물과 같은 상태가 아닐 것이다.) 이 무역은 캘리포니아에서 농작물 공급을 증가시켜 주민들에게 가격을 낮추는 결과를 가져올 것이다.
어휘 capitalist 자본주의의 transportation 운송 ship 운송하다 distant 멀리 있는 agricultural 농업의 jump 급등 sharply 급격히 momentarily 일시적으로 goods 상품, 제품 border 국경 profit 이익(의) opportunity 기회 readily 기꺼이 export 수출하다 cultivate 재배하다 supply 공급 resident 주민

정답 ④

17 주어진 글 다음에 이어질 글의 순서로 가장 적절한 것은? 순서배열

One area where entrepreneurs and influencers differ the most is in their processes of starting a business.

(A) Additionally, they are scarcely subject to many of the costs that apply to businessmen, such as renting office space, because many can work from home instead.

(B) Many influencers, on the other hand, have fewer investing costs. Most of them can easily build their brands through social media and smartphones, which makes a lower financial barrier.

(C) Nearly all traditional businesses have huge startup costs. For instance, they would require materials to make goods, or equipment to manufacture items or provide a service.

① (A) - (B) - (C)
② (A) - (C) - (B)
③ (C) - (A) - (B)
④ (C) - (B) - (A)

해설 사업가와 인플루언서의 차이점에 관해 설명하는 글이다. 주어진 글은 사업가와 인플루언서의 가장 큰 차이점 중 하나는 사업을 시작할 때의 과정이라는 내용으로, 이후에는 대부분의 전통적인 사업에는 큰 초기 비용이 든다며 주어진 글을 부연하는 내용의 (C)가 오는 것이 자연스럽다. 그다음으로는 on the other hand를 통해 이와 상반되는 인플루언서의 경우를 제시하는 내용의 (B)가 오는 것이 적절하다. 마지막으로, Additionally를 통해 인플루언서와 사업가의 차이를 덧붙이는 내용의 (A)가 와야 한다. 따라서 글의 순서로 가장 적절한 것은 ④ '(C) - (B) - (A)'이다.

해석 사업가와 인플루언서가 가장 큰 차이를 보이는 분야 중 하나는 사업을 시작할 때의 과정이다. (C) 대부분의 전통적인 사업은 큰 초기 비용이 있다. 예를 들어, 그것은 상품을 만들기 위한 재료나, 상품을 제조하거나 서비스를 제공하기 위한 장비를 필요로 할 것이다. (B) 반면에 많은 인플루언서들은 투자 비용이 더 적다. 그들 중 대부분은 소셜 미디어와 스마트폰을 통해 쉽게 자신의 브랜드를 구축할 수 있는데, 이는 재정적 장벽을 낮춘다. (A) 또한, 그들에게는 사무실 공간 임대와 같이 사업가들에게 적용되는 많은 비용들에 거의 영향을 받지 않는데, 이는 많은 이들이 집에서 대신 일할 수 있기 때문이다.

어휘 entrepreneur 사업가 scarcely 거의 ~않다 subject to 영향을 받다 financial 재정적인 barrier 장벽 traditional 전통적인 goods 상품 equipment 장비 manufacture 제조하다

정답 ④

18 주어진 문장이 들어갈 위치로 가장 적절한 것은? 문장삽입

For example, you could reply that just because we have no evidence that animals are conscious of pain, we can't just dismiss the possibility.

One important and effective way to develop your reasoning is to anticipate and counter what the other side in the debate might say. [①] Suppose one of the steps in your argument was that more intelligent animals are more likely to feel pain in the way humans do, so we should spare them pain as we would humans. [②] One objection an opponent may make is that we have no evidence of what animal pain is like, or even that animals are conscious of pain at all; so treating them like humans would be futile and costly. [③] You can develop your own point by anticipating this objection, and then responding critically to it. [④] This counters the opponent's argument in that the lack of evidence for a claim doesn't make it untrue.

해설 토론에서 상대방이 무엇을 말할지 예상하고 반박함으로써 추론을 발전시킬 수 있다는 내용의 글이다. ① 뒤에서 '당신'이 어떤 주장을 하는 상황을 가정한 후에, ② 뒤에서 이에 관해 상대방이 할 법한 이의 제기를 언급하고 있다. ③ 뒤에서는 당신이 이러한 반박을 예상한 뒤에 비판적으로 대응하여 논점을 발전시킬 수 있다고 했는데, 이는 글의 첫 문장과 같은 내용임을 알 수 있다. 따라서 글의 흐름상, 그리고 해당 문장의 문맥으로도 ③ 뒤의 this objection은 상대방의 반박을 가리키는 것을 알 수 있다. 따라서 ③ 앞뒤는 자연스럽게 연결된다. 그런데 ④ 뒤는 상대방의 주장을 당신이 어떤 점에서 반박하는 것인지를 설명하는 내용이므로, 당신이 상대방에게 반박한 내용이 언급되지 않은 상태에서 바로 나오는 것은 부자연스럽다. 이때 주어진 문장을 보면 당신이 답하는(reply) 상황이므로 상대방의 의견에 반박하는 부분임을 알 수 있으며, 이는 ④ 앞에서 언급된 responding critically와도 연결된다. 또한 주어진 문장에서 당신의 논점은 동물이 고통을 느끼지 않는다는 증거가 없다(no evidence)고 그 가능성까지 없는(dismiss the possibility) 것은 아니라는 점인데, 이는 어떤 주장에 대한 증거가 없다(the lack of evidence)고 그 주장이 사실이 아닌(make it untrue) 것은 아니라는 ④ 뒤의 내용과 같다. 즉, ④ 뒤의 문장은 주어진 문장을 부연하고 있음을 알 수 있다. 이를 모두 종합해 본다면 주어진 문장이 들어갈 위치로 가장 적절한 것은 ④이다.

해석 당신의 추론을 발전시키는 중요하고도 효과적인 한 가지 방법은 토론에서 상대방이 무엇을 말할지 예상하고 반박하는 것이다. 당신이 하는 주장의 단계 중 하나가 지능이 더 높은 동물은 인간과 같은 방식으로 고통을 느낄 가능성이 더 크므로 우리가 인간에게 그러할 것과 마찬가지로 그들에게서 고통을 덜어주어야 한다는 것이라고 가정하자. 반대자가 제기할 수 있는 한 가지 반론은 동물의 고통이 어떤 것인지, 심지어 동물이 고통을 의식한다는 증거가 전혀 없으므로, 그것들을 인간처럼 대우하는 것은 헛되고 비용이 많이 든다는 것이다. 이러한 반론을 예상하고 그것에 비판적으로 대응함으로써 당신은 당신의 논점을 발전시킬 수 있다. 예를 들어, 당신은 동물이 고통을 의식한다는 증거가 없다고 해서 그 가능성을 무시할 수는 없다고 답할 수 있다. 이는 어떤 주장에 대한 증거 부족이 그것을 사실이 아닌 것으로 만들지는 않는다는 점에서 상대방의 주장에 반박하는 것이다.

어휘 evidence 증거 conscious 의식하는 reasoning 추론 anticipate 예상하다 counter 반박하다 debate 토론 argument 주장 spare 덜어주다 objection 반대 opponent 반대자 futile 헛된 costly 비용이 많이 드는 critically 비판적으로

정답 ④

19 밑줄 친 부분에 들어갈 말로 가장 적절한 것은? 빈칸완성

If you study the lives of famous artists of the last hundred years, you'll often find that they were persistent _____. Painters such as Picasso and Jackson Pollock were conscious of their reputations, their gallery relationships, their fellow artists' work and the world where they lived, and knew how to use this knowledge to endlessly draw people's attention to their work. Even a famously unsuccessful (in his lifetime) artist such as Van Gogh constantly wrote letters to anyone he could, asking for support, gallery representation and recognition. Without these efforts, their genius might never have come to light.

① self-promoters
② rule-breakers
③ sponsors
④ mentors

해설 유명한 예술가들을 살펴보면, 그들이 자기 작품을 알리기 위해 계속해서 노력했다는 것을 알 수 있다는 내용의 글이다. 따라서 빈칸에 들어갈 말로 가장 적절한 것은 ① '자기 홍보자'이다.

② 규칙 파괴자 → 유명한 예술가들이 기존의 규칙을 어겼다는 내용은 언급되지 않았다.

③ 후원자 → 사람들로부터 지지와 인정을 요구했으므로, 후원자라기보다는 후원을 바라는 사람들이었다.

④ 멘토 → 누군가에게 조언이나 도움을 베풀었다는 내용은 언급되지 않았다.

해석 지난 100년간 유명한 예술가들의 삶을 연구해 보면, 그들이 끊임없는 자기 홍보자였다는 것을 종종 알게 될 것이다. Picasso와 Jackson Pollock과 같은 화가들은 자신의 명성, 갤러리와의 관계, 동료 예술가들의 작품, 자신이 살고 있는 세상을 의식하고 있었으며, 이 지식을 이용하여 자기 작품에 대한 사람들의 관심을 끊임없이 끌어내는 방법을 알고 있었다. Van Gogh와 같이 (생전에) 성공하지 못한 것으로 유명한 예술가조차도 지지, 갤러리 전시, 인정을 요구하면서 할 수 있는 모든 사람에게 끊임없이 편지를 썼다. 이러한 노력이 없었다면 그들의 천재성은 빛을 보지 못했을지도 모른다.

어휘 persistent 끈기 있는, 끊임없는 conscious 의식하는 reputation 명성 endlessly 끊임없이 constantly 끊임없이 representation 표시, 전시 recognition 인정 come to light 빛을 보다, 알려지다

정답 ①

20 밑줄 친 부분에 들어갈 말로 가장 적절한 것은? 빈칸완성

Given that humans typically birth only one offspring at a time, a firstborn offspring spends its first year or more of life as the sole recipient of its parents' investment. Whatever reproductive investments are being made, are to the direct benefit of the firstborn child. That first offspring may easily come to expect such investment, and may develop habits of defending it when it appears threatened by the arrival of siblings. Non-firstborns, on the other hand, are not typically afforded the privilege of a life without sibling competition for attention, affection, food, and whatever else their shared parents may provide. A lastborn, however, may eventually enjoy its own status as the last in the line, which has its own privileges. It is the middleborns, then, who seem to _____. Evidence suggests these differences may influence how birth order affects the development of investment seeking strategies.

① understand how their parents think
② engage in most productive activities
③ choose collaboration, not competition
④ suffer the most from family competition

해설 맨 먼저 태어난 자식은 생후 일정 기간 부모의 유일한 투자 대상이며, 마지막에 태어나는 자식은 마지막 자식으로서의 지위를 누릴 수 있지만, 그 사이에 태어난 자식은 일반적으로 형제자매와 경쟁 없이는 그러한 특권을 누리지 못한다는 내용의 글이다. 따라서 중간에 태어난 자식을 설명하는 내용으로 빈칸에 들어갈 말로 가장 적절한 것은 ④ '가족 경쟁으로 인해 가장 큰 고통을 받는'이다.

① 부모가 어떻게 생각하는지 이해하는 → 중간에 태어난 자식이 부모의 생각을 이해한다는 내용은 언급되지 않았다.

② 가장 생산적인 활동에 참여하는 → 중간에 태어난 자식이 생산적인 활동에 참여한다는 내용은 언급된 바 없다.

③ 경쟁이 아닌 협업을 선택하는 → 오히려 중간에 태어나서 첫째와 막내와 경쟁해야 부모의 투자를 받을 수 있기 때문에 본문의 내용과 반대된다.

해석 인간은 일반적으로 한 번에 한 명의 자식만 낳는다는 점을 고려할 때, 맨 먼저 태어난 자식은 생후 1년 또는 그 이상을 부모의 유일한 투자 수혜자로 지낸다. 어떤 생식 투자(자식을 위해 자원을 투자하는 것)가 이루어지든, 맨 먼저 태어난 아이에게 직접적인 혜택이 돌아간다. 맨 먼저 태어난 자식은 그러한 투자를 쉽게 기대하게 될 수 있으며, 형제자매의 등장으로 그러한 투자가 위협받는 것처럼 보일 때 그것을 지키려는 습관이 생길 수도 있다. 반면, 맨 먼저 태어나지 않은 자식은 일반적으로 관심, 애정, 음식, 그리고 그들이 공유하는 부모가 제공할 수 있는 것이면 무엇이든 그것에 대해 형제자매와 경쟁하지 않는 삶을 살 수 있는 특권을 누리지 못한다. 그러나 마지막에 태어난 자식은 결국에는 대를 잇는 마지막 자식으로서의 지위를 누릴 수 있는데, 그것에는 그것만의 특권이 있다. 그렇다면, 가족 경쟁으로 인해 가장 큰 고통을 받는 것으로 보이는 사람은 중간에 태어난 자식이다. 증거에 따르면, 이 차이는 출생 순서가 투자받기 위한 전략 수립에 영향을 미치는 방식에 영향을 줄 수 있다.

어휘 given that ~을 고려할 때 typically 일반적으로 birth (자식을) 낳다 offspring 자식, 새끼 at a time 한 번에 sole 유일한 recipient 수혜자 reproductive 번식[생식]의 threaten 위협하다 sibling 형제자매 afford 제공하다 privilege 특권 affection 애정 status 지위 strategy 전략 engage 참여하다 collaboration 협업 suffer 고통을 겪다

정답 ④

01	02	03	04	05
①	③	④	①	③
06	**07**	**08**	**09**	**10**
③	②	④	③	④
11	**12**	**13**	**14**	**15**
③	③	④	④	④
16	**17**	**18**	**19**	**20**
③	④	④	③	②

01 밑줄 친 부분의 의미와 가장 가까운 것은? 〔어휘〕

Scientists consider both scientific data and real-world consequences to <u>comprehend</u> the impact of climate change.

① grasp
② notify
③ tackle
④ estimate

〔해설〕 comprehend는 '이해하다'라는 뜻으로, 이와 의미가 가장 가까운 것은 ① 'grasp (이해하다)'이다.
② 알리다 ③ 다루다 ④ 추정하다
〔해석〕 과학자들은 기후 변화의 영향을 이해하기 위해 과학적 데이터와 실제 결과를 모두 고려한다.
〔어휘〕 consequence 결과

〔정답〕 ①

02 밑줄 친 부분의 의미와 가장 가까운 것은? 〔어휘〕

While most students were <u>compliant</u> with the assignment guidelines, some showed creativity beyond the outlined requirements and added a unique touch to their works.

① content
② favored
③ obedient
④ acquainted

〔해설〕 compliant는 '순응하는'이라는 뜻으로, 이와 의미가 가장 가까운 것은 ③ 'obedient (순종하는)'이다.
① 만족하는 ② 혜택을 받는 ④ 알고 있는
〔해석〕 대부분의 학생들이 과제 지침에 순응했지만, 일부는 명시된 요건을 뛰어넘는 창의성을 보여주며 자기 작품에 독특한 감각을 더했다.
〔어휘〕 assignment 과제 outline 윤곽을 그리다, 개요를 말하다

〔정답〕 ③

03 밑줄 친 부분의 의미와 가장 가까운 것은? 〔이어동사〕

The editorial article <u>set off</u> concerns among the general public.

① alleged
② relieved
③ conveyed
④ prompted

〔해설〕 set off는 '유발하다'라는 뜻으로, 이와 의미가 가장 가까운 것은 ④ 'prompted (유발하다)'이다.
① (증거 없이) 주장하다 ② 완화하다 ③ 전달하다
〔해석〕 그 사설 기사는 일반 대중들 사이에서 우려를 유발했다.
〔어휘〕 editorial article 사설 (기사)

〔정답〕 ④

04 밑줄 친 부분의 의미와 가장 가까운 것은? 〔이어동사〕

The residents <u>put up with</u> the disruptions caused by infrastructure repairs.

① bore
② disliked
③ overcame
④ denounced

〔해설〕 put up with는 '참다'라는 뜻으로, 이와 의미가 가장 가까운 것은 ① 'bore(참다)'이다.
② 싫어하다 ③ 극복하다 ④ 비난하다
〔해석〕 주민들은 기반 시설 보수로 인한 지장을 참았다.
〔어휘〕 resident 주민 disruption 혼란, 지장 infrastructure 기반 시설

〔정답〕 ①

05 밑줄 친 부분에 들어갈 말로 가장 적절한 것은? 〔어휘〕

Educational institutions are introducing personalized teaching methods to _____ disparities in student learning outcomes.

① justify
② provoke
③ mitigate
④ meditate

〔해설〕 교육 기관이 개인마다 맞춰서 가르치는 방식을 도입하는 목적은 학생들 간의 학습 성과 격차를 줄이는 것이라고 추론할 수 있으므로, 빈칸에 들어갈 말로 가장 적절한 것은 ③ 'mitigate(완화하다)'이다.
① 정당화하다 ② 유발하다 ④ 계획하다; 숙고하다
〔해석〕 교육 기관들은 학생들의 학습 성과의 차이를 완화하기 위해 개인 맞춤형 교수법을 도입하고 있다.
〔어휘〕 institution 기관 personalized 개인 맞춤의 disparity 차이

〔정답〕 ③

06 밑줄 친 부분 중 어법상 옳지 않은 것은?

문법

The multimedia personal computer ① equipped with DVD players and digital sound systems ② allows users with varying levels of technical proficiency ③ handling animated images and sound, ④ all of which are stored on the expansive storage capacity of DVD-ROMs.

해설 (handling → to handle) allow가 5형식 동사로 사용되면 목적격 보어로 to 부정사를 취하므로 handling을 to handle로 고쳐야 한다. 참고로 with ~ proficiency는 목적어 users를 수식하는 전치사구이다.

① 'A에(게) B를 갖추게 하다'라는 뜻의 'equip A with B' 구문을 수동태로 전환하면 'A be equipped with B'가 된다. 여기서 수식 대상인 The multimedia personal computer가 DVD 재생기와 디지털 사운드 시스템을 '갖추게 하는' 것이 아니라 그것들이 '갖춰진' 것이므로 equipped는 적절하게 쓰였다.

② allows의 주어는 문장의 주어인 단수 명사 The multimedia personal computer이므로, 그에 수일치하여 단수 동사로 쓰인 것은 적절하다.

④ 콤마 앞의 절과 뒤의 절을 연결하는 접속사가 필요한 문장이므로, 접속사 역할을 하면서 전치사 of의 목적어 역할을 동시에 하는 관계대명사 which는 적절하게 쓰였다.

해석 DVD 재생기와 디지털 사운드 시스템이 장착된 멀티미디어 개인용 컴퓨터는 다양한 수준의 기술 능숙도를 갖춘 사용자들이 대용량 저장 공간인 DVD 롬에 모두 저장되어 있는 동영상 및 음향을 다룰 수 있게 해준다.

어휘 equip 갖추게 하다 varying 다양한, 가지각색의 proficiency 능숙도 animated 동영상으로 된 expansive 광범위한 capacity 수용력, 용량

정답 ③

07 밑줄 친 부분이 어법상 옳지 않은 것은?

문법

① He has developed an interest in astronomy, and so have his siblings.
② The taste of the soup reminded me of comforting during illness.
③ She prefers riding a bike or driving a car to taking a walk.
④ The feedback provided by peers was of great help.

해설 (comforting → being comforted) 'remind A of B'는 'A에게 B를 상기시키다'라는 뜻의 구문이다. 그런데 여기서 of의 목적어로 온 타동사 comforting 뒤에 목적어가 없고, 의미상으로도 '나'가 '위안을 준' 것이 아닌 '위안을 받은' 것이 자연스러우므로 수동형인 being comforted가 쓰여야 한다. 참고로 전치사 during 뒤에 명사 illness가 온 것은 적절하다.

① 긍정 동의를 나타낼 때는 'and so + V + S'의 형태로 도치가 일어나며, 이때 대동사는 앞에 나온 현재완료시제 동사 has developed를 대신하면서 복수 명사 siblings에 수일치해야 하므로 and so have his siblings의 쓰임은 적절하다.

③ prefer의 목적어 뒤에 비교 대상이 있는 경우, 'prefer RVing to RVing' 또는 'prefer to RV (rather) than (to) RV'의 형태로 사용된다.

④ 주어가 불가산명사인 The feedback이므로 그에 수일치한 단수 동사 was의 쓰임은 적절하다. 또한 'of + 추상명사'는 형용사 역할을 할 수 있는데, 여기서는 of help가 helpful을 뜻하는 주격 보어로 적절하게 쓰였다.

해석 ① 그는 천문학에 관심을 두게 되었고, 그의 형제들도 마찬가지였다.
② 그 수프의 맛은 내가 아팠을 때 위안받았던 것을 상기시켰다.
③ 그녀는 산책하는 것보다 자전거를 타거나 차를 운전하는 것을 더 좋아한다.
④ 동료들이 준 피드백이 큰 도움이 되었다.

어휘 astronomy 천문학 sibling 형제자매 comfort 위안하다 peer 동료

정답 ②

08 우리말을 영어로 잘못 옮긴 것은?

문법

① 식물들이 계속 살아있도록 정원에 물을 줘야 한다.
→ The garden needs watering to keep the plants alive.
② 그 배우는 드라마의 스포일러가 거론되지 않도록 애썼다.
→ The actor tried not to let spoilers of his drama be mentioned.
③ 그들은 아프리카를 여행하면서 웅장한 풍경들을 경험했다.
→ They experienced grand landscapes while traveling through Africa.
④ 우리가 가장 좋은 후보자라고 말한 사람이 결국 채용되었다.
→ The person whom we said was the best candidate ended up being hired.

해설 (whom → who) whom 뒤의 we said는 삽입절로, 관계사절의 주어 자리가 비어 있는 구조이다. 따라서 목적격 관계대명사 whom을 주격 관계대명사 who로 고쳐야 한다. 참고로 'end up RVing'는 '결국 ~하게 되다'라는 뜻의 관용 표현으로 주어진 우리말에 맞게 쓰였으며, 의미상 주어인 The person이 '채용된' 것이므로 수동형 being hired의 쓰임도 적절하다.

① need는 목적어로 동명사를 취할 수도 있는데, 이 경우 수동태로 해석되므로 주어진 우리말에 맞게 쓰였다. 또한 5형식 동사로 쓰인 keep이 형용사 alive를 목적격 보어로 취하고 있는데, 이때 alive는 서술적 용법으로만 쓰이는 형용사이므로 적절하게 쓰였다. 명사를 앞에서 수식하는 한정적 용법으로만 쓰이는 live와의 구별에 유의해야 한다.

② '~하기 위해 노력하다'라는 의미의 'try to RV'가 쓰인 것도 적절하며, '시험 삼아 ~해보다'라는 의미의 'try RVing'와 구분함에 유의해야 한다. 또한 사역동사 let은 목적어와 목적격 보어의 관계가 수동일 때 be p.p.를 목적격 보어로 취하는데, 이때 be를 빠뜨려서는 안 된다.

③ while 이하의 분사구문에서 의미상 주어인 They가 아프리카를 '여행한' 것이므로 능동의 현재분사 traveling의 쓰임은 적절하다.

어휘 water 물을 주다 grand 웅장한 landscape 풍경 candidate 후보자 hire 채용하다

정답 ④

09 밑줄 친 부분에 들어갈 말로 가장 적절한 것은? 생활영어

> A: Oh no, we got on the wrong bus.
> B: What? Isn't this the 2312 bus?
> A: No, it's 3212. I have no idea where we are right now.
> B: _____
> A: I guess so. We should get off here and just take a cab, then.

① I'm pretty sure we got on the right bus.
② It's okay. 3212 also goes to the same destination.
③ Me neither. We must have mixed up the numbers.
④ 2312 takes a longer detour to our destination than 3212.

해설 3212번 버스를 2312번 버스로 착각하고 잘못 탄 상황이다. 이러한 상황에서 B는 빈칸 내용을 언급했고, A는 이에 동의한 뒤에 내려서 택시를 타자고 말했다. 따라서 빈칸에 들어갈 말로 가장 적절한 것은 ③ '나도. 우리가 번호를 헷갈렸나 봐.'이다.

① 난 우리가 버스를 제대로 탔다고 정말 확신해.
② 괜찮아. 3212번도 같은 목적지로 가.
④ 2312번은 3212번보다 목적지까지 더 크게 우회해서 가.

해석 A: 아 이런, 우리 버스 잘못 탔어.
B: 뭐? 이거 2312번 버스 아니야?
A: 아니야, 이거 3212번이야. 우리가 지금 어디에 있는지 전혀 모르겠어.
B: 나도. 우리가 번호를 헷갈렸나 봐.
A: 그런 것 같아. 그러면 여기서 내려서 그냥 택시를 타야겠다.

어휘 pretty 매우, 꽤 destination 목적지 mix up 헷갈리다 detour 우회

정답 ③

---

10 밑줄 친 부분에 들어갈 말로 가장 적절한 것은? 생활영어

> A: So, I see that you have a lot of experience in marketing.
> B: Yes, I worked at an advertising company for 5 years.
> A: That's great. We highly value your experiences. But what concerns me is that _____.
> B: Oh, after working days and nights at the advertising company, I experienced burnout and needed to take a long break. But I'm all freshened up now.
> A: That's understandable. We'll review your files again and get back to you with the result.

① you've been switching jobs frequently
② our marketing job is different from advertising
③ you've only handled basic tasks for those years
④ you haven't been at work for a long time after that

해설 빈칸에 나온 A의 지적에 B는 광고 회사에서 밤낮으로 일해 번아웃이 와서 긴 휴식을 취해야 했다고 설명했으므로, 빈칸에 들어갈 말로 가장 적절한 것은 ④ '그 이후에 오랫동안 일을 안 하셨다는'이다.

① 직장을 자주 옮기셨다는
② 저희 마케팅 업무가 광고와는 다르다는
③ 그 기간에 기본적인 업무만 다루셨다는

해석 A: 자, 마케팅 경력이 많으신 것처럼 보이네요.
B: 네, 광고 회사에서 5년 동안 일했어요.
A: 좋네요. 저희는 당신의 경험을 높이 평가합니다. 그런데 제가 우려하는 것은 그 이후에 오랫동안 일을 안 하셨다는 점이에요.
B: 아, 광고 회사에서 밤낮으로 일하다 보니 번아웃이 와서 긴 휴식을 취해야 했어요. 하지만 지금은 완전히 회복되었어요.
A: 충분히 이해가 가요. 저희가 서류를 다시 검토한 후에 결과와 함께 다시 연락드리겠습니다.

어휘 advertising 광고업 value 소중하게 여기다 concern 우려하게 만들다 freshen 새롭게 하다 get back to ~에게 다시 연락을 주다 handle 다루다

정답 ④

11 두 사람의 대화 중 자연스럽지 않은 것은? 생활영어

① A: Why do you have such a long face?

　B: It's nothing. I'm just worn out from work.

② A: Hi, could you put Mr. Sandal through?

　B: Sorry, but his line is currently busy.

③ A: Would you do the dishes while I vacuum?

　B: I don't feel like cooking. Can we switch the roles?

④ A: It's very rude to talk back to your teacher.

　B: I was just trying to clear up the misunderstanding.

해설 청소기를 돌리는 동안 설거지를 해줄 수 있냐는 A의 물음에 요리할 기분이 아니라면서 역할을 바꾸자는 B의 제안은 모순된다. 따라서 대화 중 자연스럽지 않은 것은 ③이다.

해석 ① A: 너 왜 그렇게 울상이야?

B: 아무것도 아니야. 그냥 일에 지쳐서 그래.

② A: 안녕하세요, Sandal 씨 좀 연결해 주시겠어요?

B: 죄송합니다만, 그는 지금 통화 중이에요.

③ A: 내가 청소기 돌리는 동안 설거지 좀 해줄래?

B: 별로 요리할 기분이 아니야. 역할을 바꾸면 안 돼?

④ A: 선생님께 말대꾸하는 것은 정말 무례한 거야.

B: 전 단지 오해를 풀려고 했을 뿐이에요.

어휘 have a long face 울상이다 be worn out from ~에 지치다 put sb through (통화를) 연결하다 line is busy 통화 중이다 do the dishes 설거지하다 vacuum 진공청소기로 청소하다 feel like RVing ~할 기분이다 talk back 말대꾸하다 misunderstanding 오해

정답 ③

12 다음 글의 제목으로 가장 적절한 것은? 제목

What factors keep people together? To answer this question, the 2017 research highlights the significance of turning toward a partner's bid for attention instead of turning away or against, suggesting a strong correlation between responsiveness and happier relationships. For example, one person might bid for a response from a partner by commenting on something of personal interest, such as "Look at that beautiful dog!". The partner can turn toward the bid ("Yes, I agree. That's a really pretty dog!"), away from the bid (ignoring it), or against the bid ("Don't bother me now. I'm reading!"). The researchers found that couples divorced after six years of marriage turned toward bids only 33% of the time, compared to 86% of the time for couples still married.

① Raising a Dog Helps Your Marriage

② Types of Response to Communication Bids

③ Bid Responsiveness: A Key to Lasting Bonds

④ Save Your Marriage by Sharing Your Hobbies

해설 파트너가 관심을 구하고자 하는 시도를 할 때 이에 응하는 것이 관계 유지에 도움된다는 내용의 글이다. 따라서 글의 제목으로 가장 적절한 것은 ③ '(관심을 구하려는) 시도에 대한 호응: 오래 가는 유대 관계의 핵심'이다.

① 개를 키우는 것은 결혼에 도움 된다 → 개는 파트너의 관심을 구하려는 상황의 예를 들기 위해 언급되었을 뿐이다.

② 소통하려는 시도에 대한 반응의 종류 → 반응의 종류들을 나열한 것은 맞으나, 그중 가장 바람직한 반응이 어떤 것인지, 그리고 그것이 얼마나 중요한지를 역설하는 글이므로 적절하지 않다.

④ 취미를 공유하여 결혼 생활을 지켜라 → 관심을 구하려는 상대방의 시도에 응하는 것이 관계 유지에 도움 된다는 것이 글의 요지이며, 취미를 공유하는 것과 관련된 내용은 언급되지 않았다.

해석 어떤 요소들이 사람들의 결속을 유지해 줄까? 이 질문에 답하고자, 2017년의 한 연구는 호응과 행복한 관계 사이의 강한 연관성을 제시하면서, 파트너가 관심을 구하려는 시도를 외면하거나 등지는 것보다는, 그 시도에 응하는 것의 중요성을 강조한다. 예를 들어, 어떤 사람은 "저 예쁜 개를 봐!"와 같이 어떤 개인적인 관심사를 언급해 파트너로부터의 응답을 구할지도 모른다. 파트너는 그런 시도에 응할 수도 있고("응, 그러게. 정말 예쁜 개네!"), 그런 시도로부터 돌아서거나(그것을 무시하는 것), 혹은 등질 수도 있다("지금 날 귀찮게 하지 마. 난 독서 중이야!"). 연구진이 밝히기로, 결혼 6년 뒤에 이혼한 부부들은 33%의 경우에만 (관심을 구하려는) 시도에 응했는데, 이에 비해 결혼을 유지한 부부들은 86%의 경우에 응했다.

어휘 highlight 강조하다 significance 중요성 turn toward ~쪽으로 향하다 bid (~하려는) 시도 attention 관심, 주의 correlation 연관성 responsiveness 반응성, 호응 divorce 이혼하다 last 지속되다 bond 유대

정답 ③

13 다음 글의 주제로 가장 적절한 것은? 　주제

In ancient Greece, play was assigned a valuable role in the lives of children. For them, play was an integral element of education and was considered a means of positive character development and teaching the values of Greek Society. Then, during the Middle Ages, there was a shift towards associating play with lack of seriousness, viewing it as a distraction from more meaningful pursuits. Though the Renaissance marked a return to recognizing the educational value of play, the Industrial Revolution again focused on limiting time for leisure and play as structured work hours, even for children, became the norm. Gradually, however, educators and philosophers came to the defense of play as an important aspect of childhood education. It is now described as the highest expression of human development in childhood.

① the historical review on types of children's play
② importance of character building in childhood
③ why playing was important to Greek society
④ the opposing viewpoints of play in history

해설 놀이를 바라보는 관점이 시대에 따라 긍정적이기도 했고 부정적이기도 했다는 점을 서술하는 글이므로, 글의 주제로 가장 적절한 것은 ④ '놀이에 대한 역사 속의 상반된 관점들'이다.
① 아동 놀이의 유형에 관한 역사적 고찰 → 아동 놀이의 유형이 역사적으로 어떻게 변화했는지에 관해서는 언급되지 않았다.
② 아동기에 인성 형성의 중요성 → 아동기에 인성을 형성하는 것의 중요성을 서술하는 글이 아니다.
③ 놀이가 그리스 사회에 중요했던 이유 → 그리스 사회에서 놀이의 역할에 관해 언급되었으나, 이는 놀이를 바라보는 역사적 관점 중 하나에 불과하므로 지엽적이다.

해석 고대 그리스에서 놀이는 아이들의 삶에서 중요한 역할을 담당했다. 그들에게 놀이는 교육에 필수적인 요소였으며, 긍정적인 인성 발달과 그리스 사회의 가치를 가르치는 수단으로 여겨졌다. 그러다가 중세 시대에는 놀이를 더 의미 있는 일에 대한 집중을 방해하는 것으로 여기며 그것을 진지함의 부족과 연관 짓는 쪽으로의 변화가 있었다. 르네상스 시대에는 놀이의 교육적 가치를 인정하는 쪽으로 돌아왔지만, 산업혁명에는 심지어 어린이들에게도 구조화된 노동 시간이 표준이 되면서 여가와 놀이를 위한 시간을 제한하는 데 다시 초점을 맞추게 되었다. 그러나 점차 교육자들과 철학자들은 놀이를 아동 교육의 중요한 측면으로 옹호하게 되었다. 이제 놀이는 아동기에 있어 인간 발달의 가장 높은 표현으로 묘사되고 있다.

어휘 assign 할당하다, 배정하다 valuable 귀중한 integral 필수적인 element 요소 associate 연관 짓다 seriousness 진지함 distraction 집중을 방해하는 것 pursuit (시간·에너지를 들여서 하는) 일[활동] recognize 인정하다 norm 표준 aspect 측면 expression 표현 viewpoint 관점

정답 ④

14 다음 글의 요지로 가장 적절한 것은? 　요지

In the world of mathematics, achievable challenge acts as the stepping stone for students' progress. Much like a solid foundation is essential for a building, students' existing skills in math serve as the bedrock upon which their learning is built. Then, achievable challenges support their journey through math education. Implementing these challenges in teaching math helps build confidence and alters negative attitudes toward the subject. Students won't feel confined within the walls of math class anymore, and fear or avoidance won't dominate their approach to math. Instead, they'll bravely confront challenges with confidence and determination.

① Addressing impossible challenges enhances math proficiency.
② Diverse strategies should be used to solve achievable challenges.
③ Being confident is the foundation for good performance in math.
④ Achievable challenges in math empower learning and confidence.

해설 달성 가능한 도전 과제는 수학에 관한 자신감을 높여 수학 실력 발전에 매우 중요한 역할을 한다는 내용의 글이다. 따라서 글의 요지로 가장 적절한 것은 ④ '수학에서 달성 가능한 도전 과제는 학습과 자신감에 힘을 실어준다.'이다.
① 불가능한 도전 과제를 다루는 것은 수학 능숙도를 향상한다. → 불가능한 과제가 아닌, '달성 가능한' 과제의 중요성에 관한 글이다.
② 달성 가능한 과제를 해결하기 위해서는 다양한 전략을 활용해야 한다. → 달성 가능한 과제를 해결하는 것이 수학 능력 향상에 도움 된다고 했을 뿐, 이에 다양한 전략을 활용해야 한다는 내용은 언급된 바 없다.
③ 자신감을 갖는 것은 수학에서 좋은 성적을 내는 데 탄탄한 기반이 된다. → 자신감을 가지면 수학 능력이 발전한다고 볼 수는 있으나, 이 과정에서 달성 가능한 도전 과제를 수행하는 것이 핵심임을 강조하는 글이므로 적절하지 않다.

해석 수학의 세계에서, 달성 가능한 도전 과제는 학생들의 발전을 위한 디딤돌이 된다. 견고한 기반이 건물에 필수적인 것처럼, 학생들이 원래 지니고 있던 수학적 능력은 학습이 쌓이는 기반 역할을 한다. 그런 다음, 달성 가능한 과제는 이들이 수학 교육을 통과해 가는 여정을 도와준다. 이런 도전 과제를 수행하는 것은 자신감을 키워주고 그 과목에 대한 부정적인 태도를 변화시킨다. 학생들은 더 이상 수학 수업의 벽 안에 갇혀 있다고 느끼지 않게 되고, 두려움이나 회피가 수학에 대한 이들의 접근을 지배하지 않을 것이다. 대신, 그들은 자신감과 결단력으로 도전 과제에 용감히 직면할 것이다.

어휘 achievable 달성 가능한 act as ~의 역할을 하다 stepping stone 디딤돌 solid 견고한 foundation 기반 essential 필수적인 bedrock 기반 implement 시행하다 confidence 자신감 alter 바꾸다 confine 국한하다 avoidance 회피 dominate 지배하다 approach 접근(법) confront 직면하다 determination 결단력 enhance 향상하다 proficiency 능숙도 empower 능력을 부여하다

정답 ④

15 다음 글의 내용과 일치하지 않는 것은?

불일치

Occam's razor, or the law of economy, is a principle that takes its name from philosopher William of Ockham. The principle states that one should not make more assumptions than the minimum needed. The principle gives precedence to simplicity. That is, of two competing theories, the simpler one is to be preferred. In fact, the underlying concept of the principle was pronounced as far back as Aristotle. And many figures across centuries also have mentioned this principle, including Galileo who used it to defend his simple model of the solar system. Although the concept existed long before Ockham, it was his frequent references that led to its association with his name. The metaphorical expression "razor" is meant to shave away unnecessary complexities.

① Occam의 면도날은 복잡성보다 단순성을 우선시한다.
② Aristotle은 경제성의 원리의 근본 개념을 언급한 적이 있다.
③ Galileo는 경제성의 원리를 통해 자신의 태양계 모형을 옹호했다.
④ Occam의 면도날은 그 개념을 처음 만든 사람의 이름에서 유래했다.

해설 마지막 2번째 문장에서 그 원리의 개념이 Ockham보다 훨씬 이전부터 존재했지만, 그가 이 원리를 자주 언급하여 그의 이름과 연관 있게 되었다고 언급된다. 따라서 글의 내용과 일치하지 않는 것은 ④ 'Occam의 면도날은 그 개념을 창안한 사람의 이름에서 유래했다.'이다.

① Occam의 면도날은 복잡성보다 단순성을 우선시한다. → 3, 4번째 문장에서 언급된 내용이다.

② Aristotle은 경제성의 원리의 근본 개념을 언급한 적이 있다. → 5번째 문장에서 언급된 내용이다.

③ Galileo는 경제성의 원리를 통해 자신의 태양계 모형을 옹호했다. → 6번째 문장에서 언급된 내용이다.

해석 Occam의 면도날, 또는 경제성의 원리는 철학자 William of Ockham의 이름에서 유래한 원칙이다. 이 원칙은 최소한으로 필요한 것보다 더 많은 가정을 해서는 안 된다고 말한다. 이 원칙은 단순성에 우위를 부여한다. 다시 말해, 경쟁하는 두 이론 중에서, 더 간단한 것이 선호된다는 것이다. 사실, 그 원리의 근본 개념이 표명된 시기는 Aristotle까지 거슬러 올라간다. 또한 자신의 단순한 태양계 모형을 옹호하는 데 이 원리를 사용한 Galileo를 비롯해, 수 세기에 걸쳐 여러 인물들이 그것을 언급했다. 이 개념은 Ockham보다 훨씬 이전부터 존재했지만, 그의 빈번한 언급이 그것과 그의 이름의 연관으로 이어졌다. '면도날'이라는 은유적 표현은 불필요한 복잡성을 깎아낸다는 의미이다.

어휘 razor 면도날 principle 원리 state 진술하다 assumption 가정 precedence 우위 pronounce 표명하다 figure 인물, 거물 defend 옹호하다 frequent 빈번한 reference 언급 association 연관 metaphorical 은유[비유]의 shave away 깎아내다 complexity 복잡성

정답 ④

16 다음 글의 흐름상 어색한 문장은?

일관성

More than 3,000 consumer magazines are published in Britain, and all contain advertisements. ① And each one is heavily funded by advertising, so that its readers can buy it at a smaller percentage of its production cost. ② Thus, the revenue magazines receive from advertising reduces, even if only marginally, the prices they charge for what they provide. ③ The cost of advertisement is carried over to the cost of the product, and this increased cost must be borne by the final consumer. ④ And research shows that many readers of special interest magazines find the advertisements at least as helpful and interesting as the editorial itself. Some magazines contain only advertisements, with no editorial whatsoever: living proof that readers value the advertising they contain.

해설 잡지는 광고로부터 얻는 수익을 통해 더 낮은 판매가로 소비자에게 제공될 수 있으며, 독자들도 광고를 보는 것을 즐긴다고 말하며 잡지 광고가 제공하는 이점에 관해 서술하는 글이다. 따라서 글의 흐름상 어색한 문장은 광고비가 제품 가격에 전가되며, 이 증가된 비용이 최종 소비자의 부담으로 이어진다는 내용의 ③이다.

해석 영국에는 3,000개 이상의 소비자 잡지가 출간되며, 모두 광고를 포함하고 있다. 그리고 각 잡지는 광고에 의해 막대한 자금을 받고 있고, 따라서 독자들은 생산 비용의 더 적은 비율로 그것을 구매할 수 있다. 따라서 잡지가 광고에서 얻는 수익은 비록 아주 조금일 뿐일지라도 그것이 제공하는 것에 부과하는 가격을 낮춘다. (광고비는 제품 가격에 전가되며, 이 증가된 비용은 최종 소비자가 부담해야 한다.) 그리고 연구에 따르면, 특수 관심 분야 잡지의 많은 독자들은 광고가 적어도 사설 그 자체만큼이나 유용하고 흥미롭다고 느낀다는 것을 보여준다. 일부 잡지에는 사설이 하나도 없이 광고만 실리는데, 이는 독자들이 잡지에 실린 광고를 가치 있게 여긴다는 살아있는 증거이다.

어휘 consumer 소비자 publish 출간하다 advertisement 광고 fund 자금을 대다 production cost 생산비 revenue 수익 marginally 아주 조금 charge 부과하다 carry over ~을 전가하다 bear 떠맡다 editorial 사설 whatsoever 전혀 proof 증거

정답 ③

17 주어진 글 다음에 이어질 글의 순서로 가장 적절한 것은? [순서배열]

A great example of using customer language to understand customers' needs and desires is the success of Airbnb.

(A) Through this process, they started to have a significant increase in bookings. Airbnb has now become a classic example that shows the importance of truly listening to customer needs.

(B) By listening to their words, the company found that they were searching for personalized experiences, not just an ordinary hotel room. So, they adapted their approach and began highlighting the unique experiences that hosts could offer.

(C) The founders were struggling to attract customers and get them to book through their platform. They decided to focus on researching and figuring out what their customers really wanted.

① (B) - (A) - (C)   ② (B) - (C) - (A)
③ (C) - (A) - (B)   ④ (C) - (B) - (A)

해설 고객의 언어를 이해하는 것의 중요성을 에어비앤비 사례를 통해 설명하는 글이다. 주어진 문장은 고객의 요구 사항을 파악하기 위해 고객의 언어를 사용하는 좋은 예로서 에어비앤비를 소개하는 내용으로, 뒤에는 그 창업자들이 고객을 끌어들이는 데 애를 먹었다는 초기 상황에 관한 내용인 (C)가 오는 것이 자연스럽다. 그다음으로, (C)에서 언급된 customers의 말을 their words로 받아, 이를 통해 회사가 발견한 사실과 그에 따라 조정한 접근 방식을 설명하는 (B)가 와야 한다. 마지막으로, (B)의 내용을 this process로 받아, 그 과정을 통해 예약이 크게 증가하게 되었고 현재 에어비앤비는 고객의 요구에 귀를 기울이는 것이 얼마나 중요한지 보여주는 대표적인 사례가 되었다는 내용의 (A)로 글이 마무리되어야 한다. 따라서 글의 순서로 가장 적절한 것은 ④ '(C) - (B) - (A)'이다.

해석 고객의 요구와 바람을 이해하기 위해 고객의 언어를 이용하는 하나의 좋은 예는 에어비앤비의 성공이다. (C) 창업자들은 고객을 끌어들이고, 그들의 플랫폼을 통해 예약하도록 하기 위해 씨름하고 있었다. 그들은 고객들이 진정으로 원하는 것이 무엇인지 연구하고 파악하는 것에 집중하기로 했다. (B) 그들의 말을 들음으로써 회사는 그들이 일반적인 호텔 방이 아니라 개인화된 경험을 찾고 있음을 발견했다. 그래서 그들은 접근 방식을 조정하여 숙박 시설이 제공할 수 있는 독특한 경험들을 강조하기 시작했다. (A) 이 과정을 통해 그들은 예약에 큰 증가를 갖기 시작했다. 이제 에어비앤비는 고객의 요구에 진정으로 귀를 기울이는 것이 얼마나 중요한지 보여주는 대표적인 사례가 되었다.

어휘 desire 욕구, 바람 significant 중대한 booking 예약 personalized 개인화된 ordinary 일반적인 adapt 조정하다 highlight 강조하다 founder 창업자 struggle 씨름하다 figure out 파악하다

정답 ④

18 주어진 문장이 들어갈 위치로 가장 적절한 것은? [문장삽입]

For many parents of children with Down syndrome, the more information the better, even if the information includes bad news.

When information is unpleasant to deal with, people often fail to attend to it. We have seen that investors tend to log in and look up the value of their portfolios after a rise in the market, but put their heads in the sand after the market declines. (①) Research on medical testing for conditions such as HIV finds that the people who are most at risk often do not get tested because the prospect of the disease is too scary to think about. (②) They appear to treat the absence of testing results as equivalent to the absence of the disease. (③) But when the information concerns someone for whom they care, people act differently. (④) This is presumably because they think that more information helps them be better caregivers.

해설 주어진 문장은 다운증후군 자녀를 둔 많은 부모는 비록 나쁜 소식이어도 정보가 많은 것을 선호한다는 내용으로, 글의 전반부에 나온 사례들과는 상반되는 경우임을 알 수 있다. 따라서 But을 통해 글의 흐름을 반전시키는 ③ 뒤의 문장 이후에 오는 것이 적절하며, 이때 ④ 뒤의 내용이 주어진 문장을 부연하는 것을 알 수 있으므로, 주어진 문장이 들어갈 위치로 가장 적절한 것은 ④이다.

해석 다루기에 불쾌한 정보일 경우 사람들은 그것에 관심을 기울이지 않는 경우가 많다. 우리는 투자자들이 시장이 상승한 후에는 로그인하여 그들 포트폴리오의 가치를 찾아보지만, 시장이 하락한 후에는 현실을 회피하는 경향이 있음을 봤다. HIV와 같은 질병에 대한 의료 검사에 대한 연구는 가장 위험에 처한 사람들이 질병의 가능성을 생각하기가 너무 무서워서 흔히 검사를 받지 않는다는 점을 발견한다. 그들은 검사 결과가 없는 것을 질병이 없는 것과 동일하게 취급하는 것으로 보인다. 그러나 그 정보가 자신이 아끼는 사람에 관한 것이라면 사람들은 다르게 행동한다. 다운증후군 자녀를 둔 많은 부모에게는 그 정보에 나쁜 소식이 포함되어 있더라도 정보가 많을수록 좋다. 이는 아마도 더 많은 정보가 그들이 더 나은 보호자가 되도록 하는 데 도움 된다고 생각하기 때문일 것이다.

어휘 unpleasant 불쾌한 attend to ~을 돌보다 look up 찾아보다 put one's head in the sand 현실을 회피하다 decline 감소하다 prospect 가망 absence 부재 equivalent 동등한 presumably 아마 caregiver 보호자

정답 ④

19 밑줄 친 부분에 들어갈 말로 가장 적절한 것은?

How can researchers measure the extent to which a result is caused by the independent variable or by the placebo effect? Usually, they include a special control group that receives only an inactive medicine treatment. Then they compare results for the experimental group, the control group and a no-treatment group. In one quit-smoking study, for example, participants in a control group took sugar pills described by the experimenter as 'fast-acting tranquilizers' that would help them learn to endure the stress of giving up cigarettes. These people did far better at quitting than those who got no treatment; in fact, they did as well as participants in the experimental group, who received extensive treatment. These results suggested that the success of the experimental group may have been due largely to the participants' _____, not to the treatment methods.

① patience
② heredity
③ expectations
④ cooperation

해설 치료 효능이 없는 설탕 알약임에도 그것이 신속한 효과를 발휘하는 진정제라고 알고 복용한 사람들은 실제 치료를 받은 집단과 비슷한 치료 효과를 보였다. 이는 실험 집단의 성공 역시 치료 방법보다는 그 치료 방법이 자신에게 도움을 줄 것이라는 기대감에서 비롯된 것일 가능성을 시사하므로, 빈칸에 들어갈 말로 가장 적절한 것은 ③ '기대'이다.

① 인내심 → 개인의 인내심이나 자제력이 아닌, 기대로 인해 저절로 생긴 효과에 의해 금연에 더 성공할 수 있었던 것이다.

② 유전 → 유전적인 요인에 관해서는 언급된 바 없다.

④ 협조 → 협조를 잘하는 참가자가 금연에 성공했다는 내용의 글이 아니다.

해석 연구자들은 어떤 결과가 어느 정도까지 독립 변수에 의한 것인지, 아니면 플라세보 효과에 의한 것인지 어떻게 측정할 수 있을까? 일반적으로 그들은 비활성 약물 치료만 받는 특별한 대조 집단을 포함시킨다. 그런 다음 그들은 실험 집단, 대조 집단, 무치료 집단의 결과를 비교한다. 예를 들어, 한 금연 연구에서, 대조 집단의 참가자들은 담배를 끊는 스트레스를 견디는 법을 배우는 데 도움이 될 '신속한 효과를 발휘하는 진정제'라고 실험자가 설명한 설탕 알약을 복용했다. 이 사람들은 아무런 치료를 받지 않은 사람들보다 금연에 훨씬 더 성공적이었는데, 그들은 실제로 광범위한 치료를 받은 실험 집단 참가자들만큼 성공적이었다. 이러한 결과는 실험 집단의 성공이 치료 방법이 아닌, 주로 참가자의 기대 때문이었을 수도 있다는 점을 시사했다.

어휘 extent 범위, 정도 independent variable 독립 변수 control group 대조군 inactive 비활성의 treatment 치료 experimental 치료의 pill 알약 experimenter 실험자 fast-acting 신속한 효과를 발휘하는 tranquilizer 진정제 endure 견디다 extensive 광범위한 due to ~ 때문에 heredity 유전 cooperation 협조

정답 ③

20 밑줄 친 부분에 들어갈 말로 가장 적절한 것은?

As "good" children don't usually pose many immediate problems, we tend to assume that all is well with them. They aren't the target of particular concern. People imagine the good children must be fine, on the basis that they do everything that is expected of them. And that, of course, is precisely the problem. The secret sorrows — and future difficulties — of the good boy or girl begin with the need for their excessive compliance. The good child isn't good because, due to their natural disposition, they simply have no inclination to be anything else. They are good because they have been granted no other option; the more rebellious part of what they are cannot be tolerated. Their goodness _____.

① is attributed to nature over nurture
② comes from necessity rather than choice
③ derives from their inclination for excellence
④ is a result of seeking attention from other people

해설 글에 따르면 착한 아이들은 순종하는 것 외에는 다른 선택권이 없기 때문에 문제를 일으키지 않는 것처럼 보일 뿐이다. 따라서 빈칸에 들어갈 말로 가장 적절한 것은 ② '선택보다는 필요에서 비롯된다'이다.

① 양육(환경)보다는 천성 탓이다 → 오히려 타고난 기질에 의한 것이 아니라고 했으므로 적절하지 않다.

③ 탁월함을 지향하는 그들의 성향에서 나온다 → 탁월함이 아닌, 과도한 순종에 대한 욕구에서 비롯되는 것이다.

④ 다른 사람들의 관심을 추구한 결과이다 → 아이들이 관심을 받기 위해 순종하거나 착하게 행동한다는 내용은 글에서 언급된 바 없으며, 오히려 착한 아이들은 특별한 관심의 대상이 아니라고 했으므로 적절하지 않다.

해석 '착한' 아이들은 보통 즉각적인 문제를 많이 제기하지 않아서, 우리는 이들에게 모든 것이 괜찮다고(문제가 없다고) 가정하는 경향이 있다. 그들은 특별한 관심의 대상이 아니다. 사람들은 착한 아이들이 자기한테 기대되는 것을 다 해내고 있다는 것을 근거로 그들이 분명 괜찮을 것으로 생각한다. 그리고 당연히, 그것이 바로 문제이다. 착한 소년이나 소녀의 숨겨진 슬픔과 미래의 어려움은, 그들의 과도한 순종에 대한 요구에서 시작된다. 착한 아이는 타고난 기질상 그들이 다른 무엇이 되고자 하려는 성향이 없기에 착한 것이 아니다. 그들은 다른 선택권을 부여받지 않았기 때문에, 그들의 더 반항적인 모습은 용납될 수 없기에 착한 것이다. 그들의 선함은 선택보다는 필요에서 비롯된다.

어휘 pose 제기하다 immediate 즉각적인, 당면한 assume 가정하다 concern 관심, 우려 on the basis that ~라는 근거로 precisely 바로, 정확히 sorrow 슬픔 excessive 과도한 compliance 순종 disposition 기질 inclination 성향, 경향 grant 부여하다 rebellious 반항적인 tolerate 용납하다 attribute ~의 탓으로 보다 derive from ~에서 기인하다

정답 ②

Answer

01	02	03	04	05
③	③	③	④	④
06	**07**	**08**	**09**	**10**
④	②	④	②	④
11	**12**	**13**	**14**	**15**
③	③	①	②	②
16	**17**	**18**	**19**	**20**
①	④	④	③	①

01 밑줄 친 부분의 의미와 가장 가까운 것은? [어휘]

The library housed an <u>immense</u> collection of rare manuscripts that attracted scholars from around the world.

① diverse   ② moderate
③ enormous   ④ conventional

[해설] immense는 '막대한'이라는 뜻으로, 이와 의미가 가장 가까운 것은 ③ 'enormous (막대한)'이다.
① 다양한 ② 적당한 ④ 전통적인
[해석] 그 도서관은 전 세계의 학자들을 매료시킨 희귀한 사본의 막대한 컬렉션을 소장하고 있었다.
[어휘] house 소장하다 rare 희귀[진귀]한 manuscript 사본 scholar 학자

[정답] ③

02 밑줄 친 부분의 의미와 가장 가까운 것은? [어휘]

The politician's uncovering of a corruption scandal sparked an online <u>assault</u> on those involved.

① debate   ② complaint
③ aggression   ④ manipulation

[해설] assault는 '공격'이라는 뜻으로, 이와 의미가 가장 가까운 것은 ③ 'aggression (공격)'이다.
① 논쟁 ② 불평 ④ 조작
[해석] 그 정치인의 부패 스캔들 폭로는 관련자들에 대한 온라인 공격을 촉발했다.
[어휘] uncover 폭로하다 corruption 부패 spark 촉발하다

[정답] ③

03 밑줄 친 부분의 의미와 가장 가까운 것은? [이디엄]

The experienced manager decided to <u>take charge of</u> the new initiative to guide it toward success.

① lend a hand in   ② push ahead with
③ assume control over   ④ assign responsibility for

[해설] take charge of는 '~을 책임지다, 담당하다'라는 뜻으로, 이와 의미가 가장 가까운 것은 ③ 'assume control over(~에 대한 관리를 맡다)'이다.
① ~에 도움을 주다 ② ~을 밀어붙이다 ④ ~에 대한 책임을 부여하다
[해석] 새로운 계획을 성공으로 이끌기 위해 경험이 풍부한 관리자가 그것을 책임지기로 했다.
[어휘] initiative 계획 assume 맡다 assign 부여하다

[정답] ③

04 밑줄 친 부분에 들어갈 말로 가장 적절한 것은? [어휘]

The health food contains high-quality ingredients that are not only nutritious but also follow eco-friendly practices. This makes the product _____ even though it costs about twice as much as other foods.

① genuine   ② affordable
③ interactive   ④ competitive

[해설] 영양이 풍부하면서 친환경인 재료로 만든 건강식품에 관한 내용이다. even though 이하의 내용에 비추어봤을 때, 이러한 특별한 장점을 갖춘 제품은 다른 경쟁품들에 비해 가격이 비싸도 경쟁에서 밀리지 않는다는 것을 말하고자 함을 추측할 수 있다. 따라서 빈칸에 들어갈 말로 가장 적절한 것은 ④ 'competitive(경쟁력 있는)'이다.
① 진품의 ② (가격이) 알맞은 ③ 상호적인
[해석] 그 건강식품은 영양가가 높을 뿐만 아니라 친환경 관행을 따른 고품질의 재료들을 포함하고 있다. 이는 그 제품이 다른 식품들보다 약 두 배 더 비싼데도 그것을 경쟁력 있게 만든다.
[어휘] nutritious 영양가 높은 eco-friendly 친환경적인

[정답] ④

05 밑줄 친 부분에 들어갈 말로 가장 적절한 것은?

Kate's already agreed to attend the party, but it would be hard persuading Mike to _____ our plan.

① draw on
② hold out
③ dispense with
④ go along with

해설 역접의 연결사 but에 유의했을 때, Kate가 어떠한 계획에 동의했다는 것과 반대되는 내용이 뒤의 절에 나올 것을 추측할 수 있다. 즉, Mike의 경우엔 같은 계획에 동의시키는 것이 어렵다는 내용이 되어야 하므로, 빈칸에 들어갈 말로 가장 적절한 것은 ④ 'go along with(동의하다)'이다.

① 이용하다 ② 저항하다 ③ ~없이 지내다

해석 Kate는 이미 파티에 참석하기로 동의했지만, Mike를 우리 계획에 동의하게 설득하기는 어려울 것이다.

어휘 persuade 설득하다

정답 ④

06 어법상 옳은 것은?

① His argument was less persuasive than his opponent.
② The travelers have to reach their destination until midnight.
③ With her exceptional skills, Judy has a chance of win the contest.
④ Excellent fuel efficiency as well as great safety features characterizes the car.

해설 'B뿐만 아니라 A도'라는 의미의 상관접속사 'A as well as B'가 주어로 나오면 동사의 수는 A에 맞춰야 한다. 따라서 불가산명사 Excellent fuel efficiency에 수일치한 단수 동사 characterizes는 적절하게 쓰였다.

① (his opponent → that of his opponent 또는 his opponent's (argument)) 문맥상 비교급 표현 'less ~ than'의 비교 대상은 '그의 주장'과 '그의 상대방의 주장'이므로, than 이하의 his opponent를 His argument의 급에 맞추어 that of his opponent나 his opponent's (argument)로 고쳐야 한다.

② (until → by) until은 동작의 지속, by는 동작의 완료를 나타내는 표현과 함께 사용된다. 그런데 여기서는 동작의 완료를 나타내는 reach가 있으므로 by가 쓰여야 한다. 참고로 완전타동사인 reach가 전치사 없이 목적어를 바로 취하고 있는 것은 적절하다.

③ (win → winning) 전치사 of 뒤에는 명사(구)가 와야 하므로, the contest를 목적어로 취하고 있는 동사 win을 동명사 형태인 winning으로 고쳐야 한다.

해석 ① 그의 주장은 상대방의 것보다 설득력이 떨어졌다.
② 그 여행객들은 그들의 목적지에 자정까지 도착해야 한다.
③ Judy는 그녀의 특출난 기술로 그 대회에서 우승할 가능성이 있다.
④ 훌륭한 안전 기능뿐만 아니라 뛰어난 연비도 그 자동차의 특징이다.

어휘 persuasive 설득력 있는 opponent 상대 exceptional 특출한 efficiency 효율성 characterize ~의 특징이 되다

정답 ④

07 다음 글의 내용과 일치하지 않는 것은?

The city of Varanasi has the most beautiful riverfront in India, with miles of steps, for religious bathing; an array of shrines, temples, and palaces rise layer by layer from the water's edge. The inner streets of the city are narrow, winding, and impassable to motor traffic, while the outer suburbs are spacious and systematically laid out. The holy city is bounded by a road known as Panchakosi; Hindus hope to walk this road and visit Varanasi once in a lifetime and, if possible, die in the city in old age. More than a million pilgrims visit the site each year. In addition, thousands of domestic and foreign tourists flock to the city each year, and tourism-related activities are an important part of the local economy.

① Motor vehicles can't access Varanasi's inner streets.
② The outer suburbs of Varanasi are arranged irregularly.
③ Varanasi is sought after as a final resting place for Hindus.
④ Tourism contributes significantly to Varanasi's local economy.

해설 2번째 문장에서 외곽 교외 지역은 더 넓고 체계적으로 배치되어 있다고 언급되므로, 글의 내용과 일치하지 않는 것은 ② '바라나시의 외곽 교외 지역은 불규칙하게 배치되어 있다.'이다.

① 자동차는 바라나시 안쪽 거리에 진입할 수 없다. → 2번째 문장에서 언급된 내용이다.
③ 바라나시는 힌두교들을 위한 마지막 안식처로 추구되는 곳이다. → 3번째 문장에서 언급된 내용이다.
④ 관광산업은 바라나시의 지역 경제에 크게 기여한다. → 마지막 문장에서 언급된 내용이다.

해석 바라나시 시는 종교적 목욕을 즐길 수 있는 수 마일에 이르는 계단이 있는 인도에서 가장 아름다운 강변이며, 물가에는 수많은 성지, 사원, 궁전들이 층층이 솟아 있다. 도시의 안쪽 거리는 좁고 구불구불하며 자동차가 지나갈 수 없는 반면, 외곽 교외 지역은 넓고 체계적으로 배치되어 있다. 그 성스러운 도시는 Panchakosi로 알려진 길로 경계가 이루어져 있으며, 힌두교도들은 일생에 한 번은 이 길을 걸어 바라나시를 방문하고, 가능하다면 노년에 그 도시에서 죽기를 희망한다. 매년 백만 명이 넘는 순례자들이 그 지역을 방문한다. 게다가, 매년 수천 명의 국내외 관광객이 그 도시에 몰려들며, 관광 관련 활동은 그 지역 경제의 중요한 한 부분이다.

어휘 riverfront 강변 an array of 수많은 shrine 성지(聖地) layer by layer 층층이 narrow 좁은 winding 구불구불한 impassable 지나갈 수 없는 suburb 교외 spacious 공간이 넓은 systematically 체계적으로 lay out 배치하다 bound 경계를 이루다 pilgrim 순례자 flock 몰려들다 vehicle 차량 access 접근하다 arrange 배치하다 contribute 기여하다 significantly 크게

정답 ②

08 밑줄 친 부분 중 어법상 옳지 않은 것은?

문법

Movie audiences are taken from their everyday environment, comfortably ① <u>sitting</u> in a dark auditorium. The darkness prevents them ② <u>from comparing</u> the image on the screen with surrounding objects or people. For a while, spectators live in the world the motion picture ③ <u>unfolds</u> before them. Still, their escape into the world of the film is not complete. Only rarely ④ <u>they react</u> as if the events on the screen are real — for instance, by dodging before an onrushing train in a special three-dimensional effect.

해설 (they → do they) 'only + 부정부사'인 only rarely가 문두에 오면 주어와 동사가 의문문의 어순으로 도치되어야 하므로, do they react가 되어야 한다.

① 분사구문의 의미상 주어인 Movie audiences가 객석에 '앉는' 것이므로 능동의 현재분사인 sitting은 적절하게 쓰였다.

② 'prevent O from RVing'는 'O가 ~하지 못하게 막다'라는 뜻의 구문이다.

③ the world와 the motion picture 사이에 목적격 관계대명사가 생략된 구조로, '펼치다'라는 뜻의 타동사로 쓰인 unfolds의 목적어 자리가 비어 있는 것은 적절하다. 또한 관계사절의 주어가 단수 명사인 the motion picture이므로 그에 수일치한 단수 동사로 쓰인 것도 적절하다.

해석 관객들은 어두운 객석에 편안히 앉아, 그들의 일상 환경에서 멀어진다. 어둠은 그들이 스크린 속의 이미지를 주위 사물이나 사람들과 비교하지 못하게 한다. 한동안, 관객들은 영화가 그들 앞에 펼치는 세상 속에서 산다. 그럼에도 불구하고, 영화 세상으로의 탈출은 완전하지 않다. 그들이 스크린 속의 사건들이 실제인 것처럼 반응하는, 예를 들어 특수한 3차원 효과 속의 돌진하는 기차 앞에서 피하는 것 같은 경우는 매우 드물다.

어휘 comfortably 편안하게 auditorium 객석 spectator 관객 complete 완전한 dodge 재빨리 피하다 onrushing 돌진하는 three-dimensional 3차원의

정답 ④

09 다음 글의 제목으로 가장 적절한 것은?

제목

In the information age, industries undergo rapid changes, often leaving us uncertain about factors to consider when pursuing careers. Although our current preferences provide some guidance by revealing our passions, they are not the sole criterion. Envisioning how you perceive a potential career now and comparing it to your future perspective in five, ten, or twenty years is critical. Consider its future — where the industry is now and where it is heading —, the environment and the country you are living in and the changes that they are going through now and will undergo then. Predicting the future is hard, but not seeing the obvious is unforgivable. For example, once digital photography was invented, it was only going to be a matter of time before it became the dominant technology. Deciding to go into the film-processing industry at that point would obviously lead to a dead-end career.

① What Careers Would Be Promising for the Future?
② Advice for Career Choices: Look Beyond the Present
③ How to Anticipate Industry Shifts: Use Your Network
④ Take a Job That Sparks Your Passion While Doing It

해설 직업을 선택할 때 현재 자신의 선호만을 생각하지 말고 해당 업계의 미래를 내다보라는 내용의 글이다. 따라서 글의 제목으로 가장 적절한 것은 ② '직업 선택을 위한 조언: 현재 너머를 보라'이다.

① 어떤 직업이 미래에 유망할까? → 미래에 전망이 좋은 직업을 소개하는 글이 아니다.

③ 업계 변화를 예측하는 방법: 네트워크를 활용하라 → 네트워크를 활용하는 것에 관해서는 언급되지 않았다.

④ (그 일을) 하고 있을 때 열정을 자극하는 직업을 가져라 → 선호나 열정보다도, 그 직업의 전망을 고려하여 선택하는 것이 중요하다는 내용의 글이다.

해석 정보화 시대에 산업들은 빠른 변화를 겪는데, 이는 종종 우리가 직업을 선택할 때 고려해야 할 점에 대해 확신이 없게 만든다. 우리의 현재 선호가 우리 열정을 보여주면서 어느 정도 지침을 제공하긴 하지만, 그것이 유일한 기준은 아니다. 당신이 잠재적인 일자리를 현재 어떻게 인지하고 있는지 마음속에 그려보고, 그것을 5년, 10년 또는 20년 뒤 미래 전망과 비교해 보는 것은 매우 중요하다. 직업의 장래, 즉 업계가 지금 어디쯤 있고 어디로 향해 가는지, 환경, 당신이 사는 나라, 그리고 그것들이 지금 겪고 있고 그때(미래에) 겪을 변화를 고려해라. 미래를 예측하기는 어렵지만, 명백한 것을 보지 못하는 것은 용납될 수 없다. 예를 들어, 디지털 사진이 발명되었을 때 그것이 지배적인 기술이 되는 것은 시간문제일 뿐이었다. 그 시점에 필름현상 업계로 가겠다고 결정하는 것은 막다른 길로 이어질 것이 자명했다.

어휘 undergo 겪다 rapid 빠른 uncertain 확신이 없는, 잘 모르는 pursue 추구하다 preference 선호 guidance 지침 reveal 드러내다 passion 열정 sole 유일한 criterion 기준 envision (마음속에) 그리다 perceive 인지하다 potential 잠재적인 perspective 전망, 관점 critical 중요한 head 나아가다 obvious 명백한 unforgivable 용납할 수 없는 dead-end 막다른 promising 유망한 anticipate 예상하다 spark 자극[촉발]하다

정답 ②

10 다음 글의 흐름상 가장 어색한 문장은? [일관성]

Often, sustainability is not a simple case of "profits versus planet" but more an issue of "people versus people." ① It contrasts those who want a pure environment with those who need to work in polluting factories or want things cheap. ② People who are worried about feeding their families tomorrow come into conflict with people worried about future environmental disasters. ③ These different people in diverse socioeconomic classes and varied value systems will not make the same choices in what they buy and supply. ④ Too often, the most pressing environmental concerns are experienced most significantly by those with limited resources. The challenge lies in the fact that we must bridge these wildly diverse outlooks to promote a sustainable future for all.

[해설] 지속 가능성은 당장 내일 가족을 먹여 살려야 하는 사람과 미래 환경 문제를 걱정하는 사람 등 다양한 사람들 간 가치관의 대립에 의한 문제라는 내용의 글이다. 따라서 글의 흐름상 가장 어색한 문장은 제한된 자원을 가진 사람들이 환경 문제를 가장 심하게 겪는다는, 가치관의 대립과는 관련 없는 내용의 ④이다.

[해석] 종종, 지속 가능성은 단순히 '이윤 대 지구'의 문제보다는 '사람 대 사람'의 문제이다. 그것은 깨끗한 환경을 원하는 사람들과, (환경을) 오염시키는 공장에서 일해야 하거나 물건을 싼 가격에 원하는 사람들을 대립시킨다. 내일 가족을 먹여 살릴 것을 걱정하는 사람들은 미래의 환경 재앙에 관해 걱정하는 사람들과 대립하게 된다. 여러 사회경제적 계층과 다양한 가치 체계를 가진 이러한 사람들은 무엇을 구매하고 공급할지에 관해 동일한 선택을 하지 않을 것이다. (가장 시급한 환경 문제가 제한된 자원을 가진 사람들에 의해 가장 심하게 경험되는 경우가 너무 많다.) 도전 과제는 모두를 위한 지속 가능한 미래를 촉진하기 위해 이러한 매우 다양한 시각 사이에 다리를 놓아야 한다는 사실에 있다.

[어휘] sustainability 지속 가능성 profit 수익 versus 대(對) contrast 대조[대립]시키다 pollute 오염시키다 conflict 충돌 disaster 재앙 diverse 다양한 varied 다양한 pressing 시급한 significantly 크게, 심각하게 resource 자원 challenge 도전 과제 bridge 다리를 놓다 wildly 아주, 극도로 outlook 관점 promote 촉진하다

[정답] ④

11 밑줄 친 부분에 들어갈 말로 가장 적절한 것은? [생활영어]

A: Do you think you could take my shift tomorrow, Richard?
B: What time's your shift?
A: It's from 12 p.m. to 5 p.m. I need to visit my aunt at the hospital.
B: Okay, I'm free during that time. _____?
A: No, I already asked her if I could take the day off and said I'd find a replacement. I'll tell her myself you'll be covering for me. Thanks.

① Is your aunt unwell
② What did our manager say
③ Should I inform our manager
④ Do I need to cover the entire shift

[해설] B가 A의 교대 근무를 대신 해주겠다고 말한 뒤에 빈칸 내용을 물어보았다. 이에 A는 아니라고 답하며 이미 그녀에게 휴가를 낼 수 있는지 물어봤고 직접 그녀에게 B가 대신 근무할 것이라 전달하겠다고 하였다. 여기서 맥락상 '그녀'는 이모가 아니라 관리자를 지칭하는 것을 추측할 수 있다. 따라서 빈칸에 들어갈 말로 가장 적절한 것은 ③ '내가 우리 매니저에게 알려야 할까'이다.

① 이모께서 몸이 편찮으시니
② 우리 매니저가 뭐라고 했어
④ 내가 그 근무 시간 전체를 대신해야 하니

[해석] A: 혹시 내일 내 교대 근무를 맡아줄 수 있을 거 같아, Richard?
B: 근무 시간이 언제인데?
A: 낮 12시부터 오후 5시까지야. 병원에 계신 이모를 방문해야 해서.
B: 알았어, 나 그 시간에 한가해. 내가 우리 매니저에게 알려야 할까?
A: 아니, 내가 이미 그녀에게 휴가를 낼 수 있는지 물어봤고 대체자를 찾아보겠다고 했어. 내가 직접 그녀에게 네가 날 대신할 거라고 말할게. 고마워.

[어휘] shift 교대 근무 (시간) take the day off 휴가를 내다 replacement 대신할 사람 cover 대신하다, 떠맡다

[정답] ③

12 밑줄 친 부분에 들어갈 말로 가장 적절한 것은? [생활영어]

A: It's wonderful to have the opportunity to have you here with us.
B: Oh, the pleasure is mine.
A: So, everyone's dying to know what your new movie will be about.
B: Well, to give you a glimpse, it's a romantic fiction involving time travel. _____
A: I'd love to hear more, but I understand your position. I guess we'll have to wait a bit longer to find out more of the story, then.

① So, who's starring in the new movie?
② The whole story is already up on the web.
③ Unfortunately, that's all I can reveal at this stage.
④ Can you imagine love that defies the limits of time?

[해설] B는 자신의 새 영화에 대해 살짝 알려주겠다며 소재를 간단히 언급한 뒤에 빈칸 내용을 말하였다. 이에 A가 그것에 관해 자세히 알고 싶지만 자신도 이해한다고 한 후에, 그렇다면 이야기에 관해 더 알기 위해서는 조금 더 기다려봐야겠다고 하였다. 이를 미루어 보아, B는 더 이상의 이야기는 공개할 수 없다는 취지의 말을 한 것으로 추정할 수 있다. 따라서 빈칸에 들어갈 말로 가장 적절한 것은 ③ '안타깝게도 지금 시점에서 밝힐 수 있는 건 그것뿐이네요.'이다.
① 그래서, 누가 새 영화의 주연을 맡아요?
② 전체 이야기는 이미 인터넷에 올라와 있어요.
④ 시간의 한계를 거스르는 사랑을 상상하실 수 있나요?
[해석] A: 저희와 함께 이곳에서 모실 수 있게 되어 기쁩니다.
B: 아, 저야말로 기쁩니다.
A: 자, 다들 당신의 새 영화가 무엇에 관한 것일지 너무 궁금해해요.
B: 음, 미리 살짝 알려드리자면, 시간 여행과 관련된 로맨틱 픽션이에요. 안타깝게도 지금 시점에서 밝힐 수 있는 건 그것뿐이네요.
A: 더 많은 이야기를 듣고 싶지만, 당신의 입장을 이해합니다. 그럼, 그 이야기에 관해 더 알기 위해서는 저희가 조금 더 기다려봐야겠네요.
[어휘] opportunity 기회 pleasure 기쁨 glimpse 잠깐 봄, 짧은 경험 find out 알아내다 star 주연을 맡다 reveal 밝히다 defy 거스르다

[정답] ③

13 우리말을 영어로 잘못 옮긴 것은? [문법]

① 공원에서 돌아오니 내 자전거가 없어진 상태였다.
 → My bike had been missing when returning from the park.
② 유리로 둘러싸인 그 섬세한 유물은 완벽하게 보존되어 있었다.
 → Enclosed in glass, the delicate artifact stayed perfectly preserved.
③ 첨단 기능을 자랑하는 새 스마트폰이 오늘 출시되었다.
 → The new smartphone which boasts advanced features was released today.
④ 회의가 시작될 때쯤이면 모든 참석자가 안건을 받게 될 것이다.
 → By the time the meeting starts, all the attendees will have received the agenda.

[해설] (returning → I returned) 분사구문의 의미상 주어는 주절의 주어와 같을 때만 생략할 수 있다. 여기서 주절의 주어는 '나의 자전거'이고, 공원에서 돌아온 것은 나의 자전거가 아닌 '나'이므로 주어가 달라 생략할 수 없다. 따라서 when returning을 when I returned로 고쳐 주어를 명시해 줘야 한다. 참고로 missing은 '없어진'이란 뜻의 분사형 형용사이다.
② 분사구문의 의미상 주어인 the delicate artifact가 유리에 '둘러싸인' 것이므로 수동의 과거분사 Enclosed는 적절하게 쓰였다. 또한 stay가 2형식 동사로 사용되어 분사형 형용사를 보어로 취하고 있는데, 유물이 '보존된' 것이므로 과거분사 preserved의 쓰임도 적절하다.
③ The new smartphone을 선행사로 받는 주격 관계대명사 which 뒤에 주어가 없는 불완전한 절이 오고 있는 것은 적절하다. 또한 선행사가 단수 명사이므로 그에 수일치한 단수 동사 boasts의 쓰임이 적절하며, 스마트폰이 '출시된' 것이므로 수동태 단수 동사 was released의 쓰임도 적절하다.
④ by the time이 이끄는 시간 부사절에서는 현재시제가 미래시제를 대신하므로 starts의 쓰임은 적절하다. 또한 all이 전치한정사로 쓰여 한정사 the보다 앞에 온 것도 적절하다.
[어휘] enclose 둘러싸다 delicate 섬세한 artifact 유물 boast 자랑하다 attendee 참석자 agenda 안건

[정답] ①

14 우리말을 영어로 잘못 옮긴 것은? 〔문법〕

① 그녀는 번아웃으로 인해 쉽게 주의가 산만하게 되었다.
　→ She was made easily distracted because of burnout.

② 우리는 그 프로젝트를 어려움에도 불구하고 열심히 하고 있다.
　→ We're working diligently on the project despite it's challenging.

③ 이론을 연구하는 것과 그것을 실제로 적용하는 것은 별개다.
　→ Studying the theory is one thing, applying it in practice is another.

④ 분기마다 재무 보고서를 준비하느라 분주한 곳이 바로 재무팀이다.
　→ It is the finance team that is busy preparing financial reports every quarter.

〔해설〕 (despite → (al)though) 전치사 despite 뒤에는 명사(구)가 와야 하는데 여기서는 절이 오고 있다. 따라서 despite를 같은 뜻을 지닌 접속사 (al)though로 고쳐야 한다. 참고로 여기서 it's는 it is의 축약형이다.
① 주어인 그녀가 '주의 산만해지게' '만들어진' 것이므로 5형식 동사 make가 수동태로 쓰여 수동의 과거분사형 형용사 distracted를 보어로 취하고 있는 것은 적절하다. 또한 전치사구 because of 뒤에 명사 burnout이 온 것도 적절하다.
③ 'A is one thing, (and) B is another'는 'A와 B는 별개다'라는 뜻의 관용 표현으로 주어진 우리말에 맞게 적절히 쓰였다.
④ 'It ~ that' 강조 구문으로 주어인 the finance team이 강조되었다. 또한 'be busy (in) RVing'는 '~하느라 바쁘다'라는 뜻의 동명사 관용 표현이므로 preparing도 옳게 쓰였다.

〔어휘〕 distract 산만하게 하다 diligently 부지런히, 열심히 challenging 어려운 theory 이론 finance 재정, 재무 quarter 분기

〔정답〕 ②

---

15 밑줄 친 (A), (B)에 들어갈 말로 가장 적절한 것은? 〔연결사〕

Companies pay millions for celebrity endorsement — a marketing tactic that uses celebrities to promote a brand or product — because it works. ___(A)___, it has always been somewhat of a marketing mystery. Doesn't the celebrity take attention away from the product? Researchers believe the ability of celebrities to persuade derives from evolutionary and psychological factors. Both humans and primates will typically follow the lead of high-prestige individuals in their group and copy their decisions. When a successful leader makes certain choices, others require less evidence to do the same. ___(B)___, marketers use celebrity endorsement because the tactic has been proven to transfer the celebrity's positive image on to the product's or brand's image. This allows customers to associate the product or brand with a sense of credibility.

	(A)	(B)
①	However	Yet
②	However	Also
③	That is	Hence
④	That is	Likewise

〔해설〕 유명인 광고에 관한 글이다. (A) 앞은 기업이 유명인 광고에 많이 투자하는 것은 그것이 효과 있기 때문이라는 내용이고, (A) 뒤는 그것이 항상 다소 수수께끼였다는 상반되는 내용이므로, (A)에 들어갈 연결사로 가장 적절한 것은 However이다. 또한, (B) 앞은 유명인 광고가 효과적인 이유를 진화적 관점에서 설명한 내용이고, (B) 뒤는 그 이유를 심리적 관점에서 설명한 내용이므로 (B)에 들어갈 연결사로 적절한 것은 Also이다.

〔해석〕 기업들이 유명인 광고, 즉 브랜드나 제품을 홍보하기 위해 유명인을 이용하는 마케팅 전략에 수백만 달러를 지불하는 이유는 그것이 효과가 있기 때문이다. 그러나, 이것은 항상 어느 정도 마케팅의 불가사의였다. 그 유명인이 제품에서 시선을 빼앗지 않는가? 연구자들은 유명인의 설득 능력은 진화적, 심리적 요인에서 비롯된다고 생각한다. 인간과 영장류 모두 일반적으로 집단에서 명성이 높은 사람의 지도를 따르고 그들의 결정을 모방한다. 성공적인 리더가 특정 선택을 하면 다른 사람들은 같은 선택을 하기 위해 더 적은 근거를 필요로 한다(그 선택을 더 쉽게 한다). 또한, 마케팅 담당자들이 유명인 광고를 사용하는 이유는 그 전략이 유명인의 긍정적인 이미지를 제품이나 브랜드의 이미지로 옮길 수 있다는 것이 입증되었기 때문이다. 이것은 고객이 그 제품이나 브랜드를 신뢰감과 연관 짓도록 한다.

〔어휘〕 celebrity endorsement 유명인 광고 tactic 전략 promote 홍보하다 somewhat 다소 persuade 설득하다 derive 유래하다 evolutionary 진화적인 psychological 심리적인 primate 영장류 typically 일반적으로 prestige 명성 copy 모방하다 require 요구하다 transfer 옮기다 associate 연관 짓다 credibility 신뢰성

〔정답〕 ②

16 밑줄 친 부분에 들어갈 말로 가장 적절한 것은?

빈칸완성

In a letter Orville Wright wrote to his inventor friend Henry Ford, Wright tells a story he heard from a missionary stationed in China. Wright told the story as a cautionary tale about the danger of _____ the cause of a problem. The missionary wanted to improve the laborious way the Chinese peasants in his province harvested grain. The local farmers cut the stalks with some kind of a small hand shear. So the missionary had a scythe shipped in from America and demonstrated its superior productivity to them. The next morning, however, a delegation came to see the missionary. The scythe had to be destroyed at once. "What if," they said, "it should fall into the hands of thieves? A whole field could be cut and carried away in a single night." So the use of the scythe could not be adopted! Apparently, it didn't occur to them that the way to avoid such a situation would be to stop the thieves instead of to stop the use of the scythe.

*scythe: 낫

① misunderstanding
② underestimating
③ questioning
④ worsening

[해설] 중국에서 선교사들이 겪은 한 설화를 소개하는 글이다. 마지막 문장에서 언급된 바와 같이, 문제는 낫이 아니라 도둑이었지만 이를 간과하여 더 편리한 도구를 사용할 수 없게 되었다는 점이 이 이야기의 요지이다. 따라서 Wright가 이 이야기를 들려준 이유는 문제의 원인을 잘못 파악하는 것에 대한 경각심을 주기 위했던 것이므로, 빈칸에 들어갈 말로 가장 적절한 것은 ① '오해하는'이다.

② 과소평가하는 → 문제의 원인을 '잘못' 생각한 것이지, 그것을 '과소평가'한 것은 아니며, 오히려 문제의 원인인 도둑에 관해서는 과도한 걱정을 한 것이라 볼 수 있으므로 적절하지 않다.

③ 의문을 제기하는 → 오히려 글의 내용상, 문제의 원인이라고 생각한 것에 대해 의문을 제기하는 것이 바람직하므로, 이를 '위험'으로 볼 수는 없다.

④ 악화하는 → 어떤 문제가 기존보다 더 안 좋아진 상황은 아니었으므로 적절하지 않다.

[해석] Orville Wright가 발명가 친구 Henry Ford에게 보낸 편지에서, Wright는 중국에 주재하던 선교사에게서 들은 이야기를 한다. Wright는 문제의 원인을 오해하는 위험에 대한 경각심을 주는 설화로서 이 이야기를 전했다. 선교사는 자신의 지역에 있는 중국 농민들이 곡물을 수확하는 고된 방식을 개선하고 싶었다. 현지 농부들은 작은 손 가위 같은 것으로 줄기를 잘랐다. 그래서 선교사는 미국에서 낫을 공수해 와서 그들에게 그것의 우수한 생산성을 보여주었다. 하지만 그다음 날, 한 대표단이 선교사를 만나러 왔다. 그 낫을 당장 폐기해야 했다. 그들이 말하길, "만약 그것이 도둑들의 손에 들어가면 어떻게 될까요? 단 하룻밤 사이에 밭을 통째로 베어 가져갈 수도 있을 겁니다." 그래서 낫의 사용은 채택되지 못하였다! 그들은 그러한 상황을 피하는 방법이 낫의 사용을 막는 것이 아니라 도둑을 막는 것이라는 생각은 하지 못했던 것 같다.

[어휘] missionary 선교사 station 주재하다 cautionary 경각심을 주는 laborious 고된 peasant 농부 province 지역 harvest 수확하다 grain 곡물 stalk 줄기 shear 가위 superior 우수한 productivity 생산성 delegation 대표단 at once 즉시 adopt 채택하다 occur (생각이) 들다

[정답] ①

17 다음 글의 제목으로 가장 적절한 것은?

제목

The "Habsburg jaw" was a physical trait common among many members of the Habsburg dynasty, characterized by a protruding lower jaw, which often hindered affected individuals from eating or speaking properly. Generations of inbreeding within the Habsburg family led to the development of this trait, as they frequently engaged in marriages between close relatives like first cousins or uncles and nieces. Although marrying within royal families was normal in Europe, the Habsburgs notably stood out; out of eleven marriages among the Spanish Habsburgs, only two weren't between close family members. Inbreeding aided their power retention but severely depleted their gene pool over time. Historical accounts and a 2019 scientific study confirmed the link between inbreeding and the Habsburg jaw, as portraits showed a correlation between evidence of inbreeding and the severity of the jaw deformity.

① How the Habsburgs Maintained Their Power in Europe
② The Link between Jaw Deformity and Quality of Life
③ The Origins and Types of the Habsburg Jaw
④ The Habsburg Jaw: A Legacy of Inbreeding

[해설] 돌출된 아래턱을 특징으로 하는 Habsburg 턱 질환이 Habsburg 왕가 내의 근친혼에서 비롯된 것임을 설명하는 글이다. 따라서 글의 제목으로 가장 적절한 것은 ④ 'Habsburg 턱: 근친혼의 유산'이다.

① Habsburg 가문이 유럽에서 권력을 유지한 방법 → 근친혼이 권력 유지에 일조했다는 설명이 있기는 하지만, Habsburg 가문이 권력을 유지한 비결이 글의 핵심은 아니다.

② 턱 기형과 삶의 질 사이의 관계 → Habsburg 가문 대대로 내려온 턱 기형이 먹거나 말하는 데 방해되는 등 삶의 질을 떨어뜨렸다는 설명이 나오기는 하나, 이는 부차적인 설명일 뿐 글의 주제는 아니다.

③ Habsburg 턱의 기원과 유형 → Habsburg 턱 기형의 구체적인 유형은 언급되지 않았다.

[해석] 'Habsburg 턱'은 Habsburg 왕조의 많은 구성원들 사이에서 공통으로 나타난 신체적 특성으로 돌출된 아래턱이 특징인데, 이는 이것을 갖고 있는 사람들이 제대로 먹거나 말하는 것을 자주 방해했다. Habsburg 가문 내에서 대대로 이어진 근친혼이 이러한 특성의 발달로 이어졌는데, 그들은 사촌이나 삼촌, 조카와 같은 가까운 친척들과 빈번히 결혼했기 때문이다. 유럽에서 왕실 가문 내에서 결혼하는 것은 흔했지만, Habsburg 가문은 특히 두드러졌는데, 스페인 Habsburg 가문 내 11건의 결혼 중 단 2건만이 가까운 가족 구성원 간이 아니었다. 근친혼은 그들의 권력 유지에 도움이 되었지만, 시간이 지남에 따라 유전자 풀을 심각하게 고갈시켰다. 역사적 기술과 2019년의 한 과학 연구는 초상화들이 근친혼의 증거와 턱 기형의 심각성 사이의 상관관계를 나타낸 것에서, 근친혼과 Habsburg 턱의 연관성을 확인했다.

[어휘] trait 특성 dynasty 왕조 characterize ~을 특징으로 하다 protrude 튀어나오다, 돌출되다 hinder 방해하다 affected (병에) 걸린 properly 제대로 generation 세대 inbreeding 근친혼 engage in ~에 연루되다 relative 친척 first cousin 사촌 niece 조카딸 notably 눈에 띄게 stand out 두드러지다 aid 돕다 retention 보유 deplete 고갈시키다 gene 유전자 account 기술, 이야기 confirm 확인하다 portrait 초상화 correlation 상관관계 severity 심각성 deformity 기형 legacy 유산

[정답] ④

> Contrast this procedure with the imaginary case of a car salesman "giving" a customer a car and expecting an unspecified future gift.

> One of the features of our market economy that would surprise many traditional peoples is that our process of buying something is conceived explicitly as an exchange. (①) The buyer's handing-over of something else (usually money) is considered a payment, not a reciprocal gift. (②) Almost always, the buyer either pays at the time of acquisition, or at least agrees on a price if the payment will be made later. (③) If the seller does agree to wait until later for part or all of the payment, as in the case of many new-car purchases, the payment is still a specified obligation, not a subsequent reciprocal gift at the buyer's discretion. (④) Such a transaction would be considered absurd in a market economy, but that's exactly the way trade does proceed in many traditional societies.

해설　주어진 문장은 이 과정을 자동차 판매원이 고객에게 차를 '주고서' 미래의 특정되지 않은 선물을 기대하는 가상의 경우와 대조해 보라는 내용으로, 앞에는 이 문장에서 가정된 경우와 대조적인 상황이 나와야 하는 것을 알 수 있다. 글에서 ④ 앞까지는 시장 경제에서 이루어지는 거래의 개념에 관한 설명이 이어지는데, ④ 뒤에서는 갑자기 이러한 거래가 시장 경제에서는 터무니없는 것으로 여겨질 것이라고 했으므로 문맥상 단절이 생긴다. 따라서 시장 경제의 거래 방식과 대비되는 전통적인 사회의 거래 방식을 설명하는 주어진 문장이 ④에 들어가야 한다. 그러므로, 주어진 문장이 들어갈 위치로 가장 적절한 곳은 ④이다.

해석　많은 전통 민족이 놀랄 만한 우리 시장 경제의 특징 중 하나는 우리가 물건을 사는 과정이 명백하게 교환으로 이해된다는 것이다. 구매자가 (물품 말고) 다른 것(대체로 돈)을 건네는 것은 보답하는 선물이 아닌, 지불로 간주된다. 거의 항상 구매자는 인수 시점에 돈을 지불하거나, 지불이 나중에 이뤄질 경우에는 적어도 가격에 합의한다. 많은 신차 구매 사례와 같이, 판매자가 대금의 일부 또는 전부를 받을 때까지 기다리는 것에 동의하더라도, 그 대금 지불은 정해진 의무이지, 구매자의 재량에 따라 추후에 보답하는 선물이 아니다. <u>이 과정을 자동차 판매원이 고객에게 차를 '주고서' 미래의 특정되지 않은 선물을 기대하는 가상의 경우와 대조해 보라.</u> 이러한 거래는 시장 경제에서 터무니없는 것으로 간주되겠지만, 그것이 바로 전통 사회에서 실제로 거래가 이뤄지는 방식이다.

어휘　contrast 대조시키다 procedure 과정, 절차 imaginary 가상의 unspecified 특정되지 않은 feature 특징 market economy 시장 경제 traditional 전통적인 conceive 이해하다, 구상하다 explicitly 명백하게 reciprocal 보답하는, 상호적인 acquisition 인수, 습득 obligation 의무 subsequent 추후의 discretion 재량 transaction 거래 absurd 터무니없는

정답 ④

> Children have enormous tempers, they can be very selfish and self-centered and they can get upset about almost anything. Children are not always happy because they are human beings. They, like everyone else, react to their own thinking. The difference, however, between children and most adults is that when children get upset they simply get upset and then go on with their lives. They don't label themselves as depressed or angry people. Although their thinking made them upset to begin with, they don't compound the problem by using their thinking to hold their negative feelings in place. They intuitively know that whatever it was that they were upset about is now only a thought. Whether it was an argument with a sibling or a parent, or something they attempted to do that failed, they don't hold on to the memory as if it were happening right now.

① Both children and adults have self-centered sides.
② Adults tend to pass on their negativity to their children.
③ Children, unlike adults, do not dwell on negative thoughts.
④ Not holding negative emotions is essential to protecting yourself.

해설　아이들은 화를 낸 이후에 대부분의 어른들과는 달리 부정적인 감정을 붙들고 있지 않는다는 내용의 글이다. 따라서 글의 요지로 가장 적절한 것은 ③ '아이들은 어른들과 달리 부정적인 생각을 곱씹지 않는다.'이다.

① 아이와 어른 모두 자기중심적인 면이 있다. → 아이들이 자기중심적일 수 있다고 언급한 부분은 아이와 어른 간의 차이를 설명하기 위한 서론일 뿐이다.
② 어른들은 자신의 부정적인 면을 자녀에게 대물림하는 경향이 있다. → 부모가 자녀에게 부정적인 면을 대물림한다는 내용은 언급된 바 없다.
④ 부정적인 감정을 품지 않는 것은 자신을 보호하는 데 필수적이다. → 이 글 역시 부정적인 감정을 품지 않는 것을 긍정적으로 바라보고 있으나, 아이와 어른의 차이가 글의 핵심이므로 적절하지 않다.

해석　아이들은 엄청난 울화통을 가지고 있고, 매우 이기적이고 자기중심적일 수 있으며, 거의 모든 것에 대해 화를 낼 수도 있다. 아이들은 인간이기 때문에 항상 행복한 것은 아니다. 그들은 다른 모든 사람과 마찬가지로 자신의 생각에 따라 반응한다. 그러나 아이들과 대부분의 성인들의 차이는 아이들은 화가 나면 단순히 화를 낸 다음 삶을 계속 이어 나간다는 것이다. 그들은 스스로를 우울하거나 화를 내는 사람으로 분류하지 않는다. 그들의 생각이 처음부터 그들을 화나게 했을지라도, 그들은 자신의 생각을 통해 부정적인 감정을 그대로 두어 문제를 복잡하게 만들지 않는다. 그들은 자신들이 화를 냈던 것이 무엇이든 이제는 생각에 지나지 않는다는 것을 직관적으로 알고 있다. 그것이 형제자매나 부모와의 다툼이든, 그들이 시도했지만 실패한 일이든 간에 그들은 그것이 지금 일어나고 있는 것처럼 기억을 붙들고 있지 않는다.

어휘　temper 울화통, 성질 self-centered 자기중심적인 react 반응하다 label 분류하다 compound 복잡하게 하다 in place 제자리에, 같은 곳에 intuitively 직관적으로 argument 다툼 sibling 형제자매 hold on to ~을 붙들다 negativity 부정적 성향 dwell on ~을 곱씹다

정답 ③

Banks are sometimes criticized for operating like casinos. If only that were true!

(A) Here, not everyone can be trusted, surprises happen, and trying to calculate precise risks can lead to disaster. In fact, the use of theories of finance designed for a world of known risks is suspected to be one of the causes of financial crises.

(B) As the former governor of the Bank of England Mervyn King noted, if they did, it would at least be possible to calculate risk accurately. But investment banks play in the real, ever-changing, and uncertain world.

(C) Applying them to an unpredictable environment is not only wrong, but dangerous. Regarding the financial crisis of 2008, Joseph Stiglitz observed, "It simply wasn't true that a world with *almost* perfect information was very similar to one in which there was perfect information."

① (B) - (A) - (C)　　　② (B) - (C) - (A)
③ (C) - (A) - (B)　　　④ (C) - (B) - (A)

해설 주어진 글은 은행이 때때로 카지노처럼 운영된다는 비판을 받는데, 오히려 그게 사실이었다면 좋았을 것이라는 내용으로, 여기서 나온 Banks를 they로 받아, 그들이 만약 카지노처럼 운영했다면 적어도 위험을 정확하게 계산하는 것이 가능했을 것이라는 내용의 (B)가 뒤에 오는 것이 자연스럽다. 그다음으로, (B)의 마지막 부분에 언급된 불확실한 세계를 Here로 받아 이에 관해 부연하는 (A)가 와야 한다. 마지막으로, (A)에 나온 theories of finance를 them으로 받아, 예측 불가능한 환경에 그것을 적용하는 것은 잘못되었을 뿐만 아니라 위험하다는 내용의 (C)가 와야 한다. 따라서 글의 순서로 가장 적절한 것은 ① '(B) - (A) - (C)'이다.

해석 은행은 때때로 카지노처럼 운영된다는 비판을 받는다. 그게 사실이라면 얼마나 좋겠는가! (B) 전 영란은행 총재 Mervyn King이 지적했듯, 그들이 그렇게 한다면 적어도 위험을 정확하게 계산하는 것이 가능할 것이다. 하지만 투자 은행은 현실의, 끊임없이 변화하는, 불확실한 세계에서 활동한다. (A) 여기서는 사람을 모두 믿을 수 있는 것이 아니며, 돌발 상황이 발생하고, 정확한 위험을 계산하려 하는 것이 재앙으로 이어질 수 있다. 실제로, 알려진 위험의 세계를 위해 설계된 금융 이론의 사용이 금융 위기의 원인 중 하나로 추정되고 있다. (C) 예측할 수 없는 환경에 이를 적용하는 것은 잘못되었을 뿐만 아니라 위험하다. 2008년 금융위기에 대해 Joseph Stiglitz는 "'거의' 완벽한 정보를 가진 세계가 완벽한 정보를 가진 세계와 매우 유사하다는 것은 전혀 사실이 아니었다"라고 말했다.

어휘 criticize 비판하다 operate 운영되다 if only ~이면 좋을 텐데 precise 정확한 disaster 재앙 suspect 추정[의심]하다 former 예전의 governor 총독 accurately 정확하게 observe (의견을) 말하다

정답 ①

Answer

01	02	03	04	05
①	②	④	②	①
06	**07**	**08**	**09**	**10**
④	③	②	④	③
11	**12**	**13**	**14**	**15**
④	②	④	③	②
16	**17**	**18**	**19**	**20**
②	①	③	④	②

01 밑줄 친 부분의 의미와 가장 가까운 것은? 〔어휘〕

In the fast-paced business environment, good leaders understand the importance of knowing when to delegate tasks.

① entrust
② conduct
③ conclude
④ supervise

해설 delegate는 '위임하다'라는 뜻으로, 이와 의미가 가장 가까운 것은 ① 'entrust(맡기다)'이다.
② 수행하다 ③ 끝내다 ④ 감독하다
해석 빠르게 돌아가는 비즈니스 환경에서, 좋은 리더는 언제 업무를 위임해야 하는지 아는 것의 중요성을 이해한다.
어휘 fast-paced 빠른 속도의

정답 ①

02 밑줄 친 부분의 의미와 가장 가까운 것은? 〔어휘〕

The distinct performances of each player contribute to the orchestra's overall harmony and success.

① perfect
② separate
③ passionate
④ collaborative

해설 distinct는 '별개의'라는 뜻으로, 이와 의미가 가장 가까운 것은 ② 'separate(별개의)'이다.
① 완벽한 ③ 열정적인 ④ 협력적인
해석 각 연주자의 별개의 연주는 오케스트라의 전반적인 조화와 성공에 기여한다.
어휘 contribute 기여하다 overall 전반적인

정답 ②

03 밑줄 친 부분의 의미와 가장 가까운 것은? 〔이디엄〕

Olivia recently had second thoughts about the commitment to a strict diet and weight-loss program.

① briefly thought
② held discussions
③ proposed another choice
④ changed a previous opinion

해설 have second thoughts는 '다시[고쳐] 생각해 보다'라는 뜻으로, 이와 의미가 가장 가까운 것은 ④ 'changed a previous opinion(이전의 의견을 바꾸다)'이다.
① 짧게 생각하다 ② 토론을 벌이다 ③ 또 다른 선택지를 제안하다
해석 Olivia는 최근 엄격한 식단과 체중 감량 프로그램을 향한 전념에 대해 다시 생각해 보았다.
어휘 commitment 전념, 헌신 strict 엄격한 briefly 짧게 discussion 토론 previous 이전의

정답 ④

04 밑줄 친 부분에 들어갈 말로 가장 적절한 것은? 〔어휘〕

In a famous novel, one character holds great influence in the classroom; the children who please him and have become friendly with him are rewarded with _____, such as being able to take on convenient duties.

① appetites
② privileges
③ possessions
④ motivations

해설 편한 일을 맡는 것은 교실 내 권력자의 비위를 맞추면 얻을 수 있는 특별한 이점임을 유추할 수 있으므로, 빈칸에 들어갈 말로 가장 적절한 것은 ② 'privileges(특권)'이다.
① 욕구 ③ 소유물 ④ 동기
해석 어느 유명한 소설 속, 한 인물이 교실에서 큰 영향력을 갖고 있는데, 그의 비위를 맞추고 그와 친해진 아이들은 보상으로 편리한 일을 맡을 수 있는 것 같은 특권을 받는다.
어휘 please 기쁘게 하다, 비위를 맞추다 take on 맡다 convenient 편리한 duty 업무

정답 ②

05 밑줄 친 부분에 들어갈 말로 가장 적절한 것은?

`이어동사`

The child is _____ the first American pen pal to improve his English skills.

① looking for
② heading off
③ bringing out
④ weighing down

`해설` 아이가 영어 실력을 늘리기 위해서는 미국인 펜팔을 처음 구하고 있을 것으로 유추할 수 있으므로, 빈칸에 들어갈 말로 가장 적절한 것은 ① 'looking for(찾다)'이다.
②막다③내놓다④짓누르다

`해석` 그 아이는 영어 능력을 향상하기 위해 첫 미국인 펜팔을 찾고 있다.

`정답` ①

06 어법상 옳은 것은?

`문법`

① The mentor touched the mentee on his shoulder for reassurance.
② Hardly did the students begin the exam before the fire alarm went off.
③ We learned water was made of hydrogen and oxygen in chemistry class.
④ Judging from the lights in the house, he must have forgotten to turn them off.

`해설` Judging from 이하는 '~으로 판단하건대'라는 뜻의 비인칭 독립분사구문이다. 맥락상 '~했음이 틀림없다'라는 뜻의 'must have p.p.'와 '~할 것을 잊다'라는 뜻의 'forget to RV'가 적절하게 쓰였다. '~한 것을 잊다'라는 뜻을 지닌 'forget RVing'와의 구별에 유의해야 한다. 또한 the lights를 받는 대명사 them이 이어동사 사이에 위치한 것도 적절하다.
① (his → the) 사람과 신체 부위를 분리 표현하는 경우, 신체 부위를 강조하여 '전치사 + the + 신체 부위'의 형태로 쓴다. 이때 신체 부위 앞에 소유격은 쓸 수 없고, 반드시 정관사 the를 써야 하므로 his를 the로 고쳐야 한다. 참고로 '만지다'라는 뜻의 touch가 전치사 on과 함께 쓰인 것은 옳다.
② (did the students begin → had the students begun) 'Hardly + had + S + p.p. ~ before + S + 과거동사'는 '~하자마자 ~했다'라는 뜻의 구문이다. Hardly가 이끄는 절에는 과거완료시제가 와야 하므로 did the students begin을 had the students begun으로 고쳐야 한다.
③ (was made of → is made from) learned와 water 사이에는 접속사 that이 생략되어 있는데, that절의 내용이 불변의 진리를 나타내고 있으므로 동사는 시제 일치에서 벗어나 현재시제로 쓰여야 한다. 또한 수소와 산소가 물이 되는 것은 물리적 변화가 아닌 화학적 변화이므로 전치사 from을 이용하여 is made from이 되어야 한다.

`해석` ① 멘토가 멘티를 안심시키고자 그의 어깨를 만졌다.
② 학생들이 시험을 시작하자마자 화재경보기가 울렸다.
③ 우리는 화학 시간에 물이 수소와 산소로 이루어져 있다는 것을 배웠다.
④ 집 안의 불빛으로 판단하건대, 그가 불 끄는 것을 잊어버렸음이 틀림없다.

`어휘` reassurance 안심시키기 go off 울리다 hydrogen 수소 chemistry 화학

`정답` ④

07 Argentinosaurus에 관한 다음 글의 내용과 일치하지 않는 것은?

`불일치`

Evidence of Argentinosaurus was originally discovered in 1987, when a fossil the size of an adult human was unearthed on a ranch in Argentina. The rancher who found the fossil thought it was a large piece of wood. It wasn't until 1993 that it was classified as a shin bone belonging to a new dinosaur species, though it was later reidentified as a calf bone in 2004. No complete skeletons of Argentinosaurus have been found, but estimates of the dinosaur's length range from 37 to 40 meters, and it is thought to have weighed 100 to 110 tons. By these measures, it is considered by many paleontologists to have been the largest dinosaur, and perhaps the longest animal of all time, although neither of these claims has yet been proven.

① At first, its fossil was mistaken for wood.
② Its fossil later turned out to be a calf bone.
③ Its skeletons have been discovered in their entirety.
④ Claims that it was the largest dinosaur lack firm evidence.

`해설` 4번째 문장에서 아르젠티노사우루스의 완전한 골격은 발견되지 않았다고 했으므로, 글의 내용과 일치하지 않는 것은 ③ '그것의 골격은 완전한 채로 발견되었다.'이다.
① 그것의 화석은 처음에 나무로 오인받았다. → 2번째 문장에서 언급된 내용이다.
② 그것의 화석은 나중에 비골로 밝혀졌다. → 3번째 문장에서 언급된 내용이다.
④ 그것이 가장 큰 공룡이었다는 주장에는 확실한 증거가 없다. → 마지막 문장에서 언급된 내용이다.

`해석` 아르젠티노사우루스에 관한 증거는 아르헨티나의 한 목장에서 성인 크기의 화석이 발굴된 1987년에 처음 발견되었다. 그 화석을 발견한 목장주는 그것을 커다란 나무 조각이라고 생각했다. 1993년이 되어서야 그것은 새로운 공룡 종의 경골로 분류되었으나, 2004년에는 비골로 재분류되었다. 아르젠티노사우루스의 완전한 골격은 발견되지 않았지만, 그 공룡의 길이 추정치는 37~40미터에 달하고, 무게는 100~110톤 정도였을 것으로 생각된다. 이러한 측정값으로, 그것은 많은 고생물학자들에 의해 가장 큰 공룡이자 아마도 역사상 가장 긴 동물이었으리라 생각되지만, 이 두 가지 주장 중 어떤 것도 아직 입증되지는 않았다.

`어휘` fossil 화석 unearth 발굴하다 ranch 목장 classify 분류하다 shin bone 경골, 정강이뼈 species 종 calf bone 비골, 종아리뼈 skeleton 골격 estimate 추정치 measure 측정치 paleontologist 고생물학자 claim 주장 mistaken 잘못 알고 있는 turn out (일, 결과가 특정 방식으로) 되다 entirety 전체 firm 확실한

`정답` ③

08 밑줄 친 부분 중 어법상 옳지 않은 것은?

The International Union for Conservation of Nature and Natural Resources considers the white rhinoceros to be ① near-threatened, but this classification is based largely on the success of the southern white rhinoceros ② which numbers increased from about 20 animals in the early 1900s to roughly 19,600 animals in 2020. In contrast, all wild populations of the northern white rhinoceros are thought ③ to have gone extinct. The last known remaining male northern white rhinoceros died in 2018, ④ leaving only a mother and daughter.

[해설] (which → whose) 관계대명사 which 뒤에는 불완전한 절이 와야 하는데, 여기서는 뒤에 완전한 절이 오고 있다. 관계대명사 바로 뒤에 명사 numbers가 있으며 선행사인 the southern white rhinoceros의 수가 증가한 것이므로, which를 소유격 관계대명사 whose로 고쳐야 한다.

① consider는 5형식 동사로 쓰여 'consider + O + (to be) + 형/명'의 구조를 취할 수 있는데, 여기서는 분사형 형용사가 보어로 오고 있다. 목적어인 흰코뿔소가 멸종의 '위협을 받는' 것이므로 수동의 과거분사 near-threatened는 적절하게 쓰였다.

③ 5형식 동사 think가 수동태로 쓰여 to 부정사를 보어로 취하고 있다. 2형식 동사로 쓰인 go가 형용사 extinct를 보어로 취하고 있는 것은 적절하며, 북부흰코뿔소가 멸종된 시점이 그렇게 여겨지는 시점보다 앞서므로 완료부정사의 쓰임도 옳다.

④ 분사구문의 의미상 주어인 The last ~ rhinoceros가 엄마와 딸을 '남긴' 것이므로 능동의 현재분사 leaving은 적절하게 쓰였다.

[해석] 국제자연보전연맹은 흰코뿔소를 (멸종) 준위협종으로 생각하지만, 이 분류는 주로 남부흰코뿔소의 성과에 기반을 두고 있는데, 남부흰코뿔소의 수는 1900년대 초 약 20마리에서 2020년 약 19,600마리로 증가했다. 그와 반대로, 북부흰코뿔소의 모든 야생 개체군은 멸종된 것으로 여겨진다. 마지막 남은 것으로 알려진 수컷 북부흰코뿔소는 2018년에 죽어, 엄마와 딸만 남았다.

[어휘] conservation 보호, 보존 rhinoceros 코뿔소 classification 분류 roughly 대략 extinct 멸종된

[정답] ②

---

09 다음 글의 제목으로 가장 적절한 것은?

Often, it's easier to accept reality with a bit of dark humor. First responders like firefighters regularly joke around with their department because they're routinely exposed to the worst day of someone's life — houses burning down, heart attacks, even chainsaw accidents. Their humor is a way of coping that their chief actively encourages, not to make light of bad situations, but to add a sense of light to bad situations. Their sense of humor is just as important as their ability to save lives and put out fires. However insensitive it might sound to an outsider, dark humor helps first responders accept their reality and therefore keeps them resilient in doing their essential work.

① The Realities and Challenges of Being a Firefighter
② Dark Humor Underestimates How Bad a Situation Is
③ Criticisms against Using Dark Humor about Disasters
④ Humor amid Chaos: First Responders' Coping Strategy

[해설] 소방관과 같은 구조대원들은 약간의 블랙 유머를 통해 현실을 더 잘 받아들이고, 필요한 과업을 수행할 때 회복 탄력성을 유지할 수 있다는 내용의 글이다. 따라서 글의 제목으로 가장 적절한 것은 ④ '혼돈 속 유머: 구조대원들의 대처 전략'이다.

① 소방관이 된다는 것의 현실과 과제 → 소방관의 현실이나 과제보다는, 소방관이 블랙 유머를 활용하는 이유에 관한 글이다.

② 블랙 유머는 상황이 얼마나 안 좋은지를 과소평가한다 → 안 좋은 상황을 경시하려고 블랙 유머를 구사하는 게 아니라고 했으므로 적절하지 않다.

③ 재난에 관해 블랙 유머를 사용하는 것에 대한 비판 → 블랙 유머의 긍정적인 영향을 서술하는 글이므로 적절하지 않다.

[해석] 종종 약간의 블랙 유머가 있으면 현실을 받아들이기에 더 쉽다. 소방관과 같은 구조대원들은 자기 부서 사람들과 농담을 자주 하는데, 이는 이들이 집이 불에 타는 것, 심장마비, 심지어 전기톱 사고와 같은 누군가의 인생 최악의 날에 일상적으로 노출되기 때문이다. 그들의 유머는 그들의 서장이 적극적으로 격려하는 대처법으로, 안 좋은 상황을 경시하기 위한 것이 아니라, 안 좋은 상황에 밝은 느낌을 더하려는 것이다. 그들의 유머 감각은 생명을 구하고 불을 끌 수 있는 능력만큼이나 중요하다. 외부인에게는 그것이 얼마나 무신경한 것처럼 들릴지라도, 블랙 유머는 구조대원들이 자신의 현실을 받아들이는 데 도움을 주어 그들이 필요한 작업을 하는 데 (정신적) 회복력을 유지하도록 한다.

[어휘] dark humor 블랙 유머(반어나 풍자를 포함한 유머) first responder 구조대원 firefighter 소방관 department 부서 routinely 일상적으로 expose 드러내다 chainsaw 전기톱 cope 대응하다 chief 최고위자 encourage 장려하다 make light of ~을 경시하다 put out (불을) 끄다 insensitive 무신경한, 둔감한 resilient 회복력 있는 essential 필수적인 underestimate 과소평가하다 criticism 비판 disaster 재난

[정답] ④

Social influence often involves exerting influence on someone to create situations in which others can achieve more pleasure. ① Parents, teachers, businesses, and governments constantly try to influence our behavior by giving rewards or punishments. ② There's nothing necessarily wrong about these attempts, and they are often quite effective. ③ Personal influence is the capacity of an individual to change the attitudes and behaviors of others by communication. ④ In 1992, the Republic of Singapore warned its citizens that chewing gum in public, deemed to harm their well-being, would result in a year in prison and a $5,500 fine. Although the rest of the world initially regarded this as ridiculous, the incidence of troublesome gum chewing in Singapore had actually fallen to an all-time low.

해설 사회적 영향력의 개념과 그에 관한 싱가포르 정부의 사례를 소개하는 글이다. 따라서 글의 흐름상 가장 어색한 문장은 개인적 영향력에 관해 서술하는 내용의 ③이다.

해석 사회적 영향력은 흔히 다른 사람들이 더 많은 즐거움을 얻을 수 있는 상황을 만들기 위해 누군가에게 영향력을 행사하는 것을 수반한다. 부모, 교사, 기업, 정부는 보상이나 처벌을 주어 우리의 행동에 영향을 미치려고 끊임없이 노력한다. 이러한 시도가 반드시 잘못된 것은 아니며, 그것은 종종 꽤 효과적이다. (개인적 영향력은 의사소통을 통해 다른 사람의 태도와 행동을 변화시킬 수 있는 개인의 능력이다.) 1992년, 싱가포르 공화국은 자국민의 안녕에 해롭다고 여겨진, 공공장소에서 껌을 씹는 행위가 1년의 징역형과 5,500달러의 벌금으로 이어질 것이라고 자국민에게 경고했다. 처음에는 전 세계의 나머지 지역이 이를 우스꽝스러운 일로 여겼지만, 싱가포르에서 골칫거리인 껌 씹는 행위의 발생 정도는 실제 사상 최저치로 떨어졌다.

어휘 influence 영향 exert 가하다, 행사하다 achieve 달성하다 pleasure 즐거움, 만족 punishment 벌 attempt 시도 effective 효과적인 capacity 능력 attitude 태도 republic 공화국 deem ~으로 여기다 well-being 안녕 fine 벌금 initially 처음에 ridiculous 우스꽝스러운 incidence 발생 정도 troublesome (오랫동안) 골칫거리인 all-time low 사상 최저치

정답 ③

A: I think Elias is the one who stole my earrings.
B: What makes you say that?
A: Well, to be honest, _____.
B: I know you've never been fond of her, but you shouldn't accuse her of such a thing without any solid reason.
A: You're right. But there's just something fishy about her.

① don't let me down
② it's definitely a steal
③ she goes by the book
④ I can't put my finger on it

해설 왜 Elias가 귀걸이를 훔쳤다고 생각하는지 물어보는 B에게 A는 빈칸 내용으로 답하였다. 이에 B는 확실한 근거 없이 그녀에게 죄를 씌워서는 안 된다고 말했으므로, 빈칸에 들어갈 말로 가장 적절한 것은 ④ '꼭 집어 말하기는 힘들어'이다.

① 날 실망하게 하지 마
② 그거 엄청 저렴한 거네
③ 그녀는 원칙대로 해

해석 A: 내 귀걸이를 훔친 애가 Elias인 것 같아.
B: 왜 그렇게 말하는 거야?
A: 음, 솔직히 말하면, 꼭 집어 말하기는 힘들어.
B: 네가 걔를 항상 좋아하지 않았다는 건 알지만, 확실한 이유 없이 그런 걸로 걔한테 죄를 씌워서는 안 돼.
A: 네 말이 옳아. 하지만 걔한테는 뭔가 수상한 점이 있단 말이야.

어휘 be fond of ~을 좋아하다 accuse ~에게 죄를 씌우다 solid 확실한 fishy 수상한 let sb down ~을 실망하게 하다 it's a steal 매우 저렴하다, 거저이다 go by the book 원칙대로 하다 put one's finger on it 꼭 집어 말하다

정답 ④

12 밑줄 친 부분에 들어갈 말로 가장 적절한 것은? 생활영어

> A: Kevin, did you try out for the basketball team?
> B: No. _____
> A: Wasn't the tryout yesterday? I saw the 'basketball team tryout' sign on the gym door.
> B: Oh, half of the applicants had their tryouts yesterday, and the other half are scheduled for tomorrow.
> A: Ah, I see. Good luck on your tryout, then!

① I already tried out yesterday.
② The tryout is tomorrow for me.
③ I don't plan to try out for the team.
④ There are no basketball tryouts this year.

해설 농구팀 선발 시험을 봤냐는 A의 말에 B는 안 봤다고 답하며 빈칸 내용을 언급한다. 이에 A가 시험이 어제이지 않았냐고 묻자, B는 지원자 절반은 어제 보았고 나머지 절반은 내일 본다고 답하였다. 끝으로 A가 B에게 선발 시험을 잘 보라고 했으므로, B는 내일 선발 시험을 본다는 것을 알 수 있다. 따라서 빈칸에 들어갈 말로 가장 적절한 것은 ② '난 선발 시험이 내일이야.'이다.

① 나 어제 이미 선발 시험을 봤어.
③ 나는 그 팀 선발 시험을 볼 계획이 없어.
④ 올해에는 농구 선발 시험이 없어.

해석 A: Kevin, 너 농구팀 선발 시험 봤어?
B: 아니. 난 선발 시험이 내일이야.
A: 선발 시험 어제 아니었어? 체육관 문에 '농구팀 선발 시험' 표지를 봤는데.
B: 아, 지원자 절반은 어제 선발 시험을 봤고, 나머지 절반은 내일로 예정되어 있어.
A: 아, 그렇구나. 그럼 선발 시험 잘 봐!

어휘 try out for ~의 선발 시험을 보다, ~에 출전하다 gym 체육관 applicant 지원자

정답 ②

13 우리말을 영어로 잘못 옮긴 것은? 문법

① 민주주의에서는 모든 시민의 말을 경청해야 마땅하다.
  → Every citizen deserves to be listened to in a democracy.
② 나는 주말을 좋은 소설에 몰두하며 보내는 편이 낫다.
  → I may as well spend the weekend diving into a good novel.
③ 관리자로 승진한 그녀는 개방적인 팀 의사소통을 용이하게 했다.
  → Promoted to manager, she facilitated open team communication.
④ 돈을 더 많이 절약할수록 미래에 더 마음 든든하게 될 것이다.
  → The more you save money, the more securely you will feel in the future.

해설 (securely → secure) '~하면 할수록 더 ~하다'라는 의미의 'the 비교급, the 비교급' 구문이 쓰였다. 콤마 앞 절의 The more는 동사 save의 부사로 적절히 쓰였으나, 콤마 뒤의 절에서는 2형식 동사 feel의 보어로 형용사가 와야 하는데 부사 securely가 오고 있으므로, securely를 형용사 secure로 고쳐야 한다.

① every 뒤에는 '단수 명사 + 단수 동사'가 와야 하므로 citizen과 deserves는 각각 적절하게 쓰였다. 또한 listen to는 '~을 듣다'라는 의미의 '자동사 + 전치사'인데, 주어진 우리말에 따르면 시민이 듣는 행위의 대상이 되는 것이므로 수동형 be listened to는 적절하게 쓰였다. 참고로 listen to가 수동태로 쓰일 때도 전치사 to는 생략되지 않는 것에 유의해야 한다.

② '~하는 것이 더 낫다'라는 뜻의 'may as well RV'가 주어진 우리말에 맞게 적절히 쓰였다. '~하는 것도 당연하다'라는 뜻을 지닌 'may well RV'와의 구별에 유의해야 한다. 'spend + 시간 + (in) RVing'는 '시간을 ~하는 데 쓰다'라는 뜻의 구문이다.

③ 분사구문의 의미상 주어인 she가 '승진시킨' 것이 아니라 '승진한' 것이므로 수동의 과거분사 Promoted는 적절하게 쓰였다.

어휘 democracy 민주주의 dive into ~에 몰두하다 promote 승진시키다 facilitate 용이하게 하다

정답 ④

14 우리말을 영어로 잘못 옮긴 것은? 문법

① 그 영화 제작자가 감독한 영화 중 가장 좋아하는 것이 무엇인가요?

→ Which movie directed by the filmmaker is your favorite?

② 사람들은 그 비극적인 이야기에 눈물을 흘릴 수밖에 없다.

→ People have no choice but to shed tears over the tragic story.

③ 그는 편지를 봉하여 예정된 수신자에게 보냈다.

→ With the letter sealing, he addressed it to the intended recipient.

④ 그 지역 요리 중 일부는 한국 요리 트렌드의 큰 영향을 받았다.

→ Some of the local cuisine was deeply influenced by Korean culinary trends.

해설 (sealing → sealed) 부대 상황을 나타내는 'with + O + OC'의 분사구문이 사용되었는데, the letter가 '봉해진' 것이므로 수동의 과거분사 sealed가 쓰여야 한다. 참고로 단수 명사 the letter를 받는 대명사 it의 수일치는 적절하다.

① 의문형용사 which가 명사 movie를 수식하고 있다. directed by the filmmaker는 movie를 수식하는 분사구인데, 영화가 '감독한' 것이 아니라 '감독된' 것이므로 수동의 과거분사 directed는 적절하게 쓰였다.

② '~하지 않을 수 없다'라는 뜻의 'have no choice but to RV' 구문이 주어진 우리말에 맞게 적절히 쓰였다.

④ '부분명사 of 전체명사'가 주어로 오는 경우 of 뒤의 명사에 동사를 수일치시키는데, 여기서는 불가산명사 the local cuisine이 오고 있으므로 그에 수일치한 단수 was는 적절하며, 지역 요리가 한국 요리 트렌드에 의해 '영향받은' 것이므로 수동태로 쓰인 것도 적절하다.

어휘 shed (눈물을) 흘리다 seal 봉하다 address (우편물을) 보내다 intended 의도한, 예정된 recipient 수취인 cuisine 요리

정답 ③

15 밑줄 친 (A), (B)에 들어갈 말로 가장 적절한 것은? 연결사

Quantum computers are a new, promising technology still in its infancy. Our conventional computers are already quite powerful. But this new technology could speed things up a lot. Because of this, many computer companies have already started building quantum computers. __(A)__, they still operate on a limited scale compared to what we expect in the future. So how can we prepare programmers and users for this new technology? One way to do so: simulate the quantum computer on our conventional machines. __(B)__, this is very complex – if it were easy, we would not need a quantum computer in the first place. Currently, the best method that tackles this complexity is to use so-called decision diagrams, which allow a much more efficient simulation.

	(A)	(B)
①	For this reason	Therefore
②	However	Of course
③	For this reason	In addition
④	However	For instance

해설 양자 컴퓨터에 관한 글이다. (A) 앞은 양자 컴퓨터 기술이 작업 속도를 크게 높이기에 많은 회사들이 이미 그것을 만들기 시작했다는 내용인 반면에, (A) 뒤는 그것이 여전히 제한된 규모로 가동된다는 내용이므로 역접의 연결사가 필요하다. 따라서 (A)에 들어갈 연결사로 가장 적절한 것은 However이다. 또한, (B) 앞에서 새로운 기술에 대비하는 방법 중 하나를 소개했는데, (B) 뒤에서는 이것이 매우 복잡하다고 말하며, 그게 쉬웠다면 애초에 양자 컴퓨터가 필요하지 않았을 것이라고 덧붙였다. 따라서 (B)에 들어갈 연결사로 가장 적절한 것은 Of course이다.

해석 양자 컴퓨터는 아직 초기 단계에 있는 새롭고 유망한 기술이다. 우리의 전통적인 컴퓨터는 이미 꽤 강력하다. 하지만 이 새로운 기술은 작업 속도를 크게 높일 수 있다. 이러한 이유로 많은 컴퓨터 회사는 이미 양자 컴퓨터를 만들기 시작했다. 그러나, 그것은 우리가 미래에 기대하는 것에 비하면 여전히 제한된 규모로 가동된다. 그러면 우리는 어떻게 프로그래머들과 사용자들이 이 새로운 기술에 대비하도록 할 수 있을까? 그렇게 할 수 있는 한 가지 방법은 양자 컴퓨터를 우리의 기존 기기에 모의실험을 하는 것이다. 물론, 이것은 매우 복잡하다. 이것이 만약 쉬웠다면, 우리는 애초에 양자 컴퓨터가 필요하지 않았을 것이다. 현재 이 복잡성을 해결하는 가장 좋은 방법은 더 효율적인 모의실험을 가능하게 만드는 소위 결정 도표를 이용하는 것이다.

어휘 quantum 양자 promising 유망한 infancy 초기 conventional 전통적인, 평범한 operate 가동되다 simulate 모의실험을 하다 in the first place 애초에 tackle 씨름[해결]하다 complexity 복잡성 so-called 소위 efficient 효율적인

정답 ②

16 밑줄 친 부분에 들어갈 말로 가장 적절한 것은?

What is beauty? Can we articulate what is beautiful and what is not? For 19th-century architects, the ambiguity in defining the essence of a great design was their biggest problem, because what appeals to the eye is subjective. But some perceived that the engineers were capable of providing them with a critical key to their rescue — for engineers had landed on an apparently unbreakable method of evaluating the wisdom of a design. They believed it lay in _____. They felt confidently able to declare that a structure was pleasant insofar as it performed its mechanical functions efficiently; and faulty insofar as it was burdened with non-supporting pillars, decorative statues, paintings, or carvings. They believed that a great design didn't require confusing, insoluble disputes about aesthetics but a straightforward pursuit of technological utility.

① details
② functionality
③ specialization
④ experimentation

해설 이 글에 따르면 아름다움의 기준이 주관적이기 때문에 19세기 건축가들은 훌륭한 디자인이 무엇인지를 정의하는 데 어려움을 겪었다. 그리고 그중 일부는 엔지니어들이 그에 관한 해결책을 제공하리라 믿었는데, 이는 훌륭한 디자인에 관한 그들의 기준이 확고했기 때문이었다. 엔지니어들은 거추장스러운 장식보다 순전히 기계적, 기술적 기능의 효율성을 우선시했음을 알 수 있으므로, 빈칸에 들어갈 말로 가장 적절한 것은 ② '기능성'이다.

① 세부 사항 → 오히려 장식품과 같은 세부적인 것들을 쓸모없는 것으로 여겼으므로 반대된다.

③ 전문화 → 엔지니어들이 불필요하다고 여긴 조각상과 그림 등의 예술 작품들 역시, 예술의 영역에 있어서는 전문화된 것으로 보아야 하므로 적절하지 않다. '전문화'는 특정 영역에 특화된 전문성을 개발하는 것으로, 그것이 반드시 기계적인 기능성을 뜻한다고 볼 수는 없다.

④ 실험 작업 → 엔지니어들이 실험 작업을 소중히 여겼다는 내용은 언급된 바 없다.

해석 아름다움이란 무엇인가? 무엇이 아름답고 무엇이 아름답지 않은지 명확히 구분할 수 있는가? 훌륭한 디자인의 본질을 정의하는 것의 모호함은 19세기 건축가들에게 가장 큰 문제였는데, 이는 눈에 매력적인 것이 주관적이기 때문이다. 그러나 일부 사람들은 엔지니어들이 그들을 구할 수 있는 중요한 실마리를 제공할 수 있다고 생각했는데, 이는 엔지니어들이 디자인의 타당성을 평가하는, 무너질 수 없는 듯 보이는 방법을 발견했기 때문이다. 그들은 그 실마리가 기능성에 있다고 믿었다. 그들은 건축물이 기계적인 기능을 효율적으로 수행하는 한 그것은 매력적이며, (건축물을) 지지하지 않는 기둥들, 장식용 조각상, 그림 또는 조각품들로 짐을 지는 한 그것은 결함이 있음을 자신 있게 선언할 수 있다고 생각했다. 그들은 훌륭한 디자인은 미학에 대한 혼란스러우며 해결되지 않는 논쟁이 아니라, 기술적 유용성에 대한 정직한 추구를 요구한다고 믿었다.

어휘 articulate 분명히 표현하다 architect 건축가 ambiguity 모호함 define 정의하다 essence 본질 appeal 매력적이다 subjective 주관적인 perceive 인지하다 capable ~할 수 있는 critical 중요한 rescue 구조 apparently 보기에 ~인 듯한 evaluate 평가하다 wisdom 타당성 confidently 자신 있게 declare 선언하다 pleasant 유쾌한, 마음에 드는 insofar as ~하는 한 mechanical 기계적인 efficiently 효율적으로 faulty 결함 있는 burden 부담을 지우다 pillar 기둥 decorative 장식용의 insoluble 풀 수 없는 dispute 논쟁 aesthetics 미학 straightforward 정직한, 똑바른 pursuit 추구 utility 유용성

정답 ②

17 다음 글의 제목으로 가장 적절한 것은?

According to one study, being a committed couch potato (defined as someone who sits for six hours or more per day) increases the mortality risk for men by nearly 20 percent and for women by almost double that. People who sit a lot are twice as likely to contract diabetes, twice as likely to have a fatal heart attack, and two and a half times as likely to suffer cardiovascular disease. Amazingly, and alarmingly, it doesn't seem to matter how much you exercise the rest of the time — if you remain seated during the whole evening, you may cancel out any benefits of your active daytime. As the journalist James Hamblin put it in the *Atlantic*, "You can't undo sitting." In fact, people with sedentary occupations and lifestyles — which is to say, most of us — can easily sit for fourteen or fifteen hours a day, and thus be completely and unhealthily immobile for all but a tiny part of their existence.

① Prolonged Sitting: A Detriment to Our Health
② Active Daytime Can Free You from Health Risks
③ Heart Patients Are More Vulnerable to the Risks of Sitting
④ Contemporary Lifestyles Cause You to Be a Couch Potato

해설 오래 앉아 있는 것이 여러 질병에 걸릴 확률을 증가시켜 사망 위험을 높이는 등 건강상 악영향을 끼친다는 내용의 글이다. 따라서 글의 제목으로 가장 적절한 것은 ① '장기간 앉아 있기: 건강을 해치는 것'이다.

② 활동적인 낮 시간은 당신을 건강상 위험에서 해방시킬 수 있다 → 낮 시간을 활동적으로 보내더라도 저녁 내내 앉아 있다면 활동의 이득이 사라질 수 있다는 설명과 반대된다.

③ 심장 환자들은 앉아 있는 것의 위험에 더 취약하다 → 장시간 앉아 있는 것이 심장 건강에 해로운 것이지, 이미 심장 질환을 앓고 있는 사람들이 그러한 위험에 더 취약하다는 내용이 아니다.

④ 현대 생활 방식은 당신을 카우치 포테이토로 만든다 → 현대 생활 방식에 의해 장기간 앉아 있게 된다는 현상보다는, 그로 인한 악영향을 서술하는 글이므로 적절하지 않다.

해석 한 연구에 따르면, 열성적인 카우치 포테이토(하루에 6시간 이상 앉아있는 사람으로 정의됨)가 되는 것은 사망 위험을 남성에게서는 거의 20%, 여성에게서는 그것의 거의 두 배로 증가시킨다. 많이 앉아 있는 사람은 당뇨병에 걸릴 확률이 2배, 치명적인 심장마비를 일으킬 확률이 2배, 심혈관 질환을 앓을 확률이 2.5배 더 높다. 놀랍게도, 그리고 걱정스럽게도, 당신이 나머지 시간에 얼마나 운동을 많이 하는지는 중요하지 않은 것처럼 보인다. 만약 당신이 저녁 내내 앉은 채로 있다면, 당신은 활동적인 낮에 얻었던 이득을 다 상쇄할 수도 있다. 기자인 James Hamblin이 『Atlantic』에 썼듯이, "앉는 것을 되돌릴 수는 없다." 실제로, 주로 앉아서 하는 직업과 생활 방식을 가진 사람들, 즉 우리 대부분은 거뜬히 하루에 14~15시간을 앉아 있을 수 있기 때문에 우리 존재의 아주 작은 부분을 제외하고는 완전히, 그리고 건강하지 않게도 움직이지 않는다.

어휘 committed 열성적인, 전념하는 define 정의하다 mortality 사망(률) contract (병에) 걸리다 diabetes 당뇨병 fatal 치명적인 suffer 시달리다 cardiovascular 심혈관의 alarmingly 놀랍게도, 걱정스럽게도 cancel out 상쇄하다 undo 취소하다, 되돌리다 sedentary 주로 앉아서 하는 occupation 직업 unhealthily 건강하지 못하게 immobile 움직이지 않는 existence 존재, 생활 prolonged 장기적인, 오래 계속되는 detriment 해, 손상 vulnerable 취약한 contemporary 현대의

정답 ①

18 주어진 문장이 들어갈 위치로 가장 적절한 곳은? 문장삽입

Internally, jealousy often arises from feelings of insecurity, scarcity, or fear.

Jealousy is a complex emotion that is most typically aroused when a person perceives a threat, whether real or imagined, to a valued relationship from a third party. It is a product of various factors. (①) Biological factors include evolutionary aspects where jealousy acted as a mechanism to prevent infidelity and ensure survival. (②) Cultural factors involve societal norms and values that shape our perception of relationships and ownership; monogamous societies tend to have higher instances of jealousy than polygamous cultures. (③) For instance, a person with low self-esteem might feel unworthy of their partner's love, leading to jealousy when they interact with others. (④) Similarly, perceived scarcity of resources, such as time or attention, can lead to jealousy. Fear of losing a loved one or a valued possession is also its common trigger.

*monogamous: 일부일처의

[해설] 주어진 문장은 내면적으로는 질투가 흔히 불안, 결핍, 두려움의 감정에서 비롯된다는 내용이다. ③ 앞은 질투의 문화적 원인에 관한 설명인데, ③ 뒤에서 낮은 자존감을 예시로 들고 있으므로 문맥상 단절이 생긴다. 이때 ③ 뒤의 문장과 그 이후에 이어지는 설명이 주어진 문장에 관한 부연임을 알 수 있으므로, 주어진 문장이 들어갈 위치로 가장 적절한 곳은 ③이다.

[해석] 질투는 제삼자로부터 실제든 상상이든 소중한 관계에 대한 위협을 감지할 때 가장 일반적으로 유발되는 복잡한 감정이다. 그것은 다양한 요인의 산물이다. 생물학적 요인에는 질투가 불륜을 방지하고 생존을 보장하는 메커니즘으로 작용했던 진화적 측면이 포함된다. 문화적 요인에는 관계와 소유권에 대한 인식을 형성하는 사회적 규범과 가치가 포함되는데, 일부일처제 사회는 일부다처제 문화보다 질투가 더 많이 발생하는 경향이 있다. 내면적으로, 질투는 흔히 불안, 결핍, 두려움의 감정에서 비롯된다. 예를 들어, 자존감이 낮은 사람은 파트너의 사랑을 받을 자격이 없다고 느껴 그 사람이 다른 사람들과 교류할 때 질투가 유발된다. 마찬가지로, 시간이나 관심과 같은 자원이 부족하다는 인식이 질투로 이어질 수 있다. 사랑하는 사람이나 소중한 소유물을 잃는 것에 대한 두려움도 그것의 흔한 유발 요인이다.

[어휘] internally 내면적으로 insecurity 불안 scarcity 결핍 typically 보통 arouse 불러일으키다 perceive 인지하다 evolutionary 진화의 aspect 측면 infidelity 불륜 ensure 보장하다 norm 규범 ownership 소유(권) polygamous 일부다처의 self-esteem 자존감 unworthy 자격이 없는 interact 소통하다 possession 소유 trigger 유발 요인

[정답] ③

---

19 다음 글의 요지로 가장 적절한 것은? 요지

When we are in a group of a large enough size, we become different. Notice yourself and others at a sporting event, a concert, or a religious or political gathering. It is impossible not to feel yourself caught up in the collective emotions. Your heart beats faster, and tears of joy or sadness come more readily. This phenomenon is known as the "group effect," suggesting that being in a group intensifies the longing to belong rather than encouraging independent reasoning. This effect is equally applicable in a work environment, particularly if the leader plays on people's emotions to spur competitive, aggressive desires, or creates an *us-versus-them* dynamic. Importantly, the group effect isn't restricted to physical gatherings; it can also spread virally, as strong opinions circulate on social media, infecting us with the desire to share these sentiments, often of an intense nature like outrage.

① Collective emotions lead to intense violence.
② Being in a group suppresses individual responses.
③ The presence of a group promotes independent reasoning.
④ Belonging to a group affects individual emotions and actions.

[해설] 규모가 충분히 큰 집단에 속해 있으면 집단에 소속되려는 욕구가 강해지면서 집단의 감정에 동화되기에 더 쉬워진다는 내용의 글이다. 따라서 글의 요지로 가장 적절한 것은 ④ '집단에 속해 있다는 것은 개인의 감정과 행동에 영향을 미친다.'이다.
① 집단적 감정은 강렬한 폭력으로 이어진다. → 집단적 감정이 폭력의 원인이 된다는 내용은 언급되지 않았다.
② 집단 안에 있는 것은 개인의 반응을 억제한다. → 집단에 속하는 것이 개인의 '논리'나 '이성'을 억제할 수는 있으나, 이를 '반응'으로 보기에는 어려우며, 개인의 감정적 반응은 오히려 집단 효과에 의해 강화된다고 볼 수 있다.
③ 집단의 존재는 독자적 논리를 장려한다. → 집단에 속하면 개인의 독자적인 논리보다도 소속감에 대한 욕구가 강화된다는 글의 내용과 모순된다.

[해석] 우리가 충분히 큰 규모의 집단에 속해 있을 때, 우리는 달라진다. 스포츠 경기, 콘서트, 혹은 종교 또는 정치 모임에서 당신 자신과 다른 사람들을 주목해 보라. 당신이 집단적인 감정에 사로잡혔다고 느끼지 않기는 불가능하다. 당신의 심장은 더 빨리 뛰고, 기쁨 또는 슬픔의 눈물은 더 쉽게 난다. 이 현상은 '집단 효과'라고 알려진 것으로, 집단에 있는 것이 독자적인 논리를 장려하기보다도 소속에 대한 갈망을 강화한다는 것을 시사한다. 이 효과는 업무 환경에서도 똑같이 적용돼서, 특히 리더가 경쟁적이고 공격적인 욕구를 자극하려고 사람들의 감정을 이용하거나, '우리 대 그들'의 역학을 만들어내는 경우 그렇다. 중요한 것은, 집단 효과가 물리적인 모임에 국한되지 않는다는 것인데, 그것은 강경한 의견들이 소셜미디어에 돌면서, 종종 분노와 같은 강렬한 성격의 감정을 공유하려는 욕구에 우리를 감염시켜, 바이러스처럼 퍼질 수도 있다.

[어휘] religious 종교적인 gathering 모임 caught up in ~에 사로잡힌 collective 집단적인 beat (심장이) 뛰다 readily 쉽게 phenomenon 현상 intensify 강화하다 longing 갈망 independent 독자적인 applicable 적용되는 play on (감정 등을) 이용하다 spur 박차를 가하다 competitive 경쟁적인 aggressive 공격적인 dynamic 역학 restrict 제한하다 virally 바이러스(성)로 circulate 순환하다, 돌다 infect 감염시키다 sentiment 정서 nature 성격, 특성 outrage 분노 violence 폭력 suppress 억압하다 presence 존재 affect 영향을 미치다

[정답] ④

20 주어진 글 다음에 이어질 글의 순서로 가장 적절한 것은? 순서배열

Regulatory interactions determine how honeybees increase the overall level of activity within the colony; decide when to build drone comb; decide when to collect pollen.

(A) When returning from a successful foraging trip, a forager bee performs either a waggle dance or a tremble dance. Waggle dances result in the recruitment of more foragers, reflecting the colony's need for more nectar.

(B) Dr. Seeley gives an authoritative review of these and many other regulatory feedback mechanisms within the honeybee colony. One of the most striking examples of regulatory feedback is seen in nectar processing.

(C) On the other hand, tremble dances result in the recruitment of more nectar receivers reflecting an increased influx of nectar. Combined, these two regulatory feedbacks ensure that nectar flow is not delayed by a shortage of either foragers or receivers.

① (A) - (C) - (B)　　　② (B) - (A) - (C)
③ (B) - (C) - (A)　　　④ (C) - (B) - (A)

해설 주어진 글은 꿀벌이 군집 내에서 하는 활동은 조절 상호작용에 의해 결정된다는 내용으로, 그다음에는 여기서 나열된 여러 결정 사항을 these로 받아, 그것들과 기타 조절 피드백 메커니즘에 관해 Seeley가 권위 있는 평론을 제공한다는 내용의 (B)가 와야 한다. 그다음에는 꿀을 처리하는 과정에서 조절 피드백이 어떻게 작동하는지에 관한 예시로 8자 춤이나 떨림 춤을 언급한 후에, 그중 8자 춤을 먼저 설명하는 (A)가 와야 한다. 마지막으로는 On the other hand를 통해 (A)의 내용에 이어 떨림 춤을 설명하는 (C)가 오는 것이 자연스럽다. 따라서 주어진 글 다음에 이어질 글의 순서로 가장 적절한 것은 ② '(B) - (A) - (C)'이다.

해석 조절 상호작용은 꿀벌이 군집 내에서 전반적인 활동 수준을 높이는 방법을 결정하고, 수벌 전용 벌집을 만들 시기를 결정하고, 꽃가루를 수집할 시기를 결정한다. (B) Dr. Seeley는 꿀벌 군집 내에서 이러한 메커니즘과 기타 여러 가지 조절 피드백 메커니즘에 대한 권위 있는 평론을 제공한다. 조절 피드백의 가장 두드러진 예 중 하나는 꿀 처리 과정에서 볼 수 있다. (A) 성공적인 채집 여행에서 돌아올 때 채집에 성공한 꿀벌은 8자 춤 또는 떨림 춤을 춘다. 8자 춤은 더 많은 꿀이 있어야 하는 군집의 필요를 반영하여 더 많은 채집벌을 모집하는 결과를 낳는다. (C) 반면에 떨림 춤은 꿀의 유입 증가를 반영하여 더 많은 꿀 수용벌을 모집하는 결과를 낳는다. 이 두 가지 조절 피드백이 합쳐져 꿀의 흐름이 포식자나 수용벌의 부족으로 인해 지연되지 않는 것을 확실히 한다.

어휘 regulatory 조절의 interaction 상호작용 determine 결정하다 overall 전반적인 colony 군집 drone 수벌 comb 벌집 pollen 꽃가루 foraging 채집 waggle dance (벌의) 8자 춤 tremble dance 떨림 춤 recruitment 모집 nectar 꿀 authoritative 권위 있는 striking 두드러진 processing 처리 과정 influx 유입 combine 결합하다 ensure 보장하다 delay 미루다 shortage 부족

정답 ②

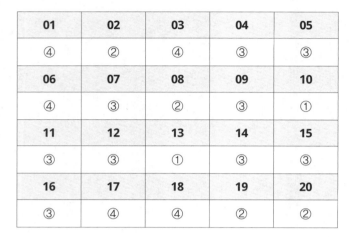

01	02	03	04	05
④	②	④	③	③
06	07	08	09	10
④	③	②	③	①
11	12	13	14	15
③	③	①	③	③
16	17	18	19	20
③	④	④	②	②

01 밑줄 친 부분의 의미와 가장 가까운 것은? 〔어휘〕

> Her logical reasoning provided a complementary perspective to his intuitive decision-making.

① rational
② expanded
③ contrary
④ supportive

〔해설〕 complementary는 '보완적인'이라는 뜻으로, 이와 의미가 가장 가까운 것은 ④ 'supportive(보완적인)'이다.
① 이성적인 ② 확장된 ③ 반대의
〔해석〕 그녀의 논리적 추론은 그의 직관적 의사결정에 보완적인 관점을 제공했다.
〔어휘〕 reasoning 추론 perspective 관점 intuitive 직관적인

정답 ④

02 밑줄 친 부분의 의미와 가장 가까운 것은? 〔어휘〕

> The team accomplished their goals within the budget thanks to the prudent use of resources.

① limited
② cautious
③ efficient
④ economical

〔해설〕 prudent는 '신중한'이라는 뜻으로, 이와 의미가 가장 가까운 것은 ② 'cautious(신중한)'이다.
① 제한된 ③ 효율적인 ④ 경제적인
〔해석〕 그 팀은 신중한 자원 사용 덕분에 예산 범위 내에서 목표를 달성했다.
〔어휘〕 budget 예산

정답 ②

03 밑줄 친 부분의 의미와 가장 가까운 것은? 〔이디엄〕

> The meeting was postponed on account of the power outage in the conference room.

① in face of
② by way of
③ in case of
④ by reason of

〔해설〕 on account of는 '~때문에'라는 뜻으로, 이와 의미가 가장 가까운 것은 ④ 'by reason of(~의 이유로)'이다.
① ~에도 불구하고 ② ~을 통해서 ③ ~의 경우에
〔해석〕 회의실 정전 때문에 회의가 연기되었다.
〔어휘〕 postpone 연기하다 outage 정전 conference 회의

정답 ④

04 밑줄 친 부분에 들어갈 말로 가장 적절한 것은? 〔이어동사〕

> The economic downturn _____ a series of layoffs in the struggling industry.

① came by
② got away with
③ touched off
④ caught up with

〔해설〕 잇따른 해고는 경기 침체가 일으킨 결과임을 알 수 있으므로, 빈칸에 들어갈 말로 가장 적절한 것은 ③ 'touched off(유발하다)'이다.
① 얻다, 들르다 ② 모면하다 ④ 따라잡다
〔해석〕 경기 침체는 어려움을 겪고 있는 업계 내에서 잇따른 해고를 유발했다.
〔어휘〕 downturn 침체 layoff (정리)해고 struggle 고투하다, 허덕이다

정답 ③

05 어법상 옳지 않은 것은?

문법

① You won't get a refund unless you bring the receipt.
② The neighbors are friendly, greeting each other with a smile.
③ He suggested reading the paper and then having it sign in full.
④ Stay away from anyone who asks you to lend him or her money.

해설 (sign → signed) 사역동사 have는 목적어와 목적격 보어의 관계가 능동이면 RV를, 수동이면 p.p.를 목적격 보어로 취한다. 여기서는 it이 가리키는 것이 the paper이고, 서류는 '서명되는' 것이므로 sign을 수동의 과거분사 signed로 고쳐야 한다. 참고로 suggest는 동명사를 목적어로 취하는 동사이므로, 등위접속사 and로 병렬된 reading과 having의 쓰임은 적절하다.

① unless가 이끄는 조건 부사절에서는 현재시제가 미래시제를 대신하므로 bring의 쓰임은 적절하다.
② be동사 are의 보어로 형용사 friendly가 온 것은 적절한데, 이때 friendly는 -ly로 끝나지만 품사가 형용사인 것에 유의해야 한다. 또한 분사구문의 의미상 주어인 The neighbors가 서로에게 '인사하는' 것이므로 능동의 현재분사 greeting도 적절하게 쓰였다.
④ 주격 관계대명사 who가 주어 없는 불완전한 절을 이끌고 있으며, 선행사가 부정대명사인 anyone이므로 단수 동사 asks의 수일치는 적절하다. 또한 5형식 동사로 쓰인 ask는 to 부정사를 목적격 보어로 취하며, 의미상 you가 돈을 '빌려줄' 것을 요청하는 것이고 '빌려주다'라는 뜻의 lend는 4형식 동사로 사용할 수 있으므로 to lend의 쓰임도 적절하다.

해석 ① 영수증을 지참하지 않으면 환불받을 수 없습니다.
② 그 이웃들은 다정하여 서로 미소 지으면서 인사한다.
③ 그는 그 서류를 읽고 나서 완전히 서명할 것을 제안했다.
④ 돈을 빌려달라고 하는 사람은 누구든 멀리해라.

어휘 refund 환불 receipt 영수증 greet ~에게 인사하다 stay away from ~을 멀리하다

정답 ③

06 어법상 옳지 않은 것은?

문법

① Could you tell me why the project deadline was extended?
② I wish I had invested in Bitcoin when it was first introduced.
③ It is desirable that the advertising strategy reflect the brand's identity.
④ The complex concepts presented in the lecture was difficult to understand.

해설 (was → were) was의 주어는 문장의 주어인 복수 명사 The complex concepts이므로, 그에 수일치하여 was를 복수 동사 were로 고쳐야 한다. 참고로 presented in the lecture는 주어를 수식하는 분사구인데, 개념이 '제시된' 것이므로 수동의 과거분사로 적절하게 쓰였다. 또한 difficult가 포함된 난이형용사 구문이 쓰이고 있는데, to 부정사의 목적어가 주어로 와서 중복을 피해 to 부정사의 목적어 자리가 비어 있는 것도 적절하다.

① 4형식 동사로 쓰인 tell의 직접목적어로 의문사 why가 이끄는 간접의문문이 오고 있다. 이때 간접의문문은 '의문사 + S + V'의 어순을 취하며, 기한이 '연장한' 것이 아니라 '연장된' 것이므로 why the project deadline was extended는 적절하게 쓰였다.

② I wish는 이루지 못한 소망을 표현하는 말로 뒤에 가정법이 와야 한다. when절에 과거를 나타내는 표현이 있으므로 과거 상황을 반대로 가정하는 가정법 과거완료 had invested는 적절하게 쓰였다. 또한 대명사 it이 가리키는 Bitcoin은 '도입한' 것이 아니라 '도입된' 것이므로 수동태 was introduced의 쓰임도 적절하다.
③ desirable과 같은 이성적 판단의 형용사가 포함된 가주어(It)-진주어(that절) 구문에서, that절 내의 동사는 '(should) + RV'를 사용하므로 reflect는 적절하게 쓰였다.

해석 ① 프로젝트 기한이 연장된 이유를 제게 말해주실 수 있나요?
② 비트코인이 처음 선보였을 때 투자했으면 좋았을 텐데.
③ 광고 전략은 브랜드의 정체성을 반영하는 것이 바람직하다.
④ 강의에서 제시된 그 복잡한 개념들은 이해하기에 어려웠다.

어휘 deadline 기한 extend 연장하다 introduce 도입하다, 내놓다 desirable 바람직한 advertising 광고(하기) strategy 전략 reflect 반영하다

정답 ④

07 우리말을 영어로 잘못 옮긴 것은?

문법

① 우리는 우연히 건물이 무너지는 것을 그 자리에서 보았다.
→ We accidentally watched the building collapsing on the spot.
② 나는 사람들이 붐비는 파티에 나가는 것보다 집에 있는 것이 낫다.
→ I would rather stay at home than go out to a crowded party.
③ 양식이 다른 그 그림들은 색채가 놀라울 정도로 비슷했다.
→ The paintings, different in style, were remarkably like in color.
④ 그녀는 참가자가 너무 적어서 행사를 취소하기로 결정했다.
→ She decided to cancel the event, there being too few participants.

해설 (like → alike) '(~와) 비슷한'이라는 뜻의 like는 전치사 또는 명사를 앞에서 수식하는 한정적 용법의 형용사로만 쓰일 수 있는데, 여기서는 be동사 were의 보어 자리에 오고 있다. 따라서 like를 같은 의미를 지니면서 서술적 용법으로 쓰이는 형용사 alike로 고쳐야 한다. 참고로 삽입구 different in style은 주어 The paintings를 수식하고 있는데, 둘 사이에 주격 관계대명사와 be동사가 생략된 것으로 볼 수 있다.

① 지각동사 watch는 목적어와 목적격 보어의 관계가 능동이면 RV나 RVing를, 수동이면 p.p.를 목적격 보어로 취하는데, 여기서는 the building이 '무너진' 것이므로 목적격 보어에 collapsing이 온 것은 적절하다. 참고로 collapse는 '무너지다'를 뜻하는 자동사로 쓰였다.
② 'would rather A than B'는 'B하기보다는 차라리 A하는 것이 낫다'라는 뜻의 표현이다. 이때 would rather가 조동사이므로 A와 B에 각각 원형부정사 stay와 go가 온 것은 적절하다.
④ decide는 to 부정사를 목적어로 취하는 동사이므로 to cancel은 적절하게 쓰였다. 또한 분사구문의 의미상 주어는 주절의 주어와 같을 때만 생략될 수 있는데, 여기서 주절의 주어인 She를 분사구문의 의미상 주어로 본다면 해석이 자연스럽지 않고, '~가 있다'라는 의미를 나타내고 싶을 때는 there be 구문을 사용하므로, being 앞에 유도부사 there가 있는 것도 적절하다.

어휘 accidentally 우연히 on the spot 현장에서 crowded (사람들이) 붐비는 remarkably 놀랍도록 participant 참가자

정답 ③

어휘 cup of tea 취향에 맞는 것 get behind the wheel 운전하다 drive under the influence 음주 운전하다 piece of cake 식은 죽 먹기 work out 운동하다 get in shape 건강한 몸매를 유지하다

정답 ③

08 우리말을 영어로 잘못 옮긴 것은? 문법

① 디저트로는 탄산음료나 커피 한 잔이 제공됩니다.
→ Either soft drinks or a cup of coffee is offered for dessert.

② 그는 문서가 갑자기 날아가는 것을 막고 싶어 했다.
→ He wanted to stop the document from suddenly deleting.

③ 내 언니가 첫사랑과 결혼한 지 10년이 되었다.
→ My sister has been married to her first love for 10 years.

④ 신입 사원도 다른 직원들처럼 시간을 잘 지키지 않는다.
→ The new employee is no more punctual than the rest of the staff.

해설 (suddenly deleting → being suddenly deleted) 'stop + O + from RVing'는 'O가 ~하는 것을 막다'라는 뜻의 구문으로 주어진 우리말에 맞게 쓰였다. 그런데 여기서는 타동사인 deleting 뒤에 목적어가 없고, 의미상으로도 the document가 '삭제하는' 것이 아니라 '삭제되는' 것이므로 수동형인 being deleted로 쓰여야 한다. 참고로 want는 to 부정사를 목적어로 취하는 동사이므로 to stop은 적절하게 쓰였다.
① 'A 또는 B'라는 뜻의 상관접속사 'either A or B'가 주어로 쓰이면 동사의 수는 B에 맞춰야 한다. 여기서는 단수 명사 a cup of coffee에 수일치해야 하므로 단수 동사 is는 적절하게 쓰였다. 또한 탄산음료나 커피가 '제공되는' 것이므로 수동태의 쓰임도 적절하다.
③ marry는 전치사 없이 목적어를 바로 취하는 완전타동사인데, 결혼한 '상태'를 나타내는 경우 수동태인 'be married to'의 형태로 표현하므로 적절하게 쓰였다. 또한 기간을 나타내는 for 10 years가 있으므로 현재완료시제의 쓰임도 적절하다.
④ 'no more ~ than'은 '~처럼 ~하지 않은'이라는 양자 부정을 의미하는 비교 관용 표현으로 주어진 우리말에 맞게 쓰였다.
어휘 soft drink 탄산음료 delete 삭제하다 punctual 시간을 잘 지키는

정답 ②

09 두 사람의 대화 중 가장 어색한 것은? 생활영어

① A: Do you drink coffee often?
B: No, coffee isn't my cup of tea.

② A: You're not getting behind the wheel drunk, right?
B: No, I would never drive under the influence.

③ A: Competing in the race must have been tough for you.
B: You're right. It was a piece of cake.

④ A: No offense, but I think it's time you started working out.
B: None taken. I know, I really should get in shape.

해설 경주에서 경쟁하는 것이 힘들었을 것 같다는 A의 말에 동의하면서도, 그것이 식은 죽 먹기였다는 B의 말은 모순된다. 따라서 대화 중 가장 어색한 것은 ③이다.
해석 ① A: 너 커피 자주 마셔?
B: 아니, 커피는 내 취향이 아니야.
② A: 너 음주 운전하는 거 아니지, 그렇지?
B: 아니야, 난 절대 음주 운전 안 하지.
③ A: 경주에서 경쟁하는 것이 네게 아주 힘들었을 것 같아.
B: 맞아. 그것은 식은 죽 먹기였어.
④ A: 악의는 없지만, 너 이제 운동을 시작해야 할 거 같아.
B: 악의로 안 받아들였어. 알아, 나 정말 몸을 가꿔야 해.

10 밑줄 친 부분에 들어갈 말로 가장 적절한 것은? 생활영어

A: I'm finally moving out of my parent's house.
B: Oh, congratulations! Where are you heading off to?
A: Downtown. I'm renting an apartment with a roommate.
B: Is there a specific reason for sharing it?
A: _____
B: Good call. It's a smart idea to split the cost.

① The rent is too expensive to cover on my own.
② Yes, I got a really good deal on the apartment.
③ No, living with a friend would be more exciting.
④ My job is downtown, so it'll be more convenient.

해설 왜 룸메이트와 같이 사냐는 B의 질문에 A가 빈칸과 같이 답하였고, 이에 B가 비용을 분담하는 것은 좋은 생각이라고 했으므로, 빈칸에 들어갈 말로 가장 적절한 것은
① '임대료가 너무 비싸서 나 혼자 감당하기 힘들어.'이다.
② 응, 나 아파트에 정말 좋은 조건을 받았어.
③ 아니, 친구랑 같이 사는 게 더 재미있을 것 같아.
④ 내 직장이 시내라 더 편리할 거야.
해석 A: 나 드디어 부모님 집에서 나와.
B: 오, 축하해! 어디로 가는 거야?
A: 시내로. 룸메이트랑 같이 아파트를 임대하려고.
B: 그것을 같이 쓰는(같이 사는) 구체적인 이유가 있어?
A: 임대료가 너무 비싸서 나 혼자 감당하기 힘들어.
B: 좋은 생각이네. 비용을 분담하는 건 현명한 생각이지.
어휘 move out 이사를 나가다 head off to ~으로 향하다 downtown 시내 split 나누다 cover 감당하다 convenient 편리한

정답 ①

11 주어진 글 다음에 이어질 글의 순서로 가장 적절한 것은? 순서배열

If you want to master habits and stick to them for good, then you need to figure out how to be consistent. How can you do that?

(A) This has been proven to increase the odds that people will continue to exercise, recycle, study, and even stop smoking. However, follow-up research has discovered it only works when you focus on one thing at a time.

(B) In fact, people who try to use this method to accomplish multiple goals are less likely to succeed than those who focus on a single goal.

(C) Research has shown that people are 2 to 3 times more likely to stick with their habits if they make specific plans for when, where, and how they will perform the behavior, compared to when they don't.

① (B) - (A) - (C)　　② (B) - (C) - (A)
③ (C) - (A) - (B)　　④ (C) - (B) - (A)

해설 주어진 글은 습관을 계속 유지하는 방법에 관해 질문을 던지는 내용으로, 뒤에는 그에 관한 답이 구체적인 계획 세우기라며 한 연구 결과를 제시하는 (C)가 오는 것이 자연스럽다. 그다음으로, 그 방법을 This로 받아, 그것이 사람들이 여러 좋은 습관을 유지할 확률을 높인다는 내용의 (A)가 와야 한다. 마지막으로, 그 방법은 한 번에 한 가지에 집중할 때만 효과가 있다는 (A)의 마지막 문장 내용을 부연하는 (B)가 그다음에 와야 한다. 따라서 글의 순서로 가장 적절한 것은 ③ '(C) - (A) - (B)'이다.

해석 습관을 몸에 익히고 그것을 영원히 유지하고 싶다면, 일관성을 유지하는 방법을 찾아야 한다. 어떻게 그것을 할 수 있을까? (C) 연구에 따르면 사람들이 언제, 어디서, 어떻게 행동할 것인지에 대한 구체적인 계획을 세우면 그렇게 하지 않을 때보다 습관을 유지할 가능성이 2~3배 더 크다고 한다. (A) 이는 사람들이 운동, 재활용, 공부, 심지어 금연을 지속할 확률을 높이는 것으로 입증되었다. 하지만 후속 연구에 따르면 이것은 한 번에 한 가지에 집중할 때만 효과가 있는 것으로 밝혀졌다. (B) 실제로 이 방법을 사용하여 여러 가지 목표를 달성하려는 사람들은 한 가지 목표에 집중하는 사람들보다 성공할 확률이 더 낮다.

어휘 stick to ~을 유지[고수]하다 consistent 일관된 odds 가능성 follow-up 후속의 accomplish 달성하다 multiple 다수의 specific 구체적인

정답 ③

---

12 주어진 문장이 들어갈 위치로 가장 적절한 곳은? 문장삽입

In general, though, guilt can be diminished when you try to do what you think is right, when you are honest, and when you try to be a good person.

Guilt is the emotion you feel when you know what you "should" do, but despite what you know, you behave in an impulsive, hurtful, or thoughtless way. (①) Defining guilt this way makes it easier to avoid, because if you act as you know you should, you won't feel as responsible or to blame when things don't quite work out. (②) Of course, guilt is not always avoidable because sometimes different needs conflict, there's no clear best choice, or your options are too limited. (③) So, when you know that your intentions are pure, and that your actions or words are well-meant, it's unlikely that you'll feel guilty. (④) Guilt shouldn't follow when you've tried to do the right thing, regardless of the outcome.

해설 주어진 문장은 어떨 때 죄책감을 줄일 수 있는지 설명하는 내용으로, 여기서 나온 though에 유의했을 때 이 문장 앞에는 죄책감이 줄어들지 않는 경우나 죄책감이 생기는 경우가 나오는 것이 자연스럽다. 글에서 ③ 앞에 죄책감을 느끼는 것이 불가피한 경우가 나왔으므로 주어진 문장은 ③에 오는 것이 적합하다. 또한 ③ 뒤는 자신이 순수하고 선한 의도로 한 일이라면 죄책감을 느끼지 않을 가능성이 크다는 내용이므로 앞뒤 내용이 So로 연결되는 것이 부자연스럽다. 따라서 주어진 문장이 들어갈 위치로 가장 적절한 곳은 ③이다.

해석 죄책감은 당신이 뭘 '해야 할'지 알고 있지만, 당신이 아는 것에도 불구하고 충동적이거나 (남의) 마음을 상하게 하거나 무심한 방식으로 행동할 때 느끼는 감정이다. 죄책감을 이런 식으로 정의하는 것은 그것을 피하는 것을 더 쉽게 만드는데, 왜냐하면 당신이 해야 할 것으로 아는 대로 행동한다면, 일이 그다지 잘 풀리지 않을 때 책임감을 느끼거나 비난받아야 한다고 느끼지 않을 것이기 때문이다. 물론, 때때로 여러 욕구가 충돌하거나, 명백한 최고의 선택이 없거나, 선택사항이 너무 심하게 제한되어 있기에 죄책감을 늘 피할 수 있는 것은 아니다. <u>그러나 일반적으로는 당신이 옳다고 생각하는 것을 행하려 할 때, 정직할 때, 그리고 좋은 사람이 되고자 할 때, 죄책감이 줄어들 수 있다.</u> 그러므로 당신의 의도가 순수하고, 당신의 행동이나 말이 선의라는 것을 당신이 알 때, 당신은 죄책감을 느끼지 않을 가능성이 크다. 당신이 옳은 일을 하려고 노력했을 때, 그 결과가 어떻든 죄책감이 따르지 않을 것이다.

어휘 in general 일반적으로 guilt 죄책감 diminish 줄이다 impulsive 충동적인 thoughtless 무심한 define 정의하다 work out 잘 풀리다 avoidable 피할 수 있는 well-meant 선의의 regardless of ~와 상관없이 outcome 결과

정답 ③

13 다음 글의 제목으로 가장 적절한 것은? 　　 제목

For much of its history, publicists, curators, and photographers have viewed photography as a medium capable of communicating information through the universal language of vision. The camera, they often assumed, is a mechanism that facilitates human efforts to register accurate images of reality itself, and photographs, they continued, are therefore mere visual records of the settings they depict. This conceptualization of photography has presented the camera as a mechanical eye whose accurate vision bypasses the desires, knowledge, and prejudices that otherwise influence human perception. It has also framed photographs as reflections of the world, with its many different national and ethnic groups, their cultural traditions, and individual experiences.

① Photography as an Objective Mirror of Reality
② Human Experiences That Can't Be Captured by Camera
③ Prejudice: The Greatest Weakness of Human Perception
④ The Role of Photography in Connecting Different Cultures

해설 사진은 있는 그대로의 세상을 정확하게 비추는 기록물이라는 내용의 글이다. 따라서 글의 제목으로 가장 적절한 것은 ① '현실의 객관적인 거울로서의 사진'이다.
② 카메라가 포착할 수 없는 인간의 경험들 → 글에서 카메라는 우리의 욕망, 지식, 편견을 우회한다고 언급되나, 그러한 요소들을 포착하지 못하는 카메라를 지적하기보다는 오히려 그렇기 때문에 정확한 현실을 반영한다고 하였다. 따라서 카메라의 한계를 언급하는 내용의 선지는 적절하지 않다.
③ 편견: 인간 지각의 가장 큰 약점 → 편견이 어떤 것을 지각하는 데 큰 지장이 된다는 내용의 글이 아니다.
④ 여러 문화를 연결하는 사진의 역할 → 사진은 다양한 문화와 개인적 경험 등 있는 현실 그대로의 모습을 포착한다고 했을 뿐, 그 다양한 문화를 서로 연결하는 데 중요한 역할을 한다는 점은 언급된 바 없으며 글의 핵심과도 거리가 멀다.

해석 사진 역사의 대부분 동안, 홍보 담당자, 큐레이터, 사진가들은 사진을 보편적인 시각 언어를 통해 정보를 전달할 수 있는 매체로 간주해 왔다. 그들은 흔히 카메라는 현실 그 자체의 정확한 이미지를 기록하려는 인간의 노력을 용이하게 하는 메커니즘이라고 생각했고, 그들이 계속해서 말하기를, 그러므로 사진은 그것이 묘사하는 환경의 시각적 기록에 불과하다. 이러한 사진의 개념화는 카메라를, 그것이 그러지(욕망, 지식, 편견을 우회하지) 않았더라면 인간의 지각에 영향을 미치는 욕망, 지식, 편견을 우회하여 정확한 시각을 제공하는 기계적인 눈으로 제시했다. 그것은 또한 사진을 세상의 많은 다양한 국가 및 민족 집단, 그들의 문화적 전통, 개인적인 경험 등 세상을 비춘 모습으로 표현했다.

어휘 publicist 홍보 담당자 medium 매체 capable of ~을 할 수 있는 universal 보편적인 assume 가정하다 facilitate 용이하게 하다 register 기록하다 accurate 정확한 setting 환경 depict 묘사하다 conceptualization 개념화 present 제시하다 mechanical 기계의, 기계적인 bypass 우회하다 prejudice 편견, 선입견 otherwise 그렇지 않으면 frame 표현하다 reflection 반영(물) ethnic 민족의

정답 ①

14 글의 흐름상 가장 어색한 문장은? 　　 일관성

When it comes to enhancing children's motivation for reading, scholars agree that parents play a crucial role. ① Based on the cultural reproduction hypothesis, parents transmit their tastes in intellectual activities at home, being responsible for many of their children's habits. ② These kinds of family cultural capital have been shown to affect children's motivation for reading. ③ Research shows children learn to read when they are able to identify letters or combinations of letters and connect those letters to sounds. ④ It was also proven that parents' reading to young children has positive effects on shaping and maintaining their reading habits. Parents' role is hence critical in creating a supportive environment that can have a lasting impact on a child's desire to read.

해설 아이들의 독서에 대한 동기를 강화하는 데 있어 부모의 역할이 중요하다는 점을 설명하는 글이다. 따라서 글의 흐름상 가장 어색한 문장은 아이들이 언제 읽는 법을 배우는지 서술하는 내용의 ③이다.

해석 아이의 독서에 대한 동기를 강화하는 것에 관한 한, 학자들은 부모가 결정적인 역할을 한다는 점에 동의한다. 문화 재생산 가설에 의하면, 부모는 가정에서 지적 활동에 대한 자신의 취향을 전수하며 자녀의 많은 습관에 대한 책임을 진다. 이러한 가족 문화 자본은 아이의 독서 동기에 영향을 미치는 것으로 나타났다. (연구에 따르면 아이들은 글자 또는 글자 조합을 식별하고 그 글자를 소리와 연결할 수 있을 때 읽는 법을 배운다고 한다.) 또한, 부모가 어린 자녀에게 책을 읽어주는 것이 자녀의 독서 습관 형성과 유지에 긍정적인 영향을 미친다는 것이 입증되었다. 따라서 아이의 독서 욕구에 지속적인 영향을 미칠 수 있는 지원 환경을 조성하는 데 있어 부모의 역할은 매우 중요하다.

어휘 when it comes to ~에 관한 한 enhance 향상하다 motivation 동기 (부여) crucial 결정적인, 중대한 reproduction 재생산 hypothesis 가설 transmit 전달하다 taste 취향 capital 자본 identify 식별하다 supportive 지원하는 lasting 지속적인

정답 ③

15 다음 글의 내용과 일치하지 않는 것은? [불일치]

Saturn's largest moon Titan is an extraordinary world. Among our solar system's more than 150 known moons, Titan is the only one with a substantial atmosphere. And of all the places in the solar system, Titan is the only place besides Earth known to have liquids in the form of rivers, lakes and seas on its surface. Titan's atmosphere is made mostly of nitrogen, like Earth's, but with a surface pressure 50 percent higher than Earth's. Titan's dense atmosphere, as well as gravity roughly equivalent to Earth's Moon, means that a raindrop falling through Titan's sky would fall more slowly than on Earth. Beneath Titan's thick crust of ice is more liquid — an ocean primarily of water rather than methane. Titan's underground water could be a place to sustain forms of life that are known to us, while its surface lakes and seas of liquid hydrocarbons could conceivably harbor life that uses different chemistry than we're used to — that is, life as we don't yet know it.

① 타이탄의 대기는 지구보다 표면 압력이 더 높다.
② 타이탄의 중력은 지구의 달의 중력과 비슷한 수준이다.
③ 타이탄의 얼음 지각 아래의 바다는 주로 메탄으로 이루어져 있다.
④ 타이탄의 지하수에 우리가 아는 형태의 생명체가 존재할 수도 있다.

해설 마지막 2번째 문장에서 타이탄의 두꺼운 얼음 지각 아래에는 메탄보다는 주로 물로 이루어진 바다가 있다고 언급되므로, 글의 내용과 일치하지 않는 것은 ③ '타이탄의 얼음 지각 아래의 바다는 주로 메탄으로 이루어져 있다.'이다.
① 타이탄의 대기는 지구보다 표면 압력이 더 높다. → 4번째 문장에서 언급된 내용이다.
② 타이탄의 중력은 지구의 달의 중력과 비슷한 수준이다. → 5번째 문장에서 언급된 내용이다.
④ 타이탄의 지하수에 우리가 아는 형태의 생명체가 존재할 수도 있다. → 마지막 문장에서 언급된 내용이다.

해석 토성에서 가장 큰 위성인 타이탄은 놀라운 세계이다. 태양계의 150개가 넘는 알려진 위성 중에 실질적인 대기를 가진 위성은 타이탄이 유일하다. 또한 태양계의 모든 곳 중 지구를 제외하고 표면에 강, 호수, 바다 형태로 액체가 존재하는 것으로 알려진 곳은 타이탄이 유일하다. 타이탄의 대기는 지구와 마찬가지로 대부분 질소로 이루어져 있지만, 표면 압력은 지구보다 50% 더 높다. 타이탄의 밀도 높은 대기와 지구의 달과 거의 비슷한 중력은, 타이탄의 하늘에서 떨어지는 빗방울이 지구에서보다 더 느리게 떨어진다는 것을 의미한다. 타이탄의 두꺼운 얼음 지각 아래에는 더 많은 액체가 있는데, 이는 메탄보다는 주로 물로 이루어진 바다이다. 타이탄의 지하수는 우리에게 알려진 형태의 생명체가 살아가는 장소가 될 수 있는 반면에, 액체 탄화수소로 이루어진 표면의 호수와 바다는 상상컨대 우리가 익숙한 것과는 다른 화학을 사용하는 생명체, 즉 우리가 아직 알지 못하는 생명체를 품을 수도 있을 것이다.

어휘 extraordinary 기이한, 놀라운 substantial 실질의 atmosphere 대기 surface 표면 nitrogen 질소 pressure 압력 dense 밀도 높은 gravity 중력 roughly 대략, 거의 equivalent 동등한 crust 딱딱한 층 primarily 주로 methane 메탄 sustain 살아가게[존재하게] 하다 hydrocarbon 탄화수소 conceivably 상상컨대

정답 ③

16 다음 글의 내용과 일치하지 않는 것은? [불일치]

The extraction of olive oil is a delicate process that preserves the rich flavors and nutritional qualities of the olives. Once collected, the olives first undergo cleaning to remove leaves and dust. The next step involves crushing the olives into a paste, either through traditional millstones or modern mechanical presses. The paste is then gently stirred to be softened, which allows the oil droplets to aggregate and be more easily separated from water. By stirring slowly, the aroma and flavor of the olives can be preserved. Then, the olive paste is spun in a centrifuge, a machine that uses centrifugal force to separate liquids of different densities without applying additional heat or adding chemicals. The heavier oil accumulates at the bottom, while lighter water remains on top. The oil at the bottom is then filtered to remove any remaining impurities. Depending on the desired grade of the oil, it may undergo further processing, like aging.

*centrifugal force: 원심력

① Stirring the paste helps oil from olives separate from water.
② The slow stirring aids in retaining the flavor of the olives.
③ Heat is added when spinning the paste in the centrifuge.
④ The aging process can change the olive oil's grade.

해설 6번째 문장에서 원심분리기는 추가적인 열을 가하거나 화학 물질을 더하지 않고 서로 다른 밀도의 액체들을 분리하는 기계라고 언급되므로, 글의 내용과 일치하지 않는 것은 ③ '반죽을 원심분리기에 돌릴 때 열이 더해진다.'이다.
① 반죽을 저어주면 올리브유가 물에서 분리되는 데 도움 된다. → 4번째 문장에서 언급된 내용이다.
② 천천히 저어주는 것은 올리브의 풍미를 유지하는 데 도움 된다. → 5번째 문장에서 언급된 내용이다.
④ 숙성 과정은 올리브유의 등급을 바꿀 수도 있다. → 마지막 문장에서 언급된 내용이다.

해석 올리브유 추출은 올리브의 풍부한 풍미와 영양을 보존하는 섬세한 과정이다. 일단 수확되면, 올리브는 먼저 잎과 먼지를 제거하기 위해 세척 과정을 거친다. 다음 단계는 전통적인 맷돌이나 현대식 기계식 프레스를 통해 올리브를 반죽으로 으깨는 것이다. 그런 다음 그 반죽은 부드러워지도록 저어지는데, 이는 기름방울을 응집시켜 물과 더 쉽게 분리되도록 한다. 천천히 저어줌으로써 올리브의 향과 풍미가 보존될 수 있다. 그런 다음 올리브 반죽은 추가적인 열을 가하거나 화학 물질을 더하지 않고 밀도가 다른 액체를 분리하기 위해 원심력을 이용하는 기계인 원심분리기에 돌아간다. 더 무거운 기름은 바닥에 쌓이고 더 가벼운 물은 위에 남는다. 그런 다음 바닥에 있는 기름을 여과하여 남아있는 불순물을 제거한다. 원하는 기름의 등급에 따라 그것은 숙성과 같은 추가 처리를 거칠 수 있다.

어휘 extraction 추출 delicate 섬세한 preserve 보존하다 flavor 풍미 undergo 거치다 paste 반죽 millstone 맷돌 mechanical 기계적인 gently 부드럽게 stir 젓다 soften 부드럽게 하다 droplet 방울 aggregate 모이다 aroma 향 centrifuge 원심분리기 density 밀도 accumulate 축적되다 impurity 불순물 aging 숙성 retain 유지하다

정답 ③

17 다음 글의 요지로 가장 적절한 것은? 요지

In recent years, there has been a growing emphasis on the importance of self-esteem. Many believe that a strong sense of self-worth is essential for success and happiness. However, there's a potential danger in placing too much emphasis on self-esteem. When individuals fixate on boosting their self-worth, they may become overly self-absorbed and lack empathy for others. This intense focus can also lead to a distorted sense of reality, as individuals may choose to ignore or deny their flaws and weaknesses in order to safeguard a positive self-image. Furthermore, the constant pressure to maintain high self-esteem can be exhausting and create feelings of anxiety and insecurity when individuals inevitably face failures or setbacks.

① Failure to accept reality leads to a false sense of self-worth.
② It is important not to let failures bring down self-esteem.
③ Recognizing one's weaknesses strengthens self-esteem.
④ Placing excessive focus on self-esteem poses risks.

해설 자존감을 높이는 데 지나치게 몰두하면 타인에 대한 공감과 배려가 부족해지고 자신의 약점을 인정하지 않으려 하며, 실패에 직면할 때 오히려 불안감을 느낀다는 내용의 글이다. 따라서 글의 요지로 가장 적절한 것은 ④ '자존감에 과도하게 집중하는 것은 위험을 초래한다.'이다.

① 현실을 받아들이지 못하는 것은 헛된 자존감으로 이어진다. → 지나친 자존감이 현실 왜곡으로 이어지는 것이다.
② 실패로 인해 자존감이 낮아지지 않도록 하는 것이 중요하다. → 오히려 높은 자존감이 위험할 수도 있다는 점을 주장하는 글이므로 적절하지 않다.
③ 자신의 약점을 인정하는 것은 자존감을 높인다. → 과도한 자존감을 가지면 자신의 약점을 인정하지 않게 된다고 말할 뿐, 약점을 인정하면 자존감이 강화된다는 점을 주장하고 있지는 않다.

해석 최근 몇 년 동안, 자존감의 중요성이 점점 더 강조되어 왔다. 많은 사람이 성공과 행복을 위해서는 강한 자존감이 필수적이라고 생각한다. 하지만 자존감을 지나치게 강조하는 것에는 잠재적인 위험이 있다. 개인이 자존감을 높이는 데 집착하면, 그들은 지나치게 자신에게만 몰두하게 되어 타인에 대한 공감이 부족해질 수 있다. 이러한 과도한 몰입은 또한 왜곡된 현실 감각으로 이어질 수 있는데, 왜냐하면 개인이 긍정적인 자아상을 지키기 위해 자신의 결점과 약점을 무시하거나 부인하기로 선택할 수 있기 때문이다. 나아가, 높은 자존감을 유지해야 한다는 지속적인 압박감은 (개인을) 지치게 할 수 있으며 개인이 불가피하게 실패나 좌절에 직면할 때 근심과 불안의 감정을 유발할 수 있다.

어휘 emphasis 강조 self-esteem 자존감 essential 필수적인 potential 잠재적인 fixate on ~에 집착하다 boost 높이다 self-absorbed 자신에게만 몰두한 empathy 공감 intense 심한 distort 왜곡하다 deny 부인하다 flaw 결점 safeguard 지키다 exhausting 지치게 하는 anxiety 근심 insecurity 불안 inevitably 불가피하게 face 직면하다 setback 좌절 recognize 인정하다 excessive 과도한 pose 제기하다

정답 ④

18 (A)와 (B)에 들어갈 말로 가장 적절한 것은? 연결사

When faced with stress, it's common for us to deny any responsibility for the situation. We may also engage in defensive behaviors such as blaming others, avoiding the problem, or making excuses. __(A)__, these defenses can actually make the situation worse. Defensive behavior in response to stress can lead to a negative cycle. When we avoid the problem or refuse to take responsibility, the stressor remains unresolved, which can lead to increased anxiety and tension. This, in turn, can lead to more defensive behavior, creating a vicious cycle that perpetuates stress. __(B)__, defensive behavior can interfere with our ability to think creatively and solve problems effectively. When we're in a defensive mindset, our focus is on protecting ourselves rather than finding solutions. This can lead to a narrow, limited perspective that prevents us from seeing the bigger picture and finding innovative solutions to our problems.

(A)	(B)
① Similarly	Indeed
② Similarly	Instead
③ However	In contrast
④ However	In addition

해설 방어적인 행동의 부정적인 영향을 서술하는 글이다. (A) 앞에서 우리가 책임을 부인하는 것은 흔한 일이라며 방어적 행동에 관한 예시를 들었는데, (A) 뒤에서 이러한 방어는 실제로 상황을 악화시킬 수 있다며 문제점을 제기했으므로, (A)에 들어갈 연결사로 가장 적절한 것은 However이다. 또한, (B) 앞은 방어적인 행동이 스트레스를 영속시키는 악순환을 만들 수 있다는 내용이고, (B) 뒤는 방어적인 행동이 우리가 창의적으로 사고하고 문제를 해결하는 능력에 방해될 수 있다는 내용이다. 이때, (B) 앞뒤 내용 모두 방어적인 행동의 문제점에 관한 것임을 알 수 있으므로, (B)에 들어갈 연결사로 적절한 것은 In addition이다.

해석 스트레스에 직면할 때, 우리가 그 상황에 대한 어떤 책임도 부인하는 것은 흔한 일이다. 우리는 또한 타인을 비난하거나, 문제를 피하거나, 변명을 만들어내는 것과 같은 방어적인 행동을 할 수도 있다. 그러나, 이러한 방어는 실제로 상황을 악화시킬 수 있다. 스트레스에 반응하여 나오는 방어적인 행동은 부정적인 순환으로 이어질 수 있다. 우리가 문제를 피하거나 책임지기를 거부할 때, 스트레스 요인은 여전히 해결되지 않은 채로 남아 불안과 긴장의 증가를 초래할 수 있다. 이는 다시 더 방어적인 행동으로 이어져 스트레스를 영속시키는 악순환을 만들 수 있다. 게다가, 방어적인 행동은 우리가 창의적으로 사고하고 문제를 효과적으로 해결하는 능력을 방해할 수 있다. 우리가 방어적인 사고방식을 가질 때, 우리의 초점은 해결책을 찾기보다 자신을 보호하는 데 있다. 이는 우리가 더 큰 그림을 보고 우리 문제에 대한 획기적인 해결책을 찾지 못하게 하는 좁고 제한된 시각으로 이어질 수 있다.

어휘 deny 부인하다 responsibility 책임 engage in ~을 하다 defensive 방어적인 blame 탓하다 excuse 변명 in response to ~에 반응하여 refuse 거절하다 stressor 스트레스 요인 unresolved 미해결의 anxiety 근심, 불안 tension 긴장 vicious cycle 악순환 perpetuate 영속시키다 interfere 방해하다 mindset 사고방식 narrow 좁은 perspective 관점, 시각 innovative 획기적인

정답 ④

19 밑줄 친 부분에 들어갈 말로 가장 적절한 것은? 빈칸완성

It's not surprising that negotiating teams _____. After all, companies send teams to the negotiating table only when issues are political or complex and require input from various technical experts, functional groups, or geographic regions. Even though team members are all technically on the same side, they often have different priorities and imagine different ideal outcomes: Business development just wants to close the deal. Finance is most concerned about costs. The legal department is focused on patents and intellectual property. Teams that ignore or fail to resolve their differences over negotiation targets, trade-offs, concessions, and tactics will not come to the table with a coherent negotiation strategy. They risk ending up with an agreement that's good for one part of the company but bad for another.

① use third-party mediators
② wrestle with internal conflicts
③ come up with innovative solutions
④ assign different roles to team members

해설 협상장에 나오는 사람들은 각기 다른 우선순위를 가지고 있기 때문에 모두가 만족하는 합의점에 이르기 위해서는 서로 다른 생각들을 고려하여 협상 전략을 세워야 한다는 내용의 글이다. 따라서 협상하는 팀은 내부적인 갈등을 해결해야 한다는 점이 글의 요지이므로, 빈칸에 들어갈 말로 가장 적절한 것은 ② '내부적인 갈등과 씨름하는'이다.
① 제삼자의 중재자를 이용하는 → 중재자를 이용한다는 내용은 글에 없다.
③ 혁신적인 해결책을 생각해 내는 → 협상 과정에 수반되는 어려움에 관해 서술할 뿐, 혁신적인 해결책이 도출된다는 긍정적인 결과는 언급된 바 없다.
④ 팀원에게 서로 다른 역할을 부여하는 → 팀원에게 서로 다른 역할을 부여한다는 내용은 글에서 언급되지 않았다.

해석 협상하는 팀이 내부적인 갈등과 씨름하는 것은 놀라운 일이 아니다. 어찌 되었든 회사는 문제가 정치적이거나 복잡하고, 다양한 기술 전문가, 기능 집단, 또는 지리적 지역의 의견이 필요할 때만 협상장에 팀을 보낸다. 팀원들이 엄밀히는 모두 같은 편이라고 해도, 그들은 흔히 다른 우선순위를 가지고 있으며 다른 이상적 결과를 생각한다. 즉, 사업 개발팀은 거래를 성사하고 싶어 할 뿐이다. 재무팀은 비용에 가장 관심이 많다. 법무팀은 특허와 지적 재산에 집중한다. 협상 목표, 절충, 양보, 전술에 대한 이견을 무시하거나 해결하지 못하는 팀은 일관된 협상 전략을 가지고 협상장에 나오지 못할 것이다. 그들은 결국 회사의 한쪽에는 좋지만, 다른 쪽에는 좋지 않은 합의에 도달할 위험이 있다.

어휘 negotiate 협상하다 after all 어찌 되었든 input 의견, 조언 functional 기능적인 geographic 지리적인 technically 엄밀히 말하면 priority 우선순위 ideal 이상적인 outcome 결과 close the deal 거래를 성사하다 finance 재무 be concerned about ~에 관심을 가지다 legal 법적인 patent 특허 intellectual property 지적 재산 resolve 해결하다 trade-off 절충 concession 양보 tactic 전술 coherent 일관된 strategy 전략 end up with ~으로 끝나다 agreement 합의 mediator 중재자 wrestle 씨름하다 internal 내부의 conflict 갈등 innovative 혁신적인 assign 배정하다

정답 ②

---

20 밑줄 친 부분에 들어갈 말로 가장 적절한 것은? 빈칸완성

The typical pattern of listeners gazing more at speakers than speakers do at listeners may be reversed for high-status individuals interacting with low-status partners. A high-status person may gaze at a partner more while speaking than while listening in order to observe the partner's reactions to the comments. And high-status people can exercise their power by gazing less when listening to their partners. The power differential is shown in being able to _____ lower-status partners. A laboratory study examined the effects of socioeconomic status (SES) on nonverbal behavior in interactions. They found that high SES subjects displayed more disengagement cues with their partners than did low SES subjects. Specifically, high SES individuals got distracted more, showing behaviors like self-grooming or playing with nearby objects than low SES individuals did. In contrast, low SES individuals initiated more engagement behaviors, including head nods, eyebrow raises, and laughs, than high SES individuals did.

① praise
② ignore
③ correct
④ persuade

해설 지위의 높낮이에 따라 행동 패턴이 달라진다는 내용의 글이다. 지위가 높은 사람이 말할 때는 상대방의 반응을 살펴보기 위해 상대방을 잘 쳐다보지만, 상대방의 말을 들을 때는 잘 쳐다보지 않는다는 점과, 실험 연구 사례와 같이 지위가 높을 경우 상대방에 덜 집중하고 딴짓을 더 많이 한다는 사실을 미루어 보아, 지위가 높은 사람은 지위가 더 낮은 상대방을 무시하는 행위를 보이는 것을 알 수 있다. 따라서 빈칸에 들어갈 말로 가장 적절한 것은 ② '무시할'이다.
① 칭찬할 → 지위가 낮은 상대방을 칭찬한다는 내용은 없다.
③ 지적할 → 상대방에게 집중을 덜 할지는 모르나, 상대방을 지적한다는 내용은 언급된 바 없다.
④ 설득할 → 지위가 높은 사람이 지위가 낮은 사람을 설득하는 상황은 아니다.

해석 화자가 청자를 쳐다보는 것보다 청자가 화자를 더 많이 쳐다보는 전형적인 패턴은 지위가 높은 개인이 지위가 낮은 상대방과 상호작용할 경우 뒤바뀔 수 있다. 지위가 높은 사람은 들을 때보다 말하는 동안에 (자기) 말에 대한 상대방의 반응을 관찰하기 위해 상대방을 더 많이 쳐다볼 수도 있다. 그리고 지위가 높은 사람들은 상대방의 말을 들을 때 더 적게 쳐다봄으로써 자기 힘을 발휘할 수 있다. 이러한 권력 차이는 지위가 낮은 사람을 무시할 수 있다는 것에서 나타난다. 한 실험실 연구는 상호작용에서 사회경제적 지위(SES)가 비언어적 행동에 미치는 영향을 조사했다. 그들은 SES가 높은 피험자들이 SES가 낮은 피험자들에 비해 상대방에 대한 (집중) 이탈 신호를 더 많이 보인다는 점을 밝혔다. 구체적으로, SES가 높은 개인들은 SES가 낮은 사람들보다 몸단장이나 근처 물체를 가지고 노는 등의 행동을 보이며 더 주의가 산만해졌다. 반면에, SES가 낮은 개인들은 SES가 높은 개인들보다 고개 끄덕이기, 눈썹 치켜올리기, 웃음을 포함한 참여 행동을 더 많이 개시했다.

어휘 typical 일반적인 gaze 응시하다 reverse 뒤집다 status 지위 interact 상호작용하다 observe 관찰하다 exercise 발휘하다 differential 차이 laboratory 실험실 examine 조사하다 socioeconomic 사회경제적인 nonverbal 비언어적인 disengagement 이탈 get distracted 정신이 산만해지다 self-grooming 몸단장 initiate 착수[개시]하다 nod 끄덕임 correct 수정[교정]하다 persuade 설득하다

정답 ②

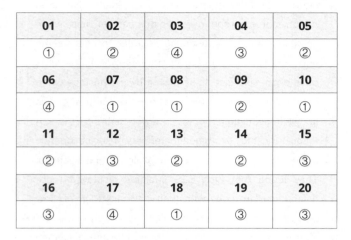

01	02	03	04	05
①	②	④	③	②
06	**07**	**08**	**09**	**10**
④	①	①	②	①
11	**12**	**13**	**14**	**15**
②	③	②	②	③
16	**17**	**18**	**19**	**20**
③	④	①	③	③

---

01 밑줄 친 부분의 의미와 가장 가까운 것은?   어휘

The conference was attended by eminent doctors who shared cutting-edge research on the pandemic.

① notable   ② specialized
③ intelligent   ④ progressive

해설 eminent는 '저명한'이라는 뜻으로, 이와 의미가 가장 가까운 것은 ① 'notable (유명한)'이다.
② 전문적인 ③ 똑똑한 ④ 진보적인
해석 그 학회에는 전 세계적인 유행병에 관한 최첨단 연구를 공유한 저명한 의사들이 참석했다.
어휘 conference 학회 cutting-edge 최첨단의 pandemic 전 세계적인 유행병

정답 ①

---

02 밑줄 친 부분의 의미와 가장 가까운 것은?   어휘

In remote regions, accessing educational facilities can be a challenge for inhabitants.

① needy   ② distant
③ barren   ④ prosperous

해설 remote는 '멀리 떨어진'이라는 뜻으로, 이와 의미가 가장 가까운 것은 ② 'distant(멀리 떨어진)'이다.
① 궁핍한 ③ 척박한 ④ 번창한
해석 멀리 떨어진 지역에서는 교육 시설에 접근하는 것이 주민들에게 어려운 일일 수 있다.
어휘 facility 시설 inhabitant 주민

정답 ②

---

03 밑줄 친 부분의 의미와 가장 가까운 것은?   이디엄

The artist poured his heart into the work, only to see his efforts go in vain.

① with loss   ② with success
③ with no limit   ④ with no result

해설 in vain은 '헛되이'라는 뜻으로, 이와 의미가 가장 가까운 것은 ④ 'with no result (아무 성과 없이)'이다.
① 손해를 입으면서 ② 성공으로 ③ 한없이
해석 그 예술가는 그 작품에 심혈을 쏟아부었지만, 자신의 노력이 헛되이 돌아가는 것만 보고 말았다.
어휘 pour 붓다

정답 ④

---

04 밑줄 친 부분에 들어갈 말로 가장 적절한 것은?   이어동사

We should _____ the current project and focus on other priorities.

① pass out   ② boil down to
③ leave off   ④ get along with

해설 and 이하의 다른 우선 사항에 집중해야 한다는 내용으로 보아, 현재 진행 중인 프로젝트에서는 손을 떼야 할 것임을 추측할 수 있다. 따라서 빈칸에 들어갈 말로 가장 적절한 것은 ③ 'leave off(그만두다)'이다.
① 배포하다; 기절하다 ② ~으로 요약되다 ④ ~와 잘 지내다
해석 우리는 현재 프로젝트를 그만두고 다른 우선 사항에 집중해야 한다.
어휘 priority 우선 사항

정답 ③

05 어법상 옳지 않은 것은? [문법]

① There is no use complaining about better talent coming in.

② The priority is not speedy but accuracy in completing the work.

③ A surprise guest entered the room, drawing cheers from the audience.

④ The children seemed interested in the topic discussed in the book club.

[해설] (speedy → speed) 'A가 아니라 B'를 의미하는 상관접속사 'not A but B'가 사용되고 있다. 이때 짝을 이루는 A와 B는 품사가 동일해야 하는데, 여기서는 형용사 speedy와 명사 accuracy가 오고 있다. 의미상 is의 보어 자리에 명사가 오는 것이 자연스러우므로, speedy를 명사 speed로 고쳐야 한다.

① 'There is no use (in) RVing'는 '~해도 소용없다'라는 뜻의 관용 표현이다. 완전자동사 complain은 목적어를 취할 때 전치사를 함께 사용해야 하므로 뒤에 about이 온 것은 적절하며, 인재가 '들어오는' 것이므로 능동의 현재분사 coming in도 적절하게 쓰였다.

③ enter는 전치사 없이 목적어를 바로 취하는 완전타동사로 적절하게 쓰였으며, 분사구문의 의미상 주어인 A surprise guest가 환호를 '끌어낸' 것이므로 능동의 현재분사 drawing의 쓰임도 적절하다.

④ 2형식 동사로 쓰인 seem이 분사형 형용사를 보어로 취하고 있는데, 아이들이 '흥미를 갖게 한' 것이 아니라 '흥미를 가진' 것이므로 수동의 과거분사 interested는 적절하게 쓰였다. 또한 discussed 이하는 명사 the topic을 수식하는 분사구인데, 주제가 '논의된' 것이므로 과거분사의 쓰임이 적절하다.

[해석] ① 더 좋은 인재가 들어온다고 불평해도 소용없다.

② 그 작업을 완수하는 데 있어 우선 사항은 속도가 아닌 정확성이다.

③ 깜짝 손님이 방에 들어와 관객의 환호를 끌어냈다.

④ 아이들은 독서회에서 논의된 주제에 관심 있어 보였다.

[어휘] complain 불평하다 talent 인재 priority 우선 사항 accuracy 정확성 complete 완수하다 cheer 환호

[정답] ②

06 어법상 옳지 않은 것은? [문법]

① It is very kind of her to help others wherever she goes.

② One of the individuals who possess strong interpersonal skills is he.

③ Inflation caused the prices of goods and services to rise significantly.

④ The athlete only focused on training while surrounding with controversy.

[해설] (surrounding → surrounded) while 이하의 분사구문에서 의미상 주어인 The athlete가 논란으로 '둘러싼' 것이 아니라 '둘러싸인' 것이므로 수동의 과거분사 surrounded가 쓰여야 한다.

① kind와 같은 사람의 성격을 나타내는 형용사의 의미상 주어는 'of + 목적격'으로 표현해야 하므로 of her는 적절하게 쓰였다. 또한 복합관계부사 wherever 뒤에 완전한 절이 오고 있는 것도 적절하다.

② one of 뒤에는 '복수 명사 + 단수 동사'가 와야 하므로 the individuals와 is의 쓰임은 적절하다. 또한 주격 관계대명사 who가 주어 없는 불완전한 절을 이끌고 있으며, 선행사가 복수 명사이므로 복수 동사 possess의 수일치도 적절하다.

③ cause가 5형식 동사로 사용되면 목적격 보어로 to 부정사를 취하므로 to rise가 쓰인 것은 적절하며, 가격이 '오르는' 것이므로 자동사 rise의 쓰임도 적절하다. '올리다'라는 뜻을 지닌 타동사 raise와의 구별에 유의해야 한다.

[해석] ① 그녀가 어디를 가든 남을 도와주는 것은 매우 친절한 일이다.

② 대인관계 능력이 강한 사람 중 한 명이 그다.

③ 인플레이션은 상품과 서비스 가격이 크게 오르게 했다.

④ 그 선수는 논란에 휩싸이는 동안 훈련에만 집중했다.

[어휘] possess 지니다 interpersonal 대인관계의 inflation 인플레이션, 통화 팽창 significantly 크게 athlete (운동) 선수 controversy 논란

[정답] ④

07 우리말을 영어로 잘못 옮긴 것은? [문법]

① 그녀는 내게 새로운 시스템의 이점을 설명해 주었다.
→ She explained to me that the benefits of the new system were.

② 일반 투표에서 이긴 후보가 항상 당선되는 것은 아니다.
→ The candidate winning the popular vote is not always elected.

③ 시험 문제가 너무 까다로워서 학생들 대부분이 답할 수 없었다.
→ The test questions were too tricky for most students to answer.

④ 그 상수리나무 뒤에는 한 도둑이 묻어둔 보물이 숨겨져 있었다.
→ Hidden behind the oak tree were the treasures buried by a thief.

[해설] (that → what) that은 관계대명사로 쓰일 땐 앞에 선행사가 있어야 하고, 접속사로 쓰일 땐 뒤에 완전한 절이 와야 한다. 여기서는 앞에 선행사가 없고 뒤에도 불완전한 절이 오고 있으므로, that을 explained의 목적어 역할과 were의 보어 역할을 동시에 할 수 있는 관계대명사 what으로 고쳐야 한다. 참고로 explain은 4형식으로 쓸 수 없는 3형식 동사이므로 간접목적어 앞에 전치사 to를 쓴 것은 적절하다.

② winning the popular vote는 주어 The candidate를 수식하는 분사구인데, 후보가 '이긴' 것이므로 능동의 현재분사는 적절하게 쓰였다. 또한 always 앞에 not이 위치하면 부분 부정을 나타내므로 주어진 우리말에 맞게 쓰였으며, 후보가 '선출한' 것이 아니라 '선출된' 것이므로 수동태 is not always elected의 쓰임도 적절하다.

③ '너무 ~해서 ~할 수 없다'라는 뜻의 'too ~ to' 구문이 주어진 우리말에 맞게 적절히 쓰였으며, to answer의 목적어가 주어인 The test questions이므로 answer 뒤에 목적어 자리가 비어 있는 것도 적절하다.

④ be동사의 보어로 쓰인 분사형 형용사 Hidden이 문두에 나와 주어와 동사가 도치되고, 분사구 buried by a thief가 주어를 수식하고 있는 구조이다. 즉 주어가 복수 명사인 the treasures이므로 그에 수일치한 복수 동사 were는 적절하게 쓰였으며, 보물이 '숨겨지고' '묻힌' 것이므로 수동의 과거분사 Hidden과 buried도 각각 적절하게 쓰였다.

[어휘] benefit 이득 candidate 후보(자) popular vote 일반 투표 elect 선출하다 tricky 까다로운 oak tree 상수리나무

[정답] ①

08 우리말을 영어로 잘못 옮긴 것은? 문법

① 우리는 반려견이 기본적인 명령을 따르도록 훈련시켰다.
　→ We got our dog train to follow basic commands.

② 그들은 내년에 새로운 사업을 시작할 예정이다.
　→ They are going to start a new business next year.

③ Tim은 건강을 개선하기 위해 새로운 식단을 시작했다.
　→ Tim began a new diet with a view to improving his health.

④ 요가 수업에서 나는 눈을 감고 한쪽 다리로 균형 잡는 연습을 했다.
　→ In the yoga class, I practiced balancing on one leg with my eyes closed.

[해설] (train → trained) 준사역동사 get은 목적어와 목적격 보어의 관계가 능동이면 to RV를, 수동이면 p.p.를 목적격 보어로 취하는데, 여기서는 반려견이 '훈련되는' 것이므로 수동을 나타내는 trained가 쓰여야 한다.
② 'be going to RV'는 '~할 예정이다'라는 뜻의 미래 대용어구이므로, 미래 시점 부사구 next year와 함께 쓰일 수 있다.
③ 'with a view to RVing'는 '~할 목적으로'라는 뜻의 동명사 관용표현으로 주어진 우리말에 맞게 적절히 쓰였다.
④ practice는 동명사를 목적어로 취하는 동사이므로 balancing은 적절하게 쓰였다. 또한 부대 상황을 나타내는 'with + O + OC'의 분사구문이 사용되었는데, 내 눈이 '감기는' 것이므로 수동의 과거분사 closed의 쓰임도 적절하다.
[어휘] command 명령 diet 식단 balance 균형을 잡다

[정답] ①

---

09 두 사람의 대화 중 가장 어색한 것은? 생활영어

① A: The comment you made really crossed the line.
　B: Sorry, I didn't mean to push your buttons.

② A: Lisa seemed to really love the gift you got for her.
　B: I could feel that. She was so fed up with me.

③ A: I just realized my essay doesn't fit the necessary criteria.
　B: Oh no, does that mean you have to start from scratch?

④ A: I learned not to take health for granted after that illness.
　B: That must have been a real wake-up call.

[해설] B가 Lisa에게 준 선물을 Lisa가 마음에 들어 했다는 A의 말에, 자기도 그렇게 느꼈다고 말하면서도 그녀가 자기에게 진저리가 났다고 말한 것은 모순된다. 따라서 대화 중 가장 어색한 것은 ②이다.
[해석] ① A: 네가 한 지적은 정말 선을 넘었어.
B: 미안해, 널 화나게 하려던 건 아니었어.
② A: Lisa가 네가 그녀를 위해 산 선물을 정말 좋아하는 것 같았어.
B: 나도 느낄 수 있었어. 그녀는 나에게 진저리가 났어.
③ A: 내 에세이가 필요한 기준에 맞지 않는다는 걸 방금 깨달았어.
B: 아 이런, 처음부터 다시 시작해야 한다는 뜻이야?
④ A: 나는 그 병 이후에 건강을 당연시하지 않는 법을 배웠어.
B: 그건 정말 경종을 울리는 일이었겠다.
[어휘] push one's buttons ~을 화나게 하다 be fed up with ~에 진저리가 나다 start from scratch 처음부터 (다시) 시작하다 take sth for granted ~을 당연시하다 wake-up call 경종을 울리는 사건

[정답] ②

---

10 밑줄 친 부분에 들어갈 말로 가장 적절한 것은? 생활영어

A: Hey, I've got big news.
B: What is it?
A: Dan apparently asked Amy out. But she said no.
B: What? I thought she liked him too.
A: Well, she told me that... Ugh, my mom's telling me to hang up the phone and help her prepare dinner.
B: It's okay. You can call me again when you're done.
A: I'm so sorry. _____
B: Okay. I'll be waiting for your call.

① Let's resume our chat in a bit.
② Tell me more about the story later.
③ How about I talk to you while making dinner?
④ I'll text you the details since I can't call later.

[해설] A가 B에게 소식을 전하는 와중에 전화를 끊어야 하는 상황이다. 끝나고 다시 전화줘도 된다는 B의 말에 A는 미안하다고 말하며 빈칸 내용을 언급한다. 이에 B는 알겠다고 하면서 전화를 기다리겠다고 말한 것을 보아, 빈칸에서 A는 다시 전화해서 이야기를 마저 하겠다는 취지의 말을 한 것을 알 수 있다. 따라서 빈칸에 들어갈 말로 가장 적절한 것은 ① '좀 이따 다시 얘기하자.'이다.
② 나중에 그 이야기를 자세히 알려줘.
③ 내가 저녁을 만들면서 너랑 얘기하는 건 어때?
④ 나중에 전화할 수 없으니 자세한 내용은 문자로 보낼게.
[해석] A: 안녕, 나 엄청난 소식이 있어.
B: 뭔데?
A: Dan이 Amy에게 데이트 신청을 했대. 근데 그녀가 거절했어.
B: 뭐? Amy도 그를 좋아하는 줄 알았는데.
A: 음, Amy가 말하길... 아, 엄마가 전화 끊고 저녁 준비하는 것 좀 도와달라고 하시네.
B: 괜찮아. 끝나면 다시 전화줘도 돼.
A: 정말 미안해. 좀 이따 다시 얘기하자.
B: 알았어. 전화 기다리고 있을게.
[어휘] ask sb out ~에게 데이트 신청하다 hang up (전화를) 끊다 resume 다시 시작하다 in a bit 잠시 후에 text 문자를 보내다

[정답] ①

11 주어진 글 다음에 이어질 글의 순서로 가장 적절한 것은? [순서배열]

The quest for certainty is a deep human desire. The dream that all thinking can be reduced to calculation is an old and beautiful one.

(A) That would put an end to all scholarly disputes: If a dispute arose, the contending parties could settle it peacefully by sitting down and saying, "Let's calculate."

(B) The great mathematician Leibniz envisioned establishing numbers or symbols for all ideas, which would enable determining the best answer for every question.

(C) The only problem was that Leibniz never managed to find this universal calculus — nor has anyone else. It seems that human thought is just far too complex.

① (A) - (C) - (B)
② (B) - (A) - (C)
③ (B) - (C) - (A)
④ (C) - (B) - (A)

해설 주어진 글은 확실성을 찾는 것은 인간의 깊은 욕망이며, 모든 생각을 계산으로 간추릴 수 있다는 꿈은 오래되고 아름다운 것이라는 내용으로, 이후에는 그러한 욕망을 가졌던 Leibniz의 생각을 소개하는 내용의 (B)가 오는 것이 자연스럽다. 그다음으로, (B)에서 언급된 Leibniz의 발상을 That으로 받아, 그것이 모든 학문적 논쟁을 종식시킬 것이었다는 내용의 (A)가 와야 한다. 마지막으로, 유일한 문제는 그러한 만능의 계산법을 아무도 발견하지 못했다는 점이라면서, 인간의 사고는 그저 너무 복잡한 것으로 보인다는 내용의 (C)로 글이 마무리되는 것이 자연스럽다. 따라서 글의 순서로 가장 적절한 것은 ② '(B) - (A) - (C)'이다.

해석 확실성을 찾는 것은 인간의 깊은 욕망이다. 모든 생각을 계산으로 간추릴 수 있다는 꿈은 오래되고 아름다운 것이다. (B) 위대한 수학자 Leibniz는 모든 아이디어에 대해 숫자나 기호를 정립하는 것을 상상했는데, 이는 모든 질문에 대한 최선의 답을 결정하는 것을 가능하게 할 것이었다. (A) 그것은 모든 학문적 논쟁을 종식시킬 것이다. 즉, 분쟁이 발생하면 논쟁하는 당사자들이 앉아 "계산해 봅시다"라고 말함으로써 그것을 평화롭게 해결할 수 있을 것이다. (C) 유일한 문제는 Leibniz가 그 만능의 계산법을 발견하지 못했고, 다른 그 누구도 발견하지 못했다는 점이다. 인간의 사고는 그저 너무 복잡한 듯하다.

어휘 quest 탐구, 찾음 reduce 축소하다, 간추리다 scholarly 학문적인 dispute 논쟁 contend 다투다 settle 해결하다 calculate 계산하다 envision 상상하다 establish 정립하다 enable 가능하게 하다 manage to ~을 해내다 universal 만능의, 보편적인 calculus (특수 기호 체계를 사용하는) 계산법

[정답] ②

12 주어진 문장이 들어갈 위치로 가장 적절한 곳은? [문장삽입]

It initially suggested that many of our systems might be robust, notably those for making and distributing vital products such as food and basic medical supplies.

In an uncertain world, an essential quality of good systems is *robustness* — the capacity to continue operation throughout unexpected emergencies. Unfortunately, we have discovered that some of our primary systems are not robust. (①) One good example of this is the 2008 global financial crisis: the financial system not only fragmented but could not put itself back together without support from governments. (②) Another example is the case of COVID-19. (③) Also, the ability to create, produce, and distribute new vaccines so quickly was astonishing. (④) However, the supply constraints that were then revealed in the unexpectedly prolonged fight against the disease showed that robustness was not always present.

해설 주어진 문장은 처음에는 그것이 우리 시스템 중 많은 부분이 견고할 수 있다는 점을 시사했다는 내용이다. 기초 의료용품과 같은 내용이 언급된 것을 보았을 때 이 문장은 코로나19가 나온 이후인 ③이나 ④에 들어가는 것이 적절하다. 한편 ③ 이전까지는 우리의 시스템이 견고하지 못하다는 내용인 반면, ③ 뒤에서 시스템이 잘 작동한 부분을 설명하는 내용이 Also로 이어지므로 문맥상 단절이 있다는 것을 알 수 있다. 따라서 주어진 문장이 들어갈 위치로 가장 적절한 곳은 ③이다.

해석 불확실한 세상에서 좋은 시스템의 필수적인 특성은 '견고성', 즉 예기치 못한 비상 상황에서도 작업을 계속할 수 있는 능력이다. 불행하게도, 우리는 우리의 주요 시스템 중 일부가 견고하지 못하다는 사실을 발견해왔다. 이것의 한 가지 좋은 예는 2008년 글로벌 금융 위기로, 금융 시스템이 산산이 부서졌을 뿐만 아니라 정부의 지원 없이는 스스로를 재건할 수 없었다. 또 다른 예는 코로나19의 사례이다. 처음에는 그것이 우리 시스템 중 많은 부분, 특히 식량과 기초 의료용품과 같은 필수 제품을 생산하고 유통하는 시스템들이 견고할 수 있다는 점을 시사했다. 또한 그렇게 빠르게 새로운 백신을 개발, 생산, 배포하는 능력은 놀라웠다. 그러나 예기치 않게 장기화된 질병과의 싸움에서 드러난 공급 제약은 견고성이 항상 존재하는 것은 아니라는 것을 보여주었다.

어휘 initially 처음에 suggest 시사하다 robust 견고한 notably 특히 distribute 배포하다 vital 필수적인 medical supplies 의료용품 essential 필수적인 capacity 능력 operation 작동, 운영 emergency 비상 상황 primary 주요한 crisis 위기 fragment 산산이 부서지다 astonishing 놀라운 constraint 제약 reveal 드러내다 prolonged 오래 계속되는

[정답] ③

13 다음 글의 제목으로 가장 적절한 것은?　　　제목

Economist Paul Zak studied the correlation between trust and economic performance. He discovered that trust is fundamental, not just in how people interact, but also in fostering economic growth. Trust encourages investment and reduces transaction costs associated with doing business. In places where people lack trust in each other, businesses often stall, and the economy struggles. The same can be said for individual companies and teams. When employees trust their leaders, they feel more involved and motivated at work. They believe their managers care about them, which makes them want to give their best. Studies show that companies with highly dedicated employees make more profit than those where employees don't feel as connected or committed.

① The Impact of Trust on Personal Relationships
② Trust: A Catalyst for Growth in Business and Beyond
③ How to Make Employees Feel Trusted and Empowered
④ Why Are Employees Losing Trust in Their Companies?

해설　신뢰가 개별 기업 및 경제 전반에 미치는 긍정적인 영향을 서술하는 글이므로, 글의 제목으로 가장 적절한 것은 ② '신뢰: 기업과 그 이상의 성장을 위한 촉매제'이다.
① 신뢰가 개인적 관계에 미치는 영향 → 신뢰가 개인적 관계보다도 기업과 경제 성장에 미치는 영향을 설명하는 글이다.
③ 직원들이 신뢰와 자율권을 부여받았다고 느끼게 하는 방법 → 직원들이 리더를 신뢰할 때 조직이 성장한다고 했을 뿐, 직원들이 신뢰받는다거나 자율권이 있다고 느끼게 할 방법을 소개하는 글이 아니다.
④ 왜 직원들은 회사에 대한 신뢰를 잃어 가는가? → 직원들이 회사에 대한 신뢰를 잃어 가는 이유를 분석하는 글이 아니다.

해석　경제학자 Paul Zak은 신뢰와 경제적 성과 사이의 상관관계를 연구했다. 그는 사람들이 상호작용하는 방식뿐만 아니라 경제 성장을 촉진하는 데에도 신뢰가 필수적이라는 사실을 발견했다. 신뢰는 투자를 장려하고 사업 수행과 관련된 거래 비용을 줄여준다. 사람들이 서로에 대한 신뢰가 부족한 곳에서는 사업이 정체되고 경제가 어려움을 겪는 경우가 많다. 개별 기업과 팀도 마찬가지이다. 직원들이 리더를 신뢰하면 그들은 직장에서 더 몰두하고 의욕적이다. 그들은 상사가 자신에게 관심을 두고 있다고 믿고, 이는 그들이 최선을 다하고 싶게 만든다. 연구에 따르면 매우 헌신적인 직원들이 있는 기업이 그만큼 유대감이나 헌신을 느끼지 않는 직원들이 있는 곳보다 더 많은 수익을 창출한다.

어휘　correlation 상관관계 fundamental 필수적인 interact 상호작용하다 foster 촉진하다 transaction 거래 stall 정체되다 struggle 어려움을 겪다 motivated 동기 부여된, 의욕적인 dedicated 헌신적인 profit 이윤 commit 헌신하다 impact 영향 catalyst 촉매(제) empower 권한을 부여하다

정답　②

---

14 글의 흐름상 가장 어색한 문장은?　　　일관성

For many years, there have been concerns about the decline of biodiversity in the agricultural industry. ① In crops, farmers tend to favor varieties that grow faster and produce more food, leading to a decline in crop genetic diversity. ② The implementation of advanced farm machinery has transformed the agricultural landscape, improving overall productivity in crop cultivation. ③ In fact, three-quarters of crop genetic diversity has been lost in the last century alone. ④ Today, only a handful of crops are responsible for the majority of our food consumption, with 30 species, including rice, wheat and corn, accounting for 95 percent of our diet. While this fact underscores the importance of these staple crops, it also highlights the risk of relying on a limited number of species for food production.

해설　더 빨리 자라고 더 많은 식량을 생산하는 품종을 집중적으로 재배하는 경향 때문에 농업 산업에서 생물 다양성이 많이 감소하고 있다는 내용의 글이다. 따라서 글의 흐름상 가장 어색한 문장은 첨단 농기계의 도입이 작물 재배의 생산성을 향상했다는, 작물의 유전적 다양성 감소와 관계없는 내용의 ②이다.

해석　수년 동안, 농업 산업에서의 생물 다양성 감소에 대한 우려가 있었다. 농작물의 경우, 농부들은 더 빨리 자라고 더 많은 식량을 생산하는 품종을 선호하는 경향이 있으며, 이는 작물의 유전적 다양성 감소로 이어진다. (첨단 농기계의 도입은 농업 환경을 변화시켜 작물 재배의 전반적인 생산성을 향상했다.) 실제로 지난 한 세기 동안에만 작물의 유전적 다양성의 4분의 3이 손실되었다. 오늘날에는 쌀, 밀, 옥수수를 포함한 30종의 작물이 식량의 95%를 차지하며 소수의 작물만이 식량 소비의 대부분을 차지하고 있다. 이 사실은 이러한 주식 작물의 중요성을 강조하는 동시에, 식량 생산을 위해 제한된 수의 종에 의존하는 것의 위험성을 강조한다.

어휘　decline 감소 biodiversity 생물 다양성 agricultural 농업의 favor 선호하다 variety 품종, 다양성 genetic 유전적 diversity 다양성 implementation 도입 machinery 기계 landscape 환경 overall 전반적인 productivity 생산성 cultivation 재배 quarter 1/4 a handful of 소수의 majority 대다수 consumption 소비 wheat 밀 account for (비율을) 차지하다 underscore 강조하다 staple crop 주식 작물 highlight 강조하다 rely on ~에 의존하다

정답　②

15 다음 글의 내용과 일치하지 않는 것은?

불일치

The flower mantis is a type of praying mantis that uses a special form of camouflage that not only helps to attract prey, but also to avoid predators as well. These insects have specific colorations and behaviors that mimic flowers in their surrounding habitats. Some species of flower mantis can also fly, like the orchid mantis. The orchid mantis is perhaps the most famous kind of flower mantis. It is a beautiful pink and white mantis with lobes on its legs that look like flower petals. While its name might suggest otherwise, the orchid mantis does not actually live on orchids, though it looks remarkably like one. An adult female orchid mantis is approximately 6 to 7 cm long, while the male is only about 2.5 cm. Because the male is that much smaller, he also matures earlier than the female. The orchid mantis is very popular and loved as a pet. But because it is rare and extremely difficult to spot in the wild, it is very expensive.

*orchid mantis: 난초 사마귀

① 꽃 사마귀의 몇몇 종은 날 수 있다.
② 난초 사마귀는 난초에서 서식하지 않는다.
③ 암컷 난초 사마귀는 수컷보다 일찍 성숙한다.
④ 난초 사마귀는 애완용으로 인기가 있다.

[해설] 마지막 3번째 문장에서 수컷이 암컷보다 더 일찍 성숙한다고 언급되므로, 글의 내용과 일치하지 않는 것은 ③ '암컷 난초 사마귀는 수컷보다 일찍 성숙한다.'이다.
① 꽃 사마귀의 몇몇 종은 날 수 있다. → 3번째 문장에서 언급된 내용이다.
② 난초 사마귀는 난초에서 서식하지 않는다. → 6번째 문장에서 언급된 내용이다.
④ 난초 사마귀는 애완용으로 인기가 있다. → 마지막 2번째 문장에서 언급된 내용이다.
[해석] 꽃 사마귀는 사마귀의 일종으로, 먹이를 유인할 뿐만 아니라 포식자를 피하는 데 도움이 되는 특별한 형태의 위장을 사용한다. 이 곤충은 주변 서식지의 꽃을 모방하는 특정한 색과 습성을 지닌다. 난초 사마귀처럼 몇몇 꽃 사마귀 종은 날 수도 있다. 난초 사마귀는 아마도 가장 유명한 종류의 꽃 사마귀일 것이다. 그것은 아름다운 분홍색과 흰색의 사마귀로, 다리에 꽃잎처럼 보이는 엽이 있다. 그것의 이름이 달리 시사할지 모르지만, 난초 사마귀는 난초와 매우 흡사하게 생겼을지라도 실제로 난초 사마귀가 난초에 서식하지는 않는다. 성체 암컷 난초 사마귀의 길이는 약 6~7cm지만, 수컷은 약 2.5cm에 불과하다. 수컷이 그만큼 더 작기 때문에, 수컷은 또한 암컷보다 더 일찍 성숙한다. 난초 사마귀는 애완동물로 매우 인기 있고 사랑받는다. 하지만 그것이 희귀하고 야생에서 발견하기가 매우 어렵기 때문에 가격이 매우 비싸다.
[어휘] flower mantis 꽃 사마귀 praying mantis 사마귀 camouflage 위장 prey 먹잇감 predator 포식자 specific 특정한 coloration (생물의) 천연색 mimic 모방하다 surrounding 주변의 habitat 서식지 lobe 엽 petal 꽃잎 spot 발견하다

[정답] ③

16 다음 글의 내용과 일치하지 않는 것은?

불일치

Ernest Hemingway was an American novelist and short-story writer who was awarded the Nobel Prize for Literature in 1954. Born in Chicago, he was educated in public schools and began to write in high school. He did not enter college, but went to Kansas City, where he was employed as a reporter for *The Star*. After the United States entered WWI, Hemingway volunteered to serve in Italy as an ambulance driver with the American Red Cross. After returning home from the war, he renewed his efforts at writing and wrote *The Sun Also Rises*, a novel with which he scored his first solid success. Then, Hemingway used his experiences as a reporter during the civil war in Spain as the background for his most ambitious novel, *For Whom the Bell Tolls*. Among his later works, the most outstanding is the short novel, *The Old Man and the Sea*, which was awarded the Pulitzer Prize for Fiction and the only work mentioned when he was awarded the Nobel Prize.

① Hemingway worked as a reporter instead of entering college.
② Hemingway served as an ambulance driver in Italy during WWI.
③ *The Sun Also Rises* was written while Hemingway was at war.
④ Hemingway won both the Pulitzer Prize and the Nobel Prize.

[해설] 5번째 문장에서 Hemingway가 전쟁에서 돌아온 이후에 『해는 또다시 떠오른다』를 썼다고 언급되므로, 글의 내용과 일치하지 않는 것은 ③ '『해는 또다시 떠오른다』는 Hemingway가 참전 중일 때 쓰였다.'이다.
① Hemingway는 대학에 진학하지 않고 기자로 일했다. → 3번째 문장에서 언급된 내용이다.
② Hemingway는 제1차 세계대전 중 이탈리아에서 구급차 운전사로 복무했다. → 4번째 문장에서 언급된 내용이다.
④ Hemingway는 퓰리처상과 노벨상을 모두 수상했다. → 마지막 문장에서 언급된 내용이다.
[해석] Ernest Hemingway는 1954년 노벨 문학상을 수상한 미국의 소설가이자 단편 작가이다. 시카고에서 태어난 그는 공립학교에서 교육을 받았으며 고등학교 때부터 글을 쓰기 시작했다. 그는 대학에 진학하지 않고 캔자스시티로 갔는데, 거기에서 그는 『The Star』의 기자로 고용되었다. 미국이 제1차 세계대전에 참전한 후 Hemingway는 이탈리아에서 미국 적십자사의 구급차 운전사로 자원하여 복무했다. 전쟁에서 고향으로 돌아온 Hemingway는 다시 글쓰기에 매진하여 『해는 또다시 떠오른다』를 썼는데, 이 소설로 그는 그의 첫 번째 확실한 성공을 거두었다. 이후 Hemingway는 스페인 내전 당시 기자로 활동한 경험을 그의 가장 야심 찬 소설인 『누구를 위하여 종은 울리나』의 배경으로 사용했다. 그의 후기 작품 중 가장 뛰어난 작품은 퓰리처상 소설상을 수상했으며 그가 노벨상을 수상할 당시 유일하게 언급된 작품이었던 단편 소설 『노인과 바다』이다.
[어휘] novelist 소설가 literature 문학 employ 고용하다 volunteer 자원하다 serve 복무하다 ambulance 구급차 renew 다시 시작하다 score (성공을) 거두다 solid 견고한, 확실한 ambitious 야심 찬 outstanding 뛰어난 fiction 소설

[정답] ③

17 다음 글의 요지로 가장 적절한 것은? [요지]

Controlling the number of mosquitoes is an important task. After all, the fewer mosquitoes there are, the fewer cases of mosquito-borne diseases there are. Using insecticides is popular, but this has no long-term effect on mosquito populations and results in insecticide resistance, which only enhances their chances of survival. In order to effectively control mosquito populations, we must know information like where they are, how far they fly, and their breeding habits. What researchers commonly use is the mark-release-recapture technique; capture mosquitoes, mark them, release them into the wild, and capture them again for observation. Tracking methods like this must be developed and widely implemented to devise optimized strategies for mosquito population management.

① Insecticides should not be used too frequently.
② Mosquito population reflects environmental conditions.
③ It is hard to track mosquito behavior with today's technology.
④ Monitoring mosquito behaviors is key to regulating its number.

해설 모기 수를 통제하는 방법을 설명하는 글이다. 그 개체 수를 효과적으로 통제하기 위해서는 모기의 행동과 습성을 관찰할 수 있어야 한다고 했으므로, 글의 요지로 가장 적절한 것은 ④ '모기의 행동을 추적 관찰하는 것이 그 수를 조절하는 데 핵심이다.'이다.
① 살충제를 너무 자주 사용해서는 안 된다. → 글의 서론에서 살충제가 모기 수를 줄이는 데 효과 없다고 했으나, 이는 모기의 행동을 추적 관찰하는 것이 효과적이라는 글의 요지를 설명하기 위한 부수적인 내용이므로 지엽적이다.
② 모기 개체 수는 환경 상태를 반영한다. → 모기 개체 수가 환경이 어떠한지를 보여준다는 내용은 언급된 바 없다.
③ 오늘날의 기술로는 모기의 행동을 추적하기 어렵다. → 글에서 모기의 행동을 추적하기 위한 기술 중 하나를 소개했으므로 옳지 않다.

해석 모기 수를 통제하는 것은 중요한 과제이다. 결국, 모기 수가 적을수록 모기 매개 질병의 사례도 적어지기 때문이다. 살충제를 사용하는 것이 일반적이지만, 이는 모기 개체 수에 장기적인 영향을 미치지 않으며 살충제 내성을 유발하는데, 이는 모기의 생존 가능성을 높이기만 할 뿐이다. 모기 수를 효과적으로 통제하기 위해서 우리는 그것들이 어디에 있는지, 얼마나 멀리 날아가는지, 그것들의 번식 습성과 같은 정보를 파악해야 한다. 연구원들이 일반적으로 사용하는 방법은 모기를 포획하여 표식을 부착한 후 야생에 방사하고 다시 포획하여 관찰하는 '표식-방사-재포획' 기법이다. 모기 개체 수 관리에 최적화된 전략을 마련하기 위해서는 이와 같은 추적 방법이 개발되고 널리 시행되어야 한다.

어휘 mosquito 모기 insecticide 살충제 popular 일반[대중]적인 long-term 장기의 resistance 내성 enhance 향상하다 breed 번식하다 release 풀어주다 observation 관찰 track 추적하다 implement 시행하다 devise 고안[마련]하다 optimized 최적화된 monitor 추적 관찰하다 regulate 조절하다

정답 ④

18 (A)와 (B)에 들어갈 말로 가장 적절한 것은? [연결사]

One of the most powerful tools of developmental psychology has been our ability to test children at different ages and compare the results between the groups. In fact, this method has provided the great bulk of our information about development, by allowing us to pinpoint just what it is that changes, and when.   (A)   , we have learned in recent years that when a child is between the ages of four and five, something somewhat mysterious but certainly important shifts in their overall approach to thinking and solving mental problems. We have learned that this shift is apparent in a wide range of activities, no matter what the background or experience of the child is, and is fairly unaffected by training or other interventions.   (B)   , on all sorts of tasks four-year-olds almost always perform one way, and five-year-olds another. Five-year-olds seem almost magically to have gained certain kinds of cognitive skills that make them able to solve problems they couldn't just six months earlier.

(A)	(B)
① For instance	That is
② By contrast	In the same way
③ By contrast	As a result
④ For instance	On the contrary

해설 아이의 인지 발달 과정에 관한 글이다. (A) 앞은 다양한 연령대의 아이들을 시험하고 그 집단들 간의 결과를 비교할 수 있는 능력이 발달에 관한 대부분의 정보를 제공해 주었다는 내용이고, (A) 뒤에서 그러한 정보의 예시로 4세에서 5세 사이에서 일어나는 인지적 변화를 언급하였다. 따라서 (A)에 들어갈 연결사로 가장 적절한 것은 For instance이다. 또한, (B) 앞 두 문장은 아이가 4세에서 5세 사이일 때 인지적 변화가 일어나는데, 그 변화는 넓은 범위의 활동에서 분명히 나타나며 다른 요소의 영향을 거의 받지 않는다는 내용인데, (B) 뒤에서 이 내용을 부연하였으므로 (B)에 들어갈 연결사로 적절한 것은 That is이다.

해석 발달 심리학의 가장 강력한 도구 중 하나는 다양한 연령대의 아이들을 시험하고 그 집단들 간의 결과를 비교할 수 있는 능력이다. 실제로, 이 방법은 변하는 것이 바로 무엇인지, 그리고 그것이 언제 변하는지 우리가 정확히 집어낼 수 있도록 하여 발달에 관한 대부분의 정보를 제공했다. 예를 들어, 우리는 최근 몇 년 동안 아이가 4세에서 5세 사이일 때 다소 신비롭지만, 확실히 중요한 무언가가 그들이 사고하고 정신적인 문제를 해결하는 전반적인 접근 방식에서 변한다는 것을 알게 되었다. 우리는 이러한 변화가 아이의 배경이나 경험이 무엇이든 관계없이 넓은 범위의 활동에서 분명히 나타나며, 훈련이나 기타 개입의 영향을 거의 받지 않는다는 것을 알게 되었다. 즉, 모든 종류의 과제를 4세 아동은 거의 항상 한 가지 방식으로 수행하며, 5세 아동은 다른 방식으로 수행한다. 5세 아동은 6개월 전만 해도 해결하지 못했던 문제를 해결할 수 있게 하는 특정 종류의 인지 기술을 거의 마법처럼 습득한 것으로 보인다.

어휘 developmental psychology 발달 심리학 bulk 대부분 pinpoint 정확하게 집다 somewhat 다소 mysterious 신비스러운 shift 변하다; 변화 overall 전반적인 approach 접근(법) apparent 분명히 보이는 range 범위 fairly 상당히 intervention 개입 perform 수행하다 cognitive 인지의

정답 ①

19 밑줄 친 부분에 들어갈 말로 가장 적절한 것은? **빈칸완성**

> One of the main reasons for ＿＿＿＿＿＿＿＿＿＿＿＿ is due to a potential occurrence of a *vested interest*. Vested interests may take many forms, the most familiar being financial interest. Take, for example, the following scenario: an oil company wants to sink an exploratory well in a region where there is some alleged risk of environmental damage, and possible harm to wildlife. Environmentalists have voiced strong opposition; the oil company has hired a team of 'independent' experts to assess the risks and report on their findings. After some time, the team produces a statement that there is practically no risk of contamination or other damage, and the oil company gets the go-ahead. Then just before the drilling is due to start, two of the experts on the team are found to have substantial shares in the oil industry. Had the report been negative, they would have lost a lot of money; as it stands, they will make a lot of money instead.
>
> *vested interest: 이권

① asking for expert opinion
② ignoring an industry's history
③ doubting an evaluation's neutrality
④ maintaining a company's reputation

해설 이권에 관해 설명한 뒤에 이에 관한 사례를 소개하는 글이다. 해당 산업에 지분을 보유하고 있었던 전문가들이 보고를 부정적으로 작성했더라면 그 사업으로 인한 이권을 취하지 못했겠지만, 사업에 문제가 없다고 발표했기 때문에 그들은 많은 돈을 벌 수 있었다. 이는 그들이 그 사업에서 이익을 취하기 위해 평가를 왜곡했을 가능성을 시사한다. 따라서 이권이 발생할 수 있기 때문에, 우리는 평가가 중립적으로 이루어졌는지 의심해야 하는 것을 알 수 있다. 따라서 빈칸에 들어갈 말로 가장 적절한 것은 ③ '평가의 중립성을 의심하는'이다.
① 전문가 의견을 구하는 → 전문가 의견을 구하는 것 자체는 바람직할지도 모르나, 그 전문가가 자신의 이해관계에 따라 평가를 왜곡할 수 있다는 것이 글의 요지이므로 적절하지 않다.
② 업계의 역사를 무시하는 → 업계가 어떤 역사를 가지고 있는지는 글에서 언급되지 않았다.
④ 회사의 평판을 유지하는 → 회사의 평판을 유지해야 할 필요를 설명하는 글이 아니다.

해석 평가의 중립성을 의심하는 주된 이유 중 하나는 '이권'의 잠재적 발생 때문이다. 이권은 여러 형태로 나타날 수 있는데, 가장 익숙한 것은 금전적 이해관계이다. 예를 들어, 다음 시나리오를 가정해 보자. 한 석유 회사가 환경 훼손 및 야생동물의 피해 가능성의 위험이 어느 정도 있다고 주장되는 지역에 탐사 유정을 파고 싶어 한다. 환경운동가들은 강력한 반대의 목소리를 냈고, 석유 회사는 '독립적인' 전문가팀을 고용하여 위험을 평가하고 그 결과들을 보고하도록 했다. 얼마 후 그 팀은 실질적으로 오염이나 기타 피해의 위험이 없다는 성명을 발표하고 석유 회사는 (시추) 허가를 받는다. 그러자 시추 시작 예정 직전에, 그 팀의 전문가 중 두 명이 석유 업계에 상당한 지분을 보유하고 있는 것으로 밝혀진다. 보고서가 부정적이었다면 그들은 많은 돈을 잃었겠지만, 현재 상태로는, 그런 대신 많은 돈을 벌게 될 것이다.

어휘 potential 잠재적인 occurrence 발생 familiar 익숙한 financial 금융의 interest 이해관계 sink (유정 등을) 파다 exploratory 탐사의 well 유정 allege 주장하다 wildlife 야생동물 environmentalist 환경운동가 voice 목소리를 내다 opposition 반대 independent 독립적인 assess 평가하다 finding 연구 결과 statement 성명(서) practically 실질적으로 contamination 오염 get the go-ahead 허가를 받다 drilling 시추 due 예정인 substantial 상당한 share 지분, 몫 as it stands 현재 상태 그대로 neutrality 중립성 reputation 평판

정답 ③

20 밑줄 친 부분에 들어갈 말로 가장 적절한 것은? **빈칸완성**

> Many people consider economic history, or the history of how our economies have evolved, especially ＿＿＿＿＿＿. Do we really need to know what happened two, three centuries ago in order to know that free trade promotes economic growth, that high taxes discourage wealth creation or that cutting red tape encourages business activities? Aren't these and other economic wisdoms of our time all propositions already derived from logically flawless theories and validated by a vast amount of statistical evidence? The majority of economists agree. Economic history used to be a compulsory subject in graduate economics training in most American universities until the 1980s, but many of them don't even offer courses in economic history any more. Among the more theoretically oriented economists, there is even a tendency to consider economic history at best as a harmless distraction and at worst as a refuge for people who cannot handle 'hard' stuff like mathematics and statistics.

① biased
② dynamic
③ pointless
④ influential

해설 경제사는 우리가 이미 알고 있는 사실을 말해줄 뿐이며, 많은 대학에서는 경제사 과목을 개설하지도 않을 만큼 이를 공부할 필요가 없다는 점을 주장하는 글이다. 따라서 빈칸에 들어갈 말로 가장 적절한 것은 ③ '무의미한'이다.
① 편향된 → 경제사가 편향되어 있음을 지적하는 글이 아니다.
② 역동적인 → 오히려 경제사는 뻔한 사실만을 알려줄 뿐이기에 공부할 필요가 없다는 취지의 글이므로 적절하지 않다.
④ 영향력 있는 → 경제사를 공부할 필요가 없다는 점을 서술하는 글이므로 반대된다.

해석 많은 사람이 경제사, 즉 우리 경제가 어떻게 발전해 왔는지에 대한 역사를 특히 무의미한 것으로 생각한다. 자유무역이 경제 성장을 촉진하고, 높은 세금이 부의 창출을 저해하며, 관료적 형식주의를 지양하는 것이 기업 활동을 장려한다는 사실을 알기 위해 2, 3세기 전에 무슨 일이 있었는지 우리가 꼭 알아야 하는가? 이것과 이것 이외의 우리 시대의 경제적 지혜는 모두 이미 논리적으로 완벽한 이론에서 도출되고 방대한 통계적 증거에 의해 검증된 명제들 아닌가? 대다수 경제학자는 동의한다. 경제사는 1980년대까지는 대부분의 미국 대학에서 대학원 경제학 교육 과정의 필수 과목이었지만, 현재 많은 대학에서는 경제사 과목을 개설하지도 않는다. 더 이론 중심적인 경제학자들 사이에서는 경제사를 기껏해야 무해한 오락거리, 그리고 최악의 경우 수학이나 통계와 같은 '어려운' 내용을 다루지 못하는 사람들을 위한 피난처로 간주하는 경향도 있다.

어휘 evolve 발전하다 promote 촉진하다 tax 세금 discourage 막다, 단념시키다 red tape 관료적 형식주의 proposition 명제 derive 기인하다 flawless 흠이 없는, 완벽한 validate 검증하다 vast 방대한 statistical 통계적인 majority 다수 compulsory 필수의 graduate 대학원의 theoretically 이론적으로 oriented ~을 지향하는, ~중심인 tendency 경향 distraction 오락거리, 머리를 식혀주는 것 refuge 피난처 handle 다루다

정답 ③

Staff

Writer	심우철
Director	강다비다
Researcher	정규리 / 한선영 / 장은영
Design	강현구
Manufacture	김승훈
Marketing	윤대규 / 한은지 / 유경철

발행일   2024년 3월 25일 (2쇄)

Copyright ⓒ 2024
by Shimson English Lab.

내용문의 http://cafe.naver.com/shimson2000